제 10 판

기업재무제표중심

경영분석

윤창훈 · 고동원 · 한만용

세학사

개정10판을 내 놓으며…

Chat GPT, Deep seek, Iot 등 4차 산업혁명 시대에 인간과 로봇이 공존하는 제4의 물결을 실감하는 시대가 되었다. 이제 AI는 기계적인 업무처리 뿐 아니라 요약과 비교 나아가 분석이 가능한 시대임을 실감한다. 그러나 산업과 기업의 환경은 글로벌 차원에서 급변하고 있고 AI도 상응해서 학습해가는 상황이지만, 아직 인간의 감성과 개인적 고려변수를 모두 반영하는 것은 불가능하다.

기업은 산업의 근간이고 자본주의 사회의 핵심 주체로서, 분석의 요인이 다양하고 요인 간 상호관계가 복잡하다. 그렇기 때문에 AI의 산출물은 하나의 고려대상일 뿐 아직은 인간의 분석능력을 대신하진 못한다. 따라서 AI의 분석결과를 무조건 신뢰하고 의사결정을 하는데 한계가 있다. 아직은 많은 학습을 통하여 산업과 기업을 분석할 수 있는 인적 역량이 필요하다. 오히려 AI의 활용성을 높이기 위해서는 효과적 분석을 위한 인적역량의 제고가 선행되어야 한다. 즉 경영분석의 근본 시스템과 구성 및 분석방법에 대한 이해가 선행되어야 한다.

이러한 배경에서 다음과 같은 점에 중점을 두고 개정되었다.

첫째, 경영분석은 회계와 기업 및 산업 등에 대한 어느 정도의 지식이 있어야 학습이 가능한 분야이기 때문에 이해하는데 어려움이 있을 수 있다. 따라서 가능한 쉬운 용어와 이해가능성을 높일 수 있는 문장으로 구성했다.

둘째, 경영분석을 이론적으로 기술하면 현실에 대한 이해가 떨어지기 때문에, 가능한 가상의 자료나 이론적 논리를 배제하였다. 따라서 국내 최대 기업인 삼성전자㈜의 재무제표를 중심으로 실제 국내의 다양한 기업 재무제표를 예시로 하여 현실적 이해가능성을 높였다.

셋째, 기존의 재무제표 중심의 계정과목 보다는 기업의 전체적 재무구조, 신용평가, ESG 등 비재무적 자료에 근거한 분석의 비중을 높게 구성하였다. 왜냐하면 최근 경영분석의 추세는 비재무적 자료를 함께 분석하는 추세이기 때문이다.

본 교재가 출판된 지 20년의 시간이 흘렀지만 변함없이 본서의 완성도를 높이기 위해 정성을 기울여 주시고, 무더운 여름에도 부족한 원고를 세밀하게 다듬어 주신 세학사 편집부에 진심으로 감사를 드리고 싶다. 모쪼록 본서의 학습을 통하여 경영분석으로의 시야를 확장하는 독자들에게 큰 보람이 되길 기대한다.

2025년 여름

저자

머리말...

IMF 사태라는 경제적 어려움은 기업이 국가경제에서 차지하는 비중의 중요성을 새삼 실감하는 계기가 되었다. 특히 기업의 재무상태 개선은 우리나라의 대기업 뿐 아니라 중소기업이 반드시 해결하여야 할 절체절명의 과제가 되었다.

IT 산업의 발달과 함께 컴퓨터의 프로그램의 활성화는 기업의 회계와 재무관련 실무종사자에게 업무의 편리함을 제공하였다. 그러나 자신의 기업이 재무상태에 어떤 강점과 약점을 내포하고 있으며, 무엇을 개선하여야 하는가를 컴퓨터가 대신 판단할 수는 없다. 따라서 실무에 대한 풍부한 이해와 체계적 분석능력은 오랜 시간동안의 학습과 훈련으로 가능하다.

저자는 다양한 직종의 실무종사자와 창업자 뿐 아니라, 학부에서 박사과정에 이르는 학생들을 지도하면서 기업 재무상태의 중요성과 개선의 필요성을 역설해 왔다. 또한 중소기업청, 지방자치단체 등의 중소기업 평가작업에 다수 참여하면서 실무자들이 기업의 재무상태에 대한 지식이 아직 부족하다는 것을 느꼈고. 특히 기업을 합리적으로 평가할 수 있는 시스템 개발은 매우 시급한 과제라고 생각하였다.

이러한 취지에서 본서는 다음과 같은 점에 초점을 두고 저술되었다.

첫째, 그동안 다수의 경영분석 교재가 출판되었으나, 이론 위주의 설명이 실제 기업의 현실과 거리감이 있었다. 본서는 실제 우리나라의 중견기업 뿐 아니라 선진국의 우수기업 재무제표를 다수 분석하고 비교하여 현실감각을 높이려 하였다.

둘째, 기존의 경영분석 교재가 재무관리, 투자론 및 관리회계 분야와 내용이 다수 중복되어 부피가 많을 뿐 아니라, 학습자의 시간과 경비도 효율적이지 못했다. 본서는 인접과목과의 중복을 대폭 제거하고 실제 기업의 재무제표 분석위주로 내용을 다듬었다.

셋째, 경영분석을 가능한 쉽게 이해할 수 있도록 하기 위하여 복잡한 통계 등의 방법을 간단하게 정리하였다. 특히 연습문제를 통한 실제 기업 재무제표의 분석연습이 충분하도록 노력하였다.

넷째, 중소기업의 중요성이 부각되는 현실에서, 실제 중소기업청 등에서 적용하는 중소기업의 평가자료를 게재하였다. 왜냐하면 중소기업에 대한 정책자금의 획득을 위하여, 중소기업 실무자 뿐 아니라 창업자가 반드시 인지하여야 할 재무상태가 현실적으로 잘 알려지지 않고 있기 때문이다.

저자 나름의 생각과 노력으로 본서를 내 놓았지만, 경영분석의 이해를 위하여 노력하는 실무자와 학습자에게 본서가 오히려 장애가 되지 않을까 우려도 된다. 앞으로도 실무와 학계 그리고 학습자의 고견에 귀 귀울여 본서를 다듬어가려 한다.

그동안 연구실을 수차례 찾아와 본서의 출판을 독려해 주신 탑21북스 사장님과 졸고를 정성으로 다듬어 주신 편집부 여러분께 진심으로 감사드린다. 모쪼록 본서가 기업의 재무상태 분석능력 향상을 위하여 노력하는 기업의 실무자와 후학들에게 조그만 보탬이 되길 기원한다.

2005년 여름

저 자

목 차...

PART 1 경영분석과 재무제표

Chapter 01 경영분석으로의 초대 • 17

Chapter 02 경영분석을 위한 재무제표 • 25

PART 2 경영분석의 확장

Chapter 05 재무제표의 한계와 질적 분석 • 157

Chapter 06 비용구조와 레버리지 • 181

Chapter 07 부실기업의 관리와 예측 • 219

Chapter 08 신용분석에 의한 여신과 채권 • 247

PaRt 01

경영분석과 재무제표

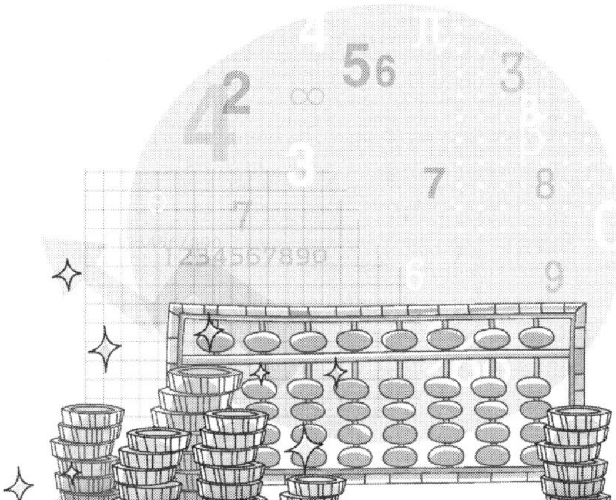

단원구성

C/H/A/P/T/E/R

01

경영분석으로의 초대

경영분석이란 무엇이고 왜 필요한 것인가? 경영분석을 실행하는 사람들은 누구일까? 그들은 왜 경영분석을 하고, 어떠한 방법을 사용하여 경영분석을 하는가? 그러한 경영분석은 어떻게 구성되어 있는가? 이러한 개념의 정립은 본격적인 경영분석을 실행하기 위하여 필요하다. 본 장에서는 경영분석의 주체와 구성을 알아본다.

주요용어 : 협의의 경영분석, 광의의 경영분석, 경영분석의 주체, 신용평가기관, 재무제표, 비 회계자료, 경영분석의 구성

제01절 경영분석의 의의와 주체

경제가 발전하고 국가경제의 규모가 대규모화 되어가면서, 기업은 경제의 중요한 요인으로 인식되고 있다. 그러한 기업의 내부와 외부에는 기업과 밀접한 이해관계를 형성하는 집단이 다양하게 존재하고 있다. 특히 기업과의 재무적 이해관계는 자본주의에서 가장 첨예한 문제로 발전되고 있는 추세이다. 이러한 환경의 변화로 인하여 기업분석의 필요성은 점차 증대되고 있기 때문에, 기업에 대한 경영분석의 필요성이 제기되고 있다. 오늘날 경영분석은 협의의 개념과 광의의 개념으로 분류된다.

1.1 협의의 경영분석

경영분석(business analysis)이란 기업의 제반 자료를 분석하여 기업의 과거 경영실태를 파악하고 미래를 예측하는 것이라 할 수 있다. 경영분석이 과거에는 **재무분석**(financial analysis)이라는 용어로 널리 사용되었다. 즉 재무상태표, 손익계산서, 현금흐름표, 이익잉여금처분계산서, 자본변동표 등의 기업 재무제표를 분석자료로 이용하는 것이다.

오랜 기간동안 기업경영분석의 가장 기초자료는 **재무제표**였다. 재무제표를 기초로 한 기업 경영분석은 분석기법이 발전함에 따라 다양한 차원의 기업분석을 가능하게 하였기 때문에 오늘에 이르기까지 널리 사용되고 있다. 아직도 재무분석이라는 용어가 많이 쓰이고 있지만, 현대적 의미의 기업분석에서 재무제표만을 이용한 분석에는 한계가 있다. 따라서 보다 넓은 영역의 분석이 필요한 현실이다.

1.2 광의의 경영분석

광의의 경영분석이란 경영자, 투자자, 금융기관 등 기업의 다양한 이해관계자가 의사결정을 하는데 유용한 정보를 제공할 목적으로 이루어지는 것이다. 따라서 회계자료는 물론 **비 회계자료**까지도 분석의 대상이 된다. 즉 국내·외의 경제동향, 산업동향, 기업 자체의 경영전략 등 모든 요인을 종합적으로 분석한다. 오늘날의 경영분석이란 이렇게 광의의 개념에 의한 접근이 필요한 상황이다.

1.3 경영분석의 주체

광의의 경영분석은 다양한 이해관계자들에게 필요한 정보를 제공하는 것이기 때문에 정보의 내용이 다양하게 나타날 수 있다. 따라서 경영자, 주주, 채권자 등의 정보욕구는 각각 다를 수밖에 없다. 따라서 어떤 주체가 경영분석을 실행하는가에 따라 필요 정보가 달라지게 된다.

일례로 협의의 경영분석이라는 차원에서 재무분석은 재무제표를 중심으로 한 재무제표의 분석이다. 오늘날 기업에서 재무자료의 회계처리는 **기업회계기준**에 의하고 있다. 기업회계기준에 의하여 회계처리한 자료는 다수의 다양한 이해관계자에게 공통된 정보의 제공이라는 목적에서 제정되었다. 그러나 이러한 기업회계기준은 다수의 이해관계자 집단의 공통정보욕구를 위한 것이기 때문에, 각각의 이해관계자 집단이 필요로 하는 유용한 정보를 제공하는데 한계가 있다. 따라서 각 이해관계자 집단에 적합한 정보의 제공을 위하여 별도의 분석시스템이 필요한 현실이다.

[그림 1-1] 경영분석 정보의 수요집단

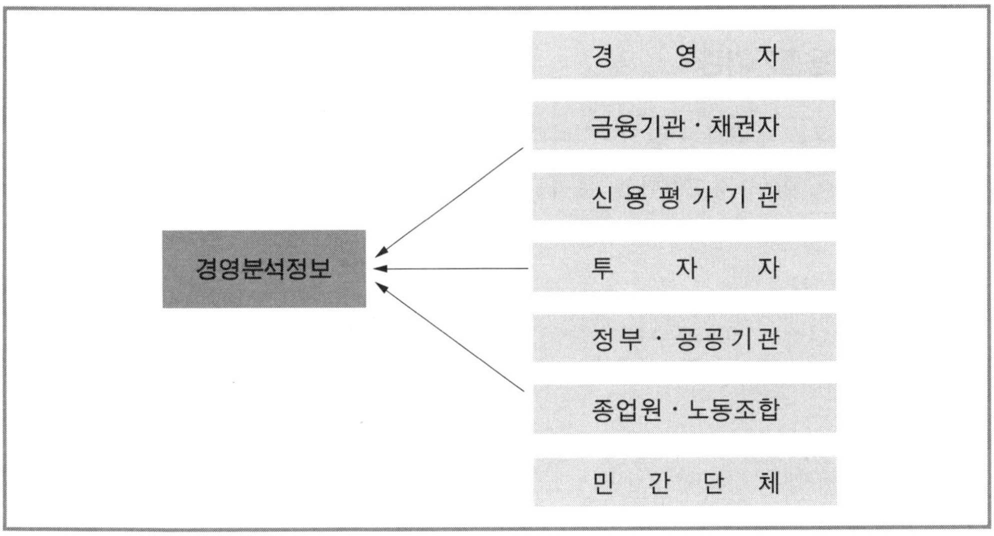

[그림 1-1]은 다양한 이해관계자 집단을 나열하고 있다. 이러한 다양한 이해관계자 집단들이 어떠한 내용의 분석을 필요로 하는 가에 따라 경영분석의 내용이 결정된다.

1.3.1 경영자

경영자는 기업의 내부에서 기업과 운명을 함께하는 가장 밀접한 이해관계자이다. 따라서 경영자는 기업의 모든 부문에서 체질강화를 꾀하려 하고, 매우 다양한 기법을 활용하여 경영분석을 실시한다. 즉 재무제표를 중심으로 한 재무분석 뿐 아니라, 회계 차원에서 관리회계 분야 및 투자론적 접근은 기업의 경영자가 주로 사용하는 기업의 분석모형이다. 예를 들면, 원가 – 조업도 – 이익분석, 단기적 특수의사결정, 표준원가 모형, 활동기준원가시스템 등을 경영자는 자주 활용하고 있다.

1.3.2 금융기관 · 채권자

금융기관이나 채권자는 기업체에 자금을 제공하는 주요 집단이다. 따라서 이들은 자신이 제공한 채권의 원금과 이자를 주어진 만기에 회수할 수 있는지가 주요 관심사이다. 이렇게 기업에 자금을 제공할 경우, 기업의 재무상태와 기업환경을 분석하여 원금의 회수가능성 뿐 아니라 이자율의 결정에 경영분석을 활용하므로 경영분석은 필수 불가결하다.

1.3.3 신용평가기관

기업에 자금을 제공하는 집단 뿐 아니라 기업에 투자하려는 투자자 집단 등은 먼저 기업의 신용이 어느 정도인가를 분석하려 한다. 그러나 기업에 대한 전문적 지식이 결여된 일반 투자자들은 전문가에 의한 분석의 도움을 필요로 한다. 최근에는 이러한 정보욕구를 전문기관에서 분석하여 제공하게 되는데 그 대표적인 기관이 **신용평가기관**이다. 우리나라의 신용평가기관은 미국의 사례를 대체로 원용하였으며 대체로 다음과 같은 기관이 있다.

- 한국신용평가㈜ : 1985년 2월 설립된 우리나라 최초의 신용평가회사이다.
- 나이스평가정보㈜ : 1986년 9월에 시중은행 및 한국외환은행이 출자하여 전국종합신용평가㈜를 설립하고, 1990년 한국신용정보㈜를 거쳐 2010년 나이스평가정보㈜로 전환하였다.
- 한국기업평가㈜ : 1983년 12월에 한국경영컨설팅㈜로 민간에 의하여 설립하여 종래의 기업경영진단 및 합작사업의 상업성검토를 주된 업무로 하였다. 1987년 11월에 한국기업평가㈜로 개명하면서 본격적인 신용평가업무를 개시했다.

이와 같은 신용평가기관은 Standard & Poor's, Moody's investors service, Fitch IBCA 등 세계 3대 신용평가기관의 시스템을 벤치마킹하여 도입한 것이다. 이와같은 신용평가기관은 세계적인 정보망을 통하여 전 세계의 주요 기업을 분석하고 있으며, 이러한 분석기관에서 부여하는 우리나라 기업의 등급은 한국 경제에 중요한 영향을 미치고 있다.

1.3.4 투자자

개인투자자이건 기관투자자이건 기업에 투자하는 집단은 기업의 재무상태를 파악하고, 주기적인 재무상태의 변동을 파악하여 투자의사결정을 한다. 특히 재무제표에 의한 재무분석으로 기업의 내재적 가치를 평가하여 향후 자신들에게 배당되는 잉여금 및 주식가격 등을 예측하려 한다. 따라서 이들에게 경영분석의 자료는 매우 유용하다.

1.3.5 정부와 공공기관

자본주의 사회에서 기업은 한 나라의 경제를 이끌어 가는 중요한 주체이다. 따라서 정부는 기업의 상황을 평가하여 합리적인 정책수립을 하려 한다. 또한 기업의 효율적 감독 및 지도를 위하여 기업에 대한 경영분석 자료를 필요로 한다. 예를 들면 기획재정부는 경제계획의 수립이나 물가안정 등을 위하여 기업분석이 필요하다. 기타 국가기관으로 세무서는 기업의 분석을 통하여 기업의 담세능력, 적정과세를 산정한다. 또한 증권감독원은 투자자의 보호와 자본시장의 안정을 위하여 기업분석이 필요하다. 기타 국세청, 산업통상자원부, 중소벤처기업부 등 국가기관은 모두 기업과 상당한 이해관계를 형성하고 있다.

1.3.6 종업원 · 노동조합

종업원은 자신이 속한 기업이 현재 또는 미래의 직장으로서 적정한가를 평가하게 된다. 즉 기업의 수익성이나 성장가능성 등을 경쟁기업 또는 산업평균과 비교하여 가능성을 타진한다. 노동조합 또한 성과배분 등을 위한 합리적 단체교섭 근거를 마련하기 위하여 기업의 재무적 성과 등에 대한 자료를 확보한다.

1.3.7 민간단체

다양한 이해관계자가 반응하는 현대의 자본주의 사회는 자신이 속한 집단의 이익을 위하여 투쟁하고 있다. 오늘날의 기업은 다양한 이해관계자 집단에 영향을 미치고 있기 때문에 이러한 집단을 무시할 수 없고, 이러한 집단은 기업을 면밀히 분석하여, 이익확보를 위한 수단으로 활용하고 있다. 예를 들면 소비자보호단체 · 환경단체 · 경제정의단체와 같은 비정부기구(NGO : Non－Governmental Organization) 등에서는 기업에 대한 분석을 통하여 기업에 대한 책임을 요구하고 있다.

제 02절 경영분석의 구성

재무제표는 경영분석의 기반이 되는 자료이다. 특히 비율을 중심으로 하는 **재무비율분석**이 주요 내용이다. 따라서 특정 사례기업을 중심으로 하는 재무분석은 경영분석의 이해에 많은 도움이 된다. 기업의 입장에서도 자기 기업의 재무상태 파악 목적 뿐 아니라, 상대적으로 자신의 기업을 평가하는 주체가 어떠한 내용으로 평가하고 있는지를 알아야 대처할 수 있다. 그러나 전통적인 회계자료의 분석에는 다음과 같은 이유에서 한계가 있다.

① 재무제표 분석에 대한 정확한 내용의 이해와 장 · 단점의 파악 없이 사용되는 경우가 있다.

② 재무자료의 이용자만이 갖고 있는 독특한 수요를 모두 충족시켜 줄 수 없다.

③ 회계자료 이외에 주가 등 다양한 질적 자료를 활용하지 못하고 있다.

이러한 이유에서 재무제표 분석에 대한 유용성과 한계를 파악하고 이를 보완할 수 있는 방안을 모색하여야 한다. 따라서 오늘날의 경영분석은 [그림 1－2]와 같이 회계자료 뿐 아니라 폭넓은 분석대상을 설정하여 다양하게 이루어진다.

[그림 1－2]를 보면, 전통적인 재무제표의 비율분석 뿐 아니라, 관리회계 시스템에서 사용하는 현금흐름 및 손익분기점 분석 등을 사용하고 있다. 특히 비 재무자료로서 경제, 산업 및 기업의 자료가 분석되고 있으며, 경제와 산업 동향 분석을 위한 거시경제 부문과 마케팅 부문, 재무관리 부문 등이 혼합되어 사용되고 있다.

[그림 1-2] 현대적 경영분석의 방법

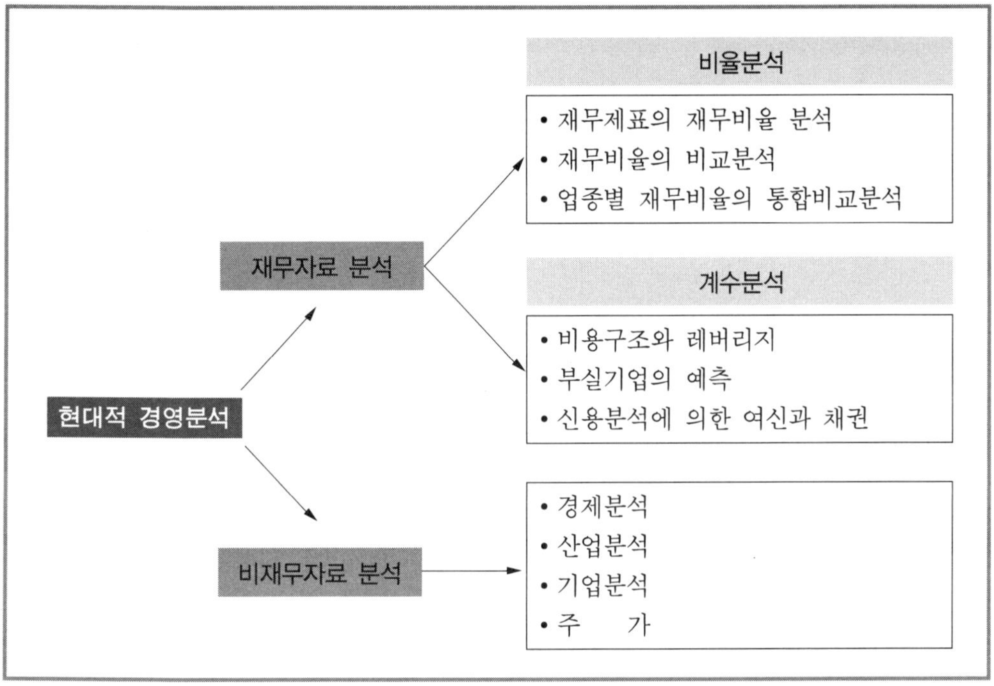

본서에서도 이러한 배경에 의하여 [표 1-1]과 같이 구성하였다.

[표 1-1] 본서의 구성

제 I 편 경영분석과 재무제표

- 경영분석의 개요
- 재무비율분석의 사례
- 주요 재무비율분석의 비교와 보완

제 II 편 경영분석의 확장

- 재무제표의 한계와 질적분석
- 비용구조와 레버리지 분석
- 부실기업의 관리와 예측
- 신용분석에 의한 여신과 채권
- 비재무적 기업환경과 경영분석

CHAPTER 01 연습문제

01 광의의 경영분석과 협의의 경영분석을 비교하여 설명하시오.

02 한국의 주요 신용평가기관과 미국의 주요 신용평가기관을 제시하고 설명하시오.

03 경영분석을 실행하는 각 주체를 나열하고, 각 주체가 주로 필요로 하는 정보을 제시하시오.

04 전통적 회계자료 분석(재무분석)의 한계를 나열하시오.

05 경영분석에서 필요한 비 회계적 자료를 예를 들어 제시하고 그 필요성을 기술하시오.

C/H/A/P/T/E/R

02

경영분석을 위한 재무제표

경영분석에서 가장 기본적 핵심자료는 재무제표이다. 따라서 재무제표는 어떻게 구성되어 있는지 충분한 학습이 필요하다. 특히 재무제표의 구성과 계정과목에 대한 이해는 경영분석을 이해하기 위하여 매우 중요하다. 왜냐하면 재무제표의 각 계정과목을 대비시켜 기업의 재무상태와 성과를 다양하게 분석할 수 있기 때문이다.

재무제표의 구성에 대한 이해는 재무제표의 구성항목을 상호 대비시키면서, 다양한 차원의 기업평가를 가능하게 한다. 즉 각 구성항목 간의 비율을 산정하는 재무비율을 산출할 수 있으며, 재무비율은 기업에 대한 의사결정시 중요한 정보로 사용된다.

본 장에서는 실질적인 경영분석을 실행하기 위하여 기본적으로 알아야 할 재무제표 중심의 기초지식을 먼저 정리한다.

주요용어 : 재무제표, 재무상태표, 손익계산서, 현금흐름표, 자본변동표, 이익잉여금처분계산서, 제조원가명세서, 재무비율, 산업평균비율

제01절 재무제표의 구성과 의미

경영분석을 위한 가장 첫 번째 작업은 **재무제표**(financial statement)의 구성과 의미를 이해하는 것이다. 우선 재무제표에 나타난 **계정과목**의 의미를 이해하지 못하고는 경영분석이 불가능하다. 재무제표 중에서 **재무상태표**와 **손익계산서**는 가장 기본이 되는 재무제표로 충분한 이해가 필요하다.

재무상태표와 손익계산서 이외에 자본변동표, 현금흐름표, 이익잉여금처분계산서, 제조원가명세서는 보다 합리적인 경영분석을 실행하는데 매우 유용하다. 본 절에서는 경영분석에 필요한 재무제표에 대하여 그 구성과 의미를 살펴본다. 특히 재무제표를 작성하여야 하는 제도적 필요성과 재무제표에 설정되어 있는 주요 계정과목의 의미를 설명한다.

1.1 재무제표의 기본구성

회계처리행위를 함에 있어 준거지침이 되는 회계원칙으로 우리나라의 경우에는 **"주식회사의 외부감사에 관한 법률(외감법)"**에 근거를 두고 있는 기업회계기준이 있으며, 기업체가 의무적으로 준수하여야 할 회계처리기준은 [그림 2-1]과 같다.

우리나라의 기업회계기준은 금융위원회가 증권선물위원회의 심의를 거쳐 정하도록 하고 있다. 금융위원회는 이러한 회계기준제정업무를 민간공공단체인 한국회계연구원(Korea Accounting Institute : KAI)에 위탁하고 있으며, 한국회계원구원 내 회계기준위원회(Korean Accounting Standards Board : KASB)의 심의 · 의결을 거쳐 제정되고 있기 때문에 실질적인 기업회계기준의 제정기관은 한국회계연구원인 셈이다.

한국회계연구원에서는 기업회계기준 및 기준서를 제정하여 공표하고 기업체는 이를 준수하도록 제도화하고 있다. 따라서 모든 기업체의 재무적 평가는 이러한 기준과 준칙에 의하여 평가한다.

최근에는 대기업과 상장기업에 대한 국제회계기준(IFRS : International Financial Reporting Standards)의 제정으로 기업회계기준은 커다란 변화가 예견된다.

실제 실무에서 다수의 기업은 세무회계법인 또는 세무회계사무소에 회계처리의 기장을 위임하고 있다. 이러한 대리기장업소는 기업회계기준 등의 규정에 의하여 회계처리를 하게 된다. 따라서 이러한 규정에 의한 **재무제표증명원**을 수시 발급할 수 있게 되고, 재무제표증명원은 대외적 공신력을 확보한다. 따라서 기업의 경영자는 기장을 위임하더라도 당사의 회계처리가 어떻게 되고 있는지 항상 주의를 기울여야 한다.

재무제표는 제도적 규정 일 뿐 아니라, 회계정보를 요구하는 국가기관(예 세무서 등), 신용평가기관, 은행 등 기업의 외부이해관계자 집단의 요구에 의해서도 작성된다. 특히 자신의 기업이 갖고 있는 재무적 장점과 단점을 파악하려는 경영자는 항상 재무자료를 분석하여 위험에 대비하여야 하기 때문에 경영분석에 대한 풍부한 지식이 필요하다. 제도적으로 재무제표 작성은 다음과 같은 경우 때문에 필요하다.

[그림 2-1] 재무정보공시의 배경

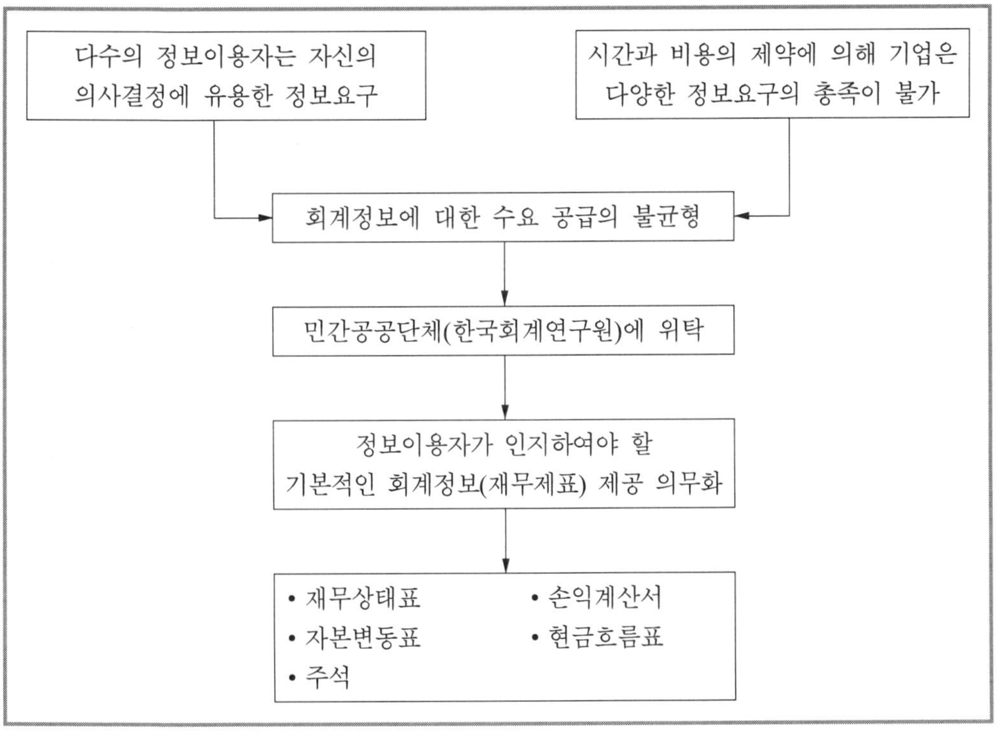

• 세무서에 세무조정신고를 할 경우
• 기업 관련기관 및 금융기관에 대출신청을 하는 경우
• 보증기금(또는 보증조합)에 대출 보증을 요청하는 경우

- 국가기관에서 통계자료를 요구하는 경우
- 상법상 소상인을 제외한 상인(회사는 필수)은 회계장부 작성의무 있음
- 장부의 보존기한
  - 상법상 10년간 상업장부와 영업에 관한 중요한 서류를 보관
  - 국세기본법상 국세관련장부는 5년
  - 근로기준법상 급여대장은 3년

※ 다음부터 기술되는 재무제표의 설명은 회계에 대한 상당한 지식이 있어야 이해가 용이하기 때문에, 이해가 어려운 학습자는 전체적인 형태만 이해하고 3장부터 학습해도 무방.

1.2 재무상태표

재무상태표(Statement of financial position)는 일정시점의 재무상태를 나타내는 표이다. 일반적으로 우리나라 기업의 대다수는 12월말 결산법인이기 때문에 일정시점이란 12월 31일을 대체로 의미한다. 재무상태란 자금의 조달원천과, 조달자금의 운용내역을 나타내는 것이다. 자금의 조달이란 자금을 주주로부터 조달(자본)하였는지, 또는 외부 채권자로부터 조달(부채)하였는지를 나타내는 것이다. 자금의 운용이란 조달된 자금을 어떠한 용도에 배치하였는가를 의미하는 것으로 **자산**이라 한다.

[표 2-1] 재무상태표

20××년 ×월 ×일 현재

차변	대변
유동자산 (1) 당좌자산 (2) 재고자산	부 채 (1) 유동부채 (2) 비유동부채
비유동자산 (1) 두사사산 (2) 유형자산 (3) 무형자산 (4) 기타 비유동자산	자 본 (1) 자본금 (2) 자본잉여금 (3) 자본조정 (4) 기타포괄손익누계액 (5) 이익잉여금
자산총계	부채와 자본총계

따라서 재무상태표는 기업의 자금조달활동과 투자활동의 결과를 한 시점에서 정리한 보고서로서 의미를 갖고 있다. 현행 기업회계기준은 자금의 조달과 운용에 대하여 구체적 분류를 하고 있는 바, [표 2－1]과 같이 구성된다. [표 2－1]의 재무상태표는 자기자본과 타인자본인 부채를 조달하여 자산을 형성하는 형태이다. 그러나 이러한 자산, 부채, 자본의 구체적인 내용을 이해하려면 회계에 대한 지식이 필요하고, 회계에 대한 기본지식을 이해하는데는 상당한 시간이 필요하다.

[표 2－2] 재무상태표 주요 계정과목의 의미

20××년 12월 31일

<table>
<tr><td>유동자산
1년 이내에 현금화 할 수 있는 자산
(1) 당좌자산
현금화의 확실성이 재고자산보다 높은 자산
(2) 재고자산
현금화의 확실성이 당좌자산보다 낮고 아직 판매되지 않은 원재료, 재공품, 제품(상품)</td><td>부 채
(1) 유동부채
1년 이내에 지급기일이 도래하는 부채
(2) 비유동부채
1년 이후에 지급기일이 도래하는 부채</td></tr>
<tr><td>비유동자산
1년 이내에 현금화가 어려운 자산
(1) 투자자산
타 기업의 지배나 여유자금의 활용을 위하여 장기적으로 자금을 투하한 자산
(2) 유형자산
실물이 가시적으로 존재하는 자산
(3) 무형자산
구체적인 형태가 가시적으로 존재하지 않는 자산
(4) 기타 비유동자산</td><td>자 본
(1) 자본금
기업의 출자자가 기업에 출자한 금액
(2) 자본잉여금
자본의 거래에 의하여 발생한 잉여금
(3) 자본조정
자본금과 잉여금에 속하지 않지만 자본조정의 필요성이 있는 항목
(4) 기타포괄손익누계액
해외사업환산차손익, 매도가능증권평가차손익 등
(5) 이익잉여금
손익이 발생하는 거래에 의하여 발생한 잉여금</td></tr>
<tr><td>자산 총계</td><td>부채와 자본 총계</td></tr>
</table>

경영분석을 위하여 우선 주요 계정과목의 기본적 의미를 먼저 파악하는 것이 중요하다. 재무상태표의 구성을 쉽게 이해하도록 정리 요약하면 [표 2－2]와 같다. [표 2－2]를 보면 자산은 1년 이내에 현금화가 가능한 **유동자산**과 현금화기간이 1년 이상

인 **비유동자산**으로 분류하고 있다. 유동자산도 현금화과정이 필요없는 당좌자산과 판매 및 처분을 목적으로 또는 생산과정에서 사용할 목적으로 보유하고 있는 재고자산으로 분류하고 있다. 또한 비유동자산, 투자자산, 유형자산, 무형자산으로 분류하도록 하고 있다. 이러한 배열은 유동화가 높은 자산부터 순서대로 표시하도록 하는 **유동성배열법(current arrangement)**을 따르고 있다.

부채도 1년 이내에 해결하여야 할 **유동부채**와 1년 이후에 지급기일이 도래하는 **비유동부채**로 분류하고 있다. 또한 자본은 주주들이 원시적으로 투자한 자본금 이외에, 자본변동으로 인한 자본잉여금, 영업활동의 이익으로 인한 이익잉여금, 자본조정, 기타포괄손익누계액 등으로 분류하고 있다. 이렇게 각 계정과목을 설정하는 이유는 정보이용자가 기업을 분석하는데 보다 유용할 수 있기 때문이다. 재무상태표는 일정시점의 재무상태를 의미하기 때문에 **정적(static)재무제표**라 한다.

그리고 재무상태표 자료를 경영분석의 자료로 활용할 경우 다음과 같은 한계점이 있기 때문에 이용에 주의하여야 한다(5장에서 학습).

첫째, 기업의 재무상태를 파악하는데 중요한 자료가 될 수 있지만 계량화 되지 못하는 이유 때문에 재무상태표에 표시되지 않는 자산이 있다. 예를 들어 기업의 명성, 경영자의 능력, 종업원의 숙련도 등은 수익발생의 원동력이 되지만 재무상태표에 자산으로 표시되지 않는다.

둘째, 측정상의 어려움으로 인하여 인위적으로 정한 회계원칙에 따라 작성되기 때문에 회계원칙의 선택에 따라 그 내용이 달라질 수 있다. 예를 들어 재고자산을 선입선출법에 따라 평가하느냐, 후입선출법에 따라 평가하느냐에 따라 재고자산액이 달라지며, 이는 매출원가와 순이익에 영향을 미친다.

셋째, 원칙적으로 재무상태표의 항목은 취득당시의 역사적 원가로 기재되기 때문에 시장가치를 충분히 반영하지 못하고 있다. 따라서 역사적 원가와 시장가치 사이에 차이가 있는 경우 재무상태표가 기업의 진정한 경제적 실상을 나타내지 못하게 된다. 최근에는 이러한 결점을 보완하기 위하여 비교적 적용이 용이한 유가증권의 경우, 평가에서 시가법을 채택하고 있다.

넷째, 재무상태표는 일정시점에서 기업의 재무상태를 나타내는 정태적인 자료이기 때문에 재무상태표의 항목을 변경하거나 분식하는 경우 기업의 실질적인 재무상태를 왜곡시킬 수 있다.

다섯째, 부외부채(off balance-sheet liabilities)와 같이 계량화할 수 있는 부채항목조차도 보고되지 않는 경우가 있다. 예를 들어 계열사에 대한 지급보증과 개인사채 등은 부채로 기록되지 않는 경우가 많다.

이와 같은 재무상태표의 한계점을 인식하고 재무상태표를 분석하는 경우에는 재무상태표상에 나타나지 않지만 재무상태를 파악하는데 중요한 정보를 보완적으로 이용하여야 한다.

1.3 손익계산서

손익계산서(I/S : Income sheet)는 일정기간(일반적으로 회계기간은 1년) 동안의 영업성과를 나타낸 양식이다. 즉 12월말 결산이 일반적인 기업에서는 1월 1일부터 12월 31일까지의 수익과 비용을 표시한다. 즉 일정기간이라는 의미로 **동적(dynamic)재무제표**라고 한다. 손익계산서는 [표 2-3]과 같이 표시된다.

[표 2-3] 손익계산서

20××년 1월 1일부터 20××년 12월 31일까지

손익계산서
매출액
(-)매출원가
매출총이익
(-)판매비와관리비
영업이익
(+)영업외수익
(-)영업외비용
법인세비용차감전계속사업이익
(-)계속사업손익법인세비용
계속사업이익
중단사업손익(법인세효과차감)-중단사업이 없는 경우 생략
당기순이익
주당이익

[표 2－3]의 손익계산서는 기업의 수익원인 매출액에서부터 영업활동으로 인한 이익의 창출과정, 영업 외적으로 발생하는 수익과 비용 등의 분류를 통하여 이익의 창출과정을 전개하여 가는 양식이다. 손익계산서도 재무상태표와 마찬가지로 수익 및 비용을 각 성격별로 분류하여 표시한다.

손익계산서에 대한 주요 의미도 회계적 전문지식이 없이는 구성 내용을 이해하기 어렵다. 여기에서는 경영분석을 위한 손익계산서의 각 계정과목 의미를 먼저 파악한다. 이해를 돕기 위하여 항목별 내용을 요약하면 [표 2－4]와 같다. [표 2－4]에 의하면 수익은 기업의 주 수입원인 **매출액**, 영업외적으로 자주 발생하는 **영업외 수익**, 기업이 영위하던 일부 사업부문을 폐지하는 경우에 발생하는 **중단사업이익** 등으로 분류한다. 비용도 제품의 고유원가인 **매출원가** 뿐 아니라 판매와 관리를 위한 **판매비와 관리비**, 영업외적으로 자주 발생하는 **영업외 비용**, **계속사업손익법인세비용**, 기업이 영위하던 일부사업을 폐지하는 경우에 발생하는 **중단사업손실** 등으로 분류하고 있다.

손익계산서는 일정한 기간동안에 발생한 수익과 비용을 대응시켜 작성되는 재무제표로서 기업의 경영성과를 평가하는데 유용한 자료이다. 그러나 재무상태표와 마찬가지로 수익과 비용의 측정 및 표시방법의 차이로 인하여 다음과 같은 한계점을 지니고 있다(5장에서 학습).

첫째, 회계이익이 기업의 현금결제능력을 의미하지 않는다는 점이다. 회계이익은 모든 수익과 비용을 **발생주의**에 기초하여 인식하고 기간적으로 대응시킨 결과로 측정되는 개념이기 때문에 모든 수익과 비용을 실현주의에 기초하여 측정되는 현금흐름과 상당한 차이가 있다. 예를 들어 생산활동에 필요한 시설의 구입대금을 자본적 지출로 인식하여 구입대금을 자산으로 처리하지만, 현금흐름에서는 구입대금을 모두 당기의 현금유출로 처리하고 있다.

둘째, 수익은 판매가격에 의하여 측정되는 반면에 비용은 역사적 원가에 의하여 측정된다는 점이다. 따라서 인플레이션이 심할 때 회계이익에 근거하여 기업의 경영성과를 평가하는 경우 그릇된 판단을 가져올 수 있다.

셋째, 손익계산서 상에는 포함되지 않지만 기업의 경영성과에 영향을 미치는 요인으로 계량화할 수 없는 질적인 요소가 많다는 점이다. 예를 들어 노동자의 성실성, 기업의 이미지, 평판 등과 같은 요인이 손익계산서에 반영되지 못하고 있다.

[표 2-4] 손익계산서 주요 계정과목의 의미

20××년 1월 1일부터 20××년 12월 31일까지

매 출 액 판매한 수익
(−)매출원가 판매한 제품의 원가
매출총이익
(−)판매비와 관리비 업종 고유의 판매 · 관리활동에 소요된 비용
영업이익
(+)영업외수익 업종 고유의 판매 · 관리활동 외의 수익 (−)영업외비용 업종 고유의 판매 · 관리활동 외의 비용
법인세비용차감전계속사업이익
(−)계속사업손익법인세비용
계속사업이익
중단사업손익 (중단사업에 대한 법인세 효과 ×××원)
당기순이익
주당순이익 (당기순이익 / 발행주식수 = 주당순이익)

최근 **한국채택국제회계기준(K-IFRS)**은 포괄이익의 개념을 도입하여 포괄손익계산서를 새로운 양식으로 제시하고 있다. 포괄손익계산서는 주요 과목의 분류를 단순화하고 있어 손익계산서 계정과목 분류에 자율성을 부여하고 있다. 즉 일반기업회계기준에서 영업외수익과 영업외비용을 분류하던 것을 영업이익 다음에 포괄적으로 표시할 수 있도록 하고 있다. 그러나 각 과목별 세부내용을 주석에 명시하도록 하여 주석의 기능을 강화하고 있다.

[표 2-5] 포괄손익계산서의 주요 계정과목

20××년 1월 1일부터 20××년 12월 31일까지

과 목	제××기
Ⅰ. 매출액	
(−)Ⅱ. 매출원가	
Ⅲ. 매출총이익	
(−)판매비와관리비	
Ⅳ. 영업이익	
(+)기타수익	
(−)기타비용	
(+)금융수익	
(−)금융비용	
Ⅴ. 법인세차감전순이익	
법인세비용	
Ⅵ. 계속영업이익	
(+)중단영업손익	
당기순이익	
Ⅶ. 주당이익 기본주당이익 희석주당이익	

1.4 자본변동표

자본변동표(Statement of owners' equity)는 한 회계기간 동안 발생한 소유주지분의 변동을 표시하는 재무보고서이며, [표 2-6]과 같이 자본을 구성하고 있는 자본금, 자본잉여금, 자본조정, 기타포괄손익누계액, 이익잉여금의 변동에 대한 포괄적인 정보를 제공한다.

자본변동표에는 소유주에 의한 투자와 소유주에 대한 분배, 그리고 소유주와의 거래 이외의 모든 원천에서 인식된 자본의 변동(포괄이익)에 대한 정보가 포함되며, 자산, 부채, 자본 변동의 주요 원천에 대한 정보를 제공한다.

[표 2-6] 자본변동표

제×기 20××년×월×일부터 20××년×월×일까지

회사명 (단위 : 원)

구 분	자본금	자본 잉여금	자본조정	기타포괄 손익누계액	이익잉여금	총 계
20××.×.×(보고금액)	×××	×××	×××	×××	×××	×××
회계정책변경누적효과					(×××)	(×××)
전기오류수정					(×××)	(×××)
수정후 이익잉여금					×××	×××
연차배당					(×××)	(×××)
처분후 이익잉여금					×××	×××
중간배당					(×××)	(×××)
유상 증자(감자)	×××	×××				×××
당기순이익(손실)					×××	×××
자기주식 취득			(×××)			(×××)
해외사업환산손익				(×××)		(×××)
20××.×.×	×××	×××	×××	×××	×××	×××
20××.×.×(보고금액)	×××	×××	×××	×××	×××	×××
회계정책변경누적효과					(×××)	(×××)
전기오류수정					(×××)	(×××)
수정후 이익잉여금					×××	×××
연차배당					(×××)	(×××)
처분후 이익잉여금					×××	×××
중간배당					(×××)	(×××)
유상 증자(감자)	×××	×××				×××
당기순이익(손실)					×××	×××
자기주식 취득			(×××)			(×××)
매도가능증권평가손익				×××		×××
20××.×.×	×××	×××	×××	×××	×××	×××

종전 기업회계기준에서는 기본 재무제표로서 이익잉여금처분계산서를 포함하고 있었으나, 이익잉여금처분계산서는 자본의 이익잉여금 중 이월이익잉여금 항목의 변동

내용만을 나타낼 뿐 자본을 구성하는 모든 항목의 변동내용을 포괄적이고 체계적으로 제시하지 못하고 있다. 이러한 이유로 자본의 변동내용에 관한 포괄적인 정보제공의 필요성이 제기되었으며, 한국회계연구원의 회계기준위원회에서는 "재무제표작성과 표시"라는 공개초안에서 자본변동표를 기본재무제표의 하나로 포함시키고 있다. 따라서 "재무제표 작성과 표시"의 공개초안이 확정되는 이후에는 자본변동표를 기본재무제표로 작성하여 보고하여야 한다.

자본변동표상의 정보는 다른 재무제표 정보와 함께 사용되어야 그 유용성이 증대된다. 예를 들어, 주주에 대한 배당은 손익계산서상의 이익과 비교될 필요가 있으며, 유상증자 및 자기주식 취득과 배당은 신규 차입 및 기존 채무의 상환 등과 비교될 때 그 정보유용성이 증대될 수 있다.

1.5 현금흐름표

현금흐름표(Statement of cash flow)란 기업의 현금흐름을 나타내는 양식으로서, 일정기간 중 현금의 유입과 운용의 결과를 나타내는 표이다. 현행 기업회계기준은 **발생주의**에 의한 회계처리를 하고 있기 때문에 실제로 현금이 기업에 유입되고 유출되는 것과 재무제표 상에 나타나는 수익과 비용에는 차이가 있다. 예를 들면 감가상각비, 대손상각, 무형자산상각 등은 실제로 현금의 유출되는 것이 아니다.

현금흐름표는 **영업활동**으로 인한 현금흐름, **투자활동**으로 인한 현금흐름, **재무활동**으로 인한 현금흐름으로 분류된다. 즉, 현금흐름표의 현금흐름은 손익계산서의 당기순이익(손실)과 일치하지 않는다. 즉 현금흐름은 (+)일지라도 당기순이익은 (−) 일 수 있고, 그 반대의 현상이 발생할 수 있다.

기업의 전망이 아무리 유망하다 하더라도 현금의 흐름을 관리하지 못하면 흑자도산이 발생할 수 있다. 따라서 순수한 현금흐름이 (+)인가 또는 (−)인가를 분석하여, 현금흐름이 ( )로 나타나면 단기채무에 대한 대처능력에 문제가 발생할 가능성이 있다. 아무리 유망한 기업도 우선 현금흐름이 부족하면 자금의 압박을 받게 된다. 최근에는 기업경영이 외형중시 경영에서 현금흐름 중시경영으로 바뀜에 따라 현금흐름의 행태가 기업의 재무상태 분석에 중요한 요인으로 사용되고 있다. 현금흐름표의 구성은 [표 2−7]과 같다.

[표 2-7] 현금흐름표

제×기 20××년 ×월 ×일부터 20××년 ×월 ×일까지

(단위 : 원)

과 목	제 × (당)기		제 × (전)기	
	금 액		금 액	
Ⅰ. 영업활동으로 인한 현금 흐름				
가. 매출등 수익활동으로부터의 유입액				
나. 매입 및 종업원에 대한 유출액				
다. 이자수익유입액				
라. 배당금수익유입액				
마. 이자비용유출액				
바. 미지급법인세의 지급				
사.				
Ⅱ. 투자활동으로 인한 현금흐름				
1. 투자활동으로 인한 현금유입액				
가. 단기금융상품의 처분				
나. 유가증권의 처분				
다. 토지의 처분				
라.				
2. 투자활동으로 인한 현금 유출액				
가. 현금의 단기대여				
나. 단기금융상품의 취득				
다. 유가증권의 취득				
라. 토지의 취득				
마. 개발비의 지급				
바.				
Ⅲ. 재무활동으로 인한 현금흐름				
1. 재무활동으로 인한 현금유입액				
가. 단기차입금의 차입				
나. 사채의 발행				
다. 보통주의 발행				
라.				
2. 재무활동으로 인한 현금유출액				
가. 단기차입금의 상환				
나. 사채의 상환				
다. 유상감자				
라.				
Ⅳ. 현금의 증가(감소)(Ⅰ+Ⅱ+Ⅲ)				
Ⅴ. 기초의 현금				
Ⅵ. 기말의 현금				

1.6 이익잉여금처분계산서

[표 2-8] 이익잉여금처분계산서

제 × 기 20××년×월×일부터 20××년×월×일까지 처분예정일 20××년×월×일	제 × 기 20××년×월×일부터 20××년×월×일까지 처분확정일 20××년×월×일

회사명 (단위 : 원)

구 분	당 기		전 기	
미처분이익잉여금		×××		×××
전기이월미처분이익잉여금 (또는 전기이월미처리결손금)	×××		×××	
회계정책변경누적효과	–		×××	
전기오류수정	–		×××	
중간배당액	×××		×××	
당기순이익(또는 당기순손실)	×××		×××	
임의적립금등의이입액		×××		×××
×××적립금	×××		×××	
×××적립금	×××		×××	
합 계		×××		×××
이익잉여금처분액		×××		×××
이익준비금	×××		×××	
기타법정적립금	×××		×××	
주식할인발행차금상각액	×××		×××	
배당금	×××		×××	
현금배당				
주당배당금(률) 보통주 : 당기 ××원(%)				
전기 ××원(%)				
우선주 : 당기 ××원(%)				
전기 ××원(%)				
주식배당				
주당배당금(률) 보통주 : 당기 ××원(%)				
전기 ××원(%)				
우선주 : 당기 ××원(%)				
전기 ××원(%)				
사업확장적립금	×××		×××	
감채적립금	×××		×××	
......				
차기이월미처분이익잉여금		×××		×××

이익잉여금처분계산서(또는 결손 시 결손금처리계산서)는 "이익잉여금의 처분사항(또는 결손금의 처리사항)을 명확히 보고하기 위한 재무보고서"이다.

이익잉여금처분계산서(Statement of surplus appropriation)는 [표 2－8]에서와 같이 아직 처분되지 않은 미처분이익잉여금을, 제반 법적 규정에 따라 임의적립금등에 먼저 이입을 하고, 남은 이익잉여금은 제반 기업의 방침에 따라 처분한 후, 남은 잔액인 미처분이익잉여금을 차기로 이월시키는 형태를 양식으로 표시한 것이다.

제02절 경영분석을 위한 재무비율

재무제표(financial statements)는 기업이 회계기간 동안에 수행한 경영활동의 결과를 간결하게 요약한 재무보고서이다. 재무제표의 작성목적은 기업의 이해관계자들에게 다양한 형태의 재무정보를 제공하는데 있다. 기업의 이해관계자들이 요구하는 정보욕구를 충족시켜 주기 위하여 작성되고 있는 가장 보편적인 재무보고서로서 **재무상태표**와 **손익계산서**가 있다. 재무제표에는 미래이익과 배당, 현금흐름 등에 대한 많은 정보가 포함되어 있다. 그러나 재무제표에 나타난 각 계정과목을 단순히 나열하는 것은 별 의미가 없다. 경영분석의 효율을 높이기 위해서는 각 계정과목을 비교하여 상대적인 비중을 분석하여야 유용하다. 이렇게 각 계정과목의 상대적 비율을 분석하는 것이 **재무비율**(financial ratio)이다.

재무비율의 분류는 경영분석에서 가장 중요한 부분이며 경영분석의 주요 기반이다. 따라서 재무비율에 의한 분석의 개념이 정립되어야 한다. 비율이라는 것은 분모와 분자의 대비개념이며, 이러한 **비율에 의한 척도**(ratio scale)는 어떠한 현상을 평가하는데 가장 적합한 개념이다. 이렇게 재무제표의 중요 계정과목을 대비하고 비율을 산정하여, 기업의 재무상태를 파악하는 재무비율은 매우 합리적인 방법이다.

2.1 재무비율분석

재무비율분석(financial ratio analysis)은 재무비율을 이용하여 기업의 재무상태와 경영성과를 분석・평가하는 방법을 말한다. 기업의 이해관계자들(경영자, 주주, 채권자 등)은 재무비율분석을 통하여 의사결정에 유용한 정보를 얻을 수 있다.

2.1.1 재무비율의 의의

재무상태표, 손익계산서, 자본변동표, 현금흐름표, 이익잉여금처분계산서 등과 같은 재무제표를 분석하여 기업의 재무상태와 경영성과를 파악할 수 있다. 그러나 재무제표의 내용이 매우 복잡하기 때문에 재무제표를 직접 분석하여 의사결정에 필요한 정보를 얻는 것은 쉬운 일이 아니다. 따라서 재무제표에 포함된 유용한 정보를 쉽게 파악할 수 있는 수단이 필요하며, 이를 위해 고안된 것이 재무비율이다.

재무비율은 경제적 의미와 논리적 관계가 분명한 재무제표의 한 항목을 다른 항목에 대한 상대적 비율로 나타낸 것이다. 따라서 비율분석은 재무비율의 경제적 의미를 분석하여 기업의 재무상태와 경영성과를 평가하는 기법이라고 할 수 있다.

재무제표는 수많은 항목으로 구성되어 있으며, 이와 같은 항목을 이용하여 다양한 재무비율을 계산할 수 있다. 그러나 재무비율이 의사결정에 유용한 역할을 하기 위해서는 논리적 또는 경제적인 관계가 분명한 항목을 연결시켜 재무비율을 산출해야 한다. 예를 들면 제품의 판매가격과 판매원가 사이에는 명확하고 직접적인 경제적 관계가 존재하기 때문에 매출액에 매출원가를 대응시켜 계산되는 매출원가율이라는 재무비율을 통하여 의미있는 정보를 얻을 수 있다. 그러나 운송비용과 기업이 보유하고 있는 유가증권 사이에는 논리적 또는 경제적인 연관성이 존재하지 않기 때문에 이와 같은 재무비율을 통해서는 의미있는 정보를 얻을 수 없다.

재무비율은 기업의 재무적 건강상태에 대한 신호(signal) 또는 징후(symptom)를 제공하는 수단이다. 따라서 적절히 재무비율을 해석함으로써 추가적인 분석이 필요한 분야가 어떤 분야인지를 파악할 수 있다. 비율분석은 재무비율을 구성하는 개별항목에 대한 분석을 통하여 탐지될 수 없는 재무적 건강상태와 건강상태의 변화가능성을 파악하는데 이용된다.

비율분석의 기본 목적은 기업의 다양한 이해관계자의 의사결정에 목적적합한 정보를 제공하는데 있다. 이와 같은 목적에서 비율분석을 효과적으로 수행하기 위해서는 첫째, 재무비율을 구성하는 항목의 미래 추정치가 필요하며 둘째, 어떤 요인들이 재무비율에 영향을 미치고 있는가를 파악해야 하며 셋째, 비율분석의 결과를 올바르게 해석해야 한다. 이 점이 비율분석의 가장 어려운 부분이다.

2.1.2 재무비율에 영향을 미치는 요인

재무비율은 전반적 경제상황, 산업에서의 지위, 경영정책, 회계처리방법 등에 따라 영향을 받는다. 특히 회계처리방법이 변경되면 비율분석의 결과를 해석하는데 심각한 영향을 미치기 때문에 재무비율을 구성하는 각 항목의 값이 타당하고 일관성이 있는가를 확인하여야 한다. 예를 들어 인플레이션하에서 재고자산은 후입선출법으로 평가하는 경우 재고자산이 과소평가되는 결과를 낳게 된다(5장 참조).

재무비율의 타당성은 구성항목의 수치에 대한 신빙성에 따라 좌우된다. 그러므로 기업의 내부통제시스템이 불완전하여 회계자료의 신뢰성에 문제가 있는 경우에는 재무비율의 신뢰성에 문제가 제기된다.

2.1.3 재무비율의 해석

대부분의 재무비율은 재무제표의 한 항목을 다른 항목으로 나누어 구해진다. 재무비율의 분자항에 영향을 미치는 요인이 분모항에도 영향을 미치기 때문에 재무비율의 해석에 유의하여야 한다. 예를 들어 매출원가를 절감시킴으로써 매출액에 대한 순이익의 비율을 개선시킬 수 있다. 그러나 무리한 원가절감으로 인해 매출액이 감소하거나 시장점유율이 하락한다면, 그러한 외견상의 수익성 개선은 기업의 미래에 좋지 않은 영향을 미칠 수 있다. 따라서 이와 같은 영향을 고려하여 재무비율을 해석해야 할 것이다.

재무비율은 그 자체로서 아무런 의미가 없으며, 비교기준이 되는 표준비율과 비교할 때 의미를 갖는다. 따라서 객관적이고 과학적인 표준비율과 비교함으로써 재무비율의 의미를 보다 잘 해석할 수 있다. 또한 일정기간 동안 비율의 변화추세를 관찰함으로써 유용한 정보를 얻을 수 있다.

2.2 자료원천에 따른 분류

재무비율을 산정하려면 기본적으로 재무제표를 분류하여 각 재무제표 특성을 파악하여야 한다. 재무비율을 분류하는 가장 단순한 방법은 자료의 원천에 따라 분류하는 방법이다. 이 경우 재무비율은 재무상태표비율과 손익계산서비율 및 혼합비율로 구분된다.

2.2.1 재무상태표 비율

재무상태표 비율이란 재무상태표 내의 계정과목 간 대비를 통하여 재무상태를 분석하는 것이다. 재무상태표가 일정시점 기업의 재무상태를 나타내는 것이기 때문에 재무상태표 비율을 **정태적 비율**(static ratio)이라고 한다. 즉 재무비율의 분자, 분모 항목이 모두 재무상태표 항목인 경우이다.

2.2.2 손익계산서 비율

손익계산서 비율이란 손익계산서 내의 계정과목 간 대비를 통하여 일정기간 기업의 재무성과를 분석하는 것이다. 일정기간의 재무적 성과이기 때문에 **동태적 비율**(dynamic ratio)이라 한다. 즉 재무비율의 분자, 분모 항목이 모두 손익계산서 항목인 경우이다.

2.2.3 혼합비율

혼합비율이란 재무상태표의 계정과목과 손익계산서의 계정과목을 대비시키는 재무비율이다. 즉 분자, 분모 항목이 서로 다른 회계자료인 경우이다. 즉 재무상태표의 특정 계정과목과 손익계산서의 특정 계정과목을 대비시켜 분석하는 것으로 정태적 개념과 동태적 개념이 혼합된 것이다. 최근에는 재무제표 항목과 주가 등 자본시장지표를 혼합하는 비율분석이 다수 사용되고 있다.

2.3 자료의 분석방법에 의한 분류

재무비율은 분석방법에 따라 관계비율과 구성비율로 구분된다. 재무비율을 산업평균비율 또는 과거의 평균비율과 비교함으로써 변화추세를 분석할 수 있다. 또한 규모가 서로 다른 기업의 재무제표를 비교하는 경우 재무제표상의 각 항목이 총액에서 차지하는 비율을 계산함으로써 각 항목의 상대적인 크기나 중요성을 분석할 수 있다.

2.3.1 관계비율

관계비율(relative ratio)이란 재무제표상에서 서로 관계가 있는 두 항목을 대응시켜 그 비율을 분석·평가하는 것으로 항목비율이라고 한다. 예를 들면 유동자산과 유동부채를 대응시킨 비율이나, 매출액과 총자산, 또는 총자산과 당기순이익을 대응시킨 비율 등을 분석하는 것이다.

2.3.2 구성비율

구성비율(component ratio)은 총자산 또는 매출액에서 각 항목이 차지하는 비중을 비율로 나타낸 것이다. 구성비율은 공통형 재무상태표와 공통형 손익계산서를 작성함으로써 계산된다. 공통형 재무상태표는 총자산을 100%로 하여 각 항목을 총자산에 대한 백분율로 표시한 재무상태표이며, 공통형 손익계산서는 매출액을 100%로 하여 각 항목을 매출액에 대한 백분율로 표시한 손익계산서를 말한다.

이와 같은 구성비율을 과거의 구성비율과 비교해 봄으로써 구성항목의 변동추세를 파악할 수 있다. 또한 구성비율은 규모가 다른 기업간에 비교를 가능하게 해 주는 이점이 있다.

2.4 표준비율

특정 기업 재무비율의 양호함과 불량함을 평가할 때는 표준이 되는 비율이 있어야 한다. 표준이 되는 비율의 설정에는 이상적 표준비율이 존재할 수 있지만, 동일 산업 전체의 평균비율과 비교하는 방법이 가장 많이 쓰인다.

2.4.1 이상적 표준비율

이상적 표준비율이란 각 기업이 속한 업종이나 기업의 규모와 관계없이 재무비율이 어느 수준이 되어야 양호하다고 평가하는 것이다. 주로 미국의 실무에서 경험적으로 설정되어온 비율은 다음과 같다.

- 유동비율 : 200% 이상
- 당좌비율 : 100% 이상
- 자기자본비율 : 50% 이상
- 비유동장기적합률 : 100% 이하
- 이자보상비율 : 500% 이상

그러나 이상적 표준비율은 다음과 같은 문제점이 있다.

① 특정국가의 경제상황이나, 특정기업이 속한 산업이나 규모에 따라 이상적 표준비율이 다를 수 있다.

② 이상적 수준이라는 것은 분석자의 주관성에 따라 다르다.

2.4.2 평균 개념의 산업평균비율

산업의 표준이 되는 비율, 즉 **산업평균비율**은 **산업표준비율**이라고도 하며 비율의 설정에는 동일 산업 전체의 평균비율과 비교하는 방법이 가장 많이 쓰인다. 즉 분석되는 업종의 모든 기업에서 나타나는 비율을 합산하여 기업수로 나누는 개념이다. 이것은 일반적인 **산술평균의 개념**을 적용하는 것이다.

산술평균의 개념은 산정에 조심을 하여야 한다. 즉 특정기업의 비율이 지나치게 크거나 작다면, 그 기업으로 인하여 산업평균비율이 크게 상승하거나 하락할 수 있다. 따라서 산업표준으로서의 의미가 없게 된다. 이러한 문제를 해결하기 위하여 산업은행에서는 **4분위 검정**이라는 개념을 사용하고 있다. 즉 상위 25%와 하위 25%의 기업을 평가대상에서 제외하고 중앙의 50% 기업만 평가의 대상으로 하는 것이다.

예제 2-1

다음 자료에 의하여 산술평균에 의한 산업표준비율과 4분위 검정방법에 의한 산업표준비율을 산출하시오.

• 12개 기업의 유동비율 자료

175 155 140 110 105 100 96 94 92 78 72 68

1 산술평균에 의한 평균

$$\frac{\text{12개 기업의 유동비율 합계 1,285}}{12} = 107.08\%$$

2 4분위 방법에 의한 평균

상위 25%에 해당하는 175, 155, 140과 하위 25%에 해당하는 78, 72, 68은 조사대상에서 제외하고 중앙에 있는 110, 105, 100, 96, 94, 92만을 가지고 평균을 산출하면 ;

$$\frac{\text{6개 기업의 유동비율 합계 597}}{6} = 99.50\%$$

4분위 방법에 의한 방법을 사용하는 이유는, 극한 상황에 있는 기업을 조사대상에서 제외하여 극한상황의 기업이 산업표준비율에 영향을 미치지 못하도록 하는 것이다. 우리나라는 산업은행에서 채택하고 있다.

2.4.3 산업평균비율의 고려사항

산업평균비율은 특정 기업의 재무비율을 분석한 후에 비교를 하여, 특정 기업의 양호함과 불량함의 분류에 기준이 된다. 그러나 산업표준비율은 다음과 같은 점에서 고려가 이루어져야 한다.

첫째, 산업분류가 명확하여야 한다. 즉 특정 산업으로 분류한다는 것은 그 산업 내에 속한 기업의 속성에 공통점이 많아야 한다. 그러나 특정 산업 내에 속한 기업의 속성에 상당한 차이가 발생한다면 표준비율로서의 가치가 하락한다.

둘째, 산업평균과 특정기업을 비교할 때 그 차이를 어떻게 규정할 것인가 이다. 단순하게 절대적 차이에 의한 단순비교를 할 것인지, 아니면 동일 산업 내에 속한 각 기업의 산업평균비율과의 상대적 차이를 비교할 것인지에 따라 해석이 달라진다.

셋째, 산업평균비율의 산출과정에 관한 문제이다. 즉 산술평균을 사용할 것인지, 기업규모에 따른 가중평균을 사용할 것인지, 아니면 가장 가운데 수인 중위수를 택할 것인지 등 다양한 해석이 나타나게 된다.

2.5 주요 재무비율의 분류

기업의 재무상태를 평가하기 위한 재무비율은 다양한 부문에 걸쳐 개발되었다. 일반적으로 웨스턴과 브릭햄이 분류한 재무비율에 기초하여 기업을 분석한다. 우리나라의 경우 한국은행과 산업은행에서 기업의 재무비율을 평가하고 있는데 다음과 같다.

2.5.1 J. F. Weston & E. F. Brigham의 재무비율

웨스턴과 브릭햄은 다음과 같이 재무비율의 대 분류를 설정하였는데, 오늘날 재무비율 분석의 기초가 되었다.

- **유동성 비율**

  단기채무에 대한 대처능력
- **안정성 비율**

  타인자본 조달에 대한 부담
- **수익성 비율**

  이익창출능력

- **활동성 비율**
  물리적 효율성
- **성장성 비율**
  규모의 증감
- **시장가치비율**
  회계자료와 시장가치와의 관계

위와 같은 분류를 기초로 한국은행과 산업은행에서는 투입과 산출관계를 분석하는 생산성 비율을 추가하였는데 [표 2－8]과 같다.

2.5.2 한국은행의 분류

발간자료 : 기업경영분석

2023년 말 기준으로 935,597개의 기업체로부터 입수한 재무제표를 집계하여 산업별 종합재무제표를 작성한 다음, 이를 산업별로 재무비율을 산출하여 [표 2－9]와 같이 공시한다.

약 80종의 재무비율 산출하며 매년 정기간행물로 출판된다.

[표 2－9] 재무비율의 분류

분 류	내 용	재 무 비 율
유동성비율	단기채무의 상환능력	유동비율, 당좌비율
안정성비율	타인자본에 대한 의존정도	부채비율, 비유동장기적합률, 이자 보상비율, 매출액금융비용률
수익성비율	이익창출 능력	총자산순이익률, 자기자본순이익률, 매출액영업이익률, 매출액세전이익률, 매출액순이익률
활동성비율	물리적 효율성	총자산회전율, 재고자산회전율, 매출채권평균회수기간
성장성비율	규모의 변화	총자산증가율, 자기자본증가율, 매출액증가율
생산성비율	자원의 투입에 대한 산출	부가가치율, 노동생산성, 자본생산성

특히 기업의 업종별 분류가 이루어지기 때문에 기업은 자기 기업의 재무비율을 계산하여 자기 기업이 속한 산업의 평균 재무비율과 비교하면, 자기 기업의 양호한 부분과 불량한 부분의 파악이 가능한 매우 유용한 자료이다.

[표 2-10] 기업경영분석의 사례(한국은행)

C26. 전자부품, 컴퓨터, 영상, 음향 및 통신장비(대기업)

5. 성장성에 관한 지표 Indicators concerning Growth

단위 : % Unit : %

Code No.	내역 Contents	2021	2022	2023
501	총자산증가율	13.59	4.62	10.74
502	유형자산증가율	12.75	15.49	7.24
503	유동자산증가율	11.87	-6.09	-2.13
504	재고자산증가율	20.61	54.17	-1.33
505	자기자본증가율	9.09	6.44	5.59
506	매출액증가율	20.84	4.24	-16.31

6. 손익의 관계비율 Relationship Ratios of Income and Expenses

단위 : % Unit : %

Code No.	내역 Contents	2021	2022	2023
601	총자산세전순이익률	13.50	8.62	3.60
602	총자산순이익률	10.60	6.94	5.48
603	기업세전순이익률	13.70	8.89	4.14
604	기업순이익률	10.80	7.21	6.03
605	자기자본세전순이익률	18.60	12.00	5.10
606	자기자본순이익률	14.60	9.67	7.77
607	자본금세전순이익률	482.73	338.19	153.33
608	자본금순이익률	378.92	272.38	233.85
609	매출액세전순이익률	16.78	11.17	5.98
610	매출액순이익률	13.17	8.99	9.12
611	매출액영업이익률	14.49	10.64	-4.03
612	매출원가대매출액	71.94	75.55	86.64
613	변동비대매출액	35.25	38.11	44.14
614	고정비대매출액	53.25	58.37	66.39
615	연구개발비대매출액	7.15	7.58	9.82
616	인건비대매출액	7.17	7.32	8.66
617	인건비대영업총비용	11.02	10.53	10.38
618	재료비대매출액	19.39	21.98	26.88
619	재료비대영업총비용	29.80	31.62	32.21
620	순외환손익대매출액	0.14	0.05	-0.25
621	EBIT 대매출액	17.04	11.52	6.89
622	EBITDA 대매출액	27.25	22.42	20.05
623	감가상각률	19.08	18.66	17.19
624	금융비용대부채	0.75	0.96	1.86
625	차입금평균이자율	2.15	3.00	4.67
626	금융비용대총비용	0.29	0.36	0.83
627	금융비용대매출액	0.26	0.35	0.91
628	순금융비용대매출액	0.06	-0.09	-0.07
629	이자보상비율	5,648.23	3,034.42	-442.16
630	순이자보상비율	23,566.25	*	*
631	손익분기점률	74.08	81.95	89.30
632	사내유보율	91.11	91.34	87.68
633	배당률	90.30	88.97	140.51
634	배당성향	23.66	32.43	58.82
635	수정영업자산이익률	17.52	11.68	-4.30

반도체, 전자부품, 컴퓨터 및 주변장치, 통신 및 방송 장비, 영상 및 음향기기, 마그네틱 및 광학 매체 제조업

7. 자산 · 자본의 관계비율 Relationship Ratios of Assets, Liabilities and Stockholders' Equity

단위 : % Unit : %

Code No.	내역 Contents	2021	2022	2023
701	자기자본비율	71.20	72.41	68.94
702	유동비율	154.11	147.64	145.90
703	당좌비율	123.58	99.60	98.03
704	현금비율	11.97	13.30	22.02
705	비유동비율	92.76	96.08	106.04
706	비유동장기적합률	84.71	87.64	89.63
707	부채비율	40.44	38.10	45.04
708	유동부채비율	30.94	28.46	26.73
709	비유동부채비율	9.50	9.64	18.31
710	차입금의존도	9.28	8.72	14.40
711	차입금대매출액	11.91	11.68	19.53
712	매출채권대매입채무	205.12	144.96	165.48
713	순운전자본대총자본	11.92	9.82	8.46

8. 자산 · 자본의 회전율 Turnover Ratios of Assets, Liabilities and Stockholders' Equity

단위 : 회 Unit : times

Code No.	내역 Contents	2021	2022	2023
801	총자산회전율	0.80	0.77	0.60
802	자기자본회전율	1.11	1.07	0.85
803	자본금회전율	28.77	30.28	25.64
804	경영자산회전율	1.07	1.02	0.81
805	비유동자산회전율	1.22	1.14	0.84
806	유형자산회전율	2.13	1.94	1.47
807	재고자산회전율	12.29	9.25	6.44
808	상(제)품회전율	43.59	29.74	20.77
809	매출채권회전율	6.66	7.34	7.01
810	매입채무회전율	13.93	12.90	10.91

9. 생산성에 관한 지표 Indicators concerning Productivity

단위 : % Unit : %

Code No.	내역 Contents	2021	2022	2023
901	총자본투자효율	25.81	22.44	10.87
902	설비투자효율	74.25	61.59	28.79
903	기계투자효율	137.37	114.61	55.68
904	부가가치율	42.30	38.14	24.06
905	노동소득분배율	33.08	40.72	185.77

10. 부가가치의 구성 Composition of Gross Value Added

단위 : % Unit : %

Code No.	내역 Contents	2021	2022	2023
1001	영업잉여	44.42	35.45	-27.18
1002	인건비	22.35	25.18	47.93
1003	금융비용	0.80	1.21	5.05
1004	조세공과	0.59	0.68	1.40
1005	감가상각비	31.83	37.49	72.80

C26. 전자부품, 컴퓨터, 영상, 음향 및 통신장비(중소기업)

5. 성장성에 관한 지표 Indicators concerning Growth

단위 : % Unit : %

Code No.	내역 Contents	2021	2022	2023
501	총자산증가율	15.42	8.11	5.81
502	유형자산증가율	12.25	9.69	7.41
503	유동자산증가율	17.69	8.41	4.98
504	재고자산증가율	23.51	16.19	4.92
505	자기자본증가율	16.38	10.66	8.15
506	매출액증가율	16.65	8.95	-4.72

6. 손익의 관계비율 Relationship Ratios of Income and Expenses

단위 : % Unit : %

Code No.	내역 Contents	2021	2022	2023
601	총자산세전순이익률	4.84	4.52	1.26
602	총자산순이익률	4.00	3.65	0.67
603	기업세전순이익률	5.81	5.66	2.71
604	기업순이익률	4.97	4.80	2.12
605	자기자본세전순이익률	9.73	8.97	2.46
606	자기자본순이익률	8.05	7.25	1.31
607	자본금세전순이익률	49.95	49.78	13.89
608	자본금순이익률	41.31	40.24	7.41
609	매출액세전순이익률	5.33	5.09	1.61
610	매출액순이익률	4.41	4.12	0.86
611	매출액영업이익률	4.32	4.36	2.18
612	매출원가대매출액	78.78	78.76	78.99
613	변동비대매출액	62.55	62.79	61.64
614	고정비대매출액	37.14	37.87	41.95
615	연구개발비대매출액	3.18	3.13	3.67
616	인건비대매출액	17.80	17.81	19.22
617	인건비대영업총비용	19.70	19.67	20.73
618	재료비대매출액	45.07	45.02	44.22
619	재료비대영업총비용	49.88	49.72	47.71
620	순외환손익대매출액	0.54	0.39	0.12
621	EBIT 대매출액	6.41	6.38	3.45
622	EBITDA 대매출액	9.32	9.24	6.40
623	감가상각률	11.83	11.80	10.98
624	금융비용대부채	1.94	2.30	2.98
625	차입금평균이자율	3.21	3.87	4.95
626	금융비용대총비용	1.08	1.28	1.78
627	금융비용대매출액	1.07	1.29	1.84
628	순금융비용대매출액	0.76	0.86	1.06
629	이자보상비율	402.89	338.17	118.22
630	순이자보상비율	569.76	506.19	206.06
631	손익분기점률	85.76	86.32	95.80
632	사내유보율	97.57	98.18	98.06
633	배당률	9.03	7.36	7.81
634	배당성향	14.60	11.78	18.65
635	수정영업자산이익률	4.46	4.10	0.40

반도체, 전자부품, 컴퓨터 및 주변장치, 통신 및 방송 장비, 영상 및 음향기기, 마그네틱 및 광학 매체 제조업

7. 자산 · 자본의 관계비율 Relationship Ratios of Assets, Liabilities and Stockholders' Equity

단위 : % Unit : %

Code No.	내역 Contents	2021	2022	2023
701	자기자본비율	49.90	50.92	51.91
702	유동비율	158.69	163.38	162.75
703	당좌비율	124.16	125.43	125.05
704	현금비율	39.31	35.70	34.75
705	비유동비율	97.50	94.80	93.47
706	비유동장기적합률	71.93	70.63	70.97
707	부채비율	100.40	96.39	92.63
708	유동부채비율	64.84	62.18	60.93
709	비유동부채비율	35.56	34.21	31.70
710	차입금의존도	29.90	29.21	28.92
711	차입금대매출액	33.49	33.35	37.28
712	매출채권대매입채무	192.21	194.26	194.36
713	순운전자본대총자본	18.99	20.07	19.85

8. 자산 · 자본의 회전율 Turnover Ratios of Assets, Liabilities and Stockholders' Equity

단위 : 회 Unit : times

Code No.	내역 Contents	2021	2022	2023
801	총자산회전율	0.91	0.89	0.78
802	자기자본회전율	1.82	1.76	1.53
803	자본금회전율	9.37	9.78	8.63
804	경영자산회전율	1.06	1.03	0.91
805	비유동자산회전율	1.85	1.84	1.62
806	유형자산회전율	2.98	2.93	2.55
807	재고자산회전율	8.37	7.64	6.55
808	상(제)품회전율	22.33	21.70	18.92
809	매출채권회전율	6.30	6.28	5.95
810	매입채무회전율	12.19	12.14	11.71

9. 생산성에 관한 지표 Indicators concerning Productivity

단위 : % Unit : %

Code No.	내역 Contents	2021	2022	2023
901	총자본투자효율	23.66	22.99	19.91
902	설비투자효율	80.99	79.60	68.03
903	기계투자효율	533.57	538.86	496.61
904	부가가치율	30.33	30.23	29.42
905	노동소득분배율	79.03	79.38	88.36

10. 부가가치의 구성 Composition of Gross Value Added

단위 : % Unit : %

Code No.	내역 Contents	2021	2022	2023
1001	영업잉여	13.99	12.87	2.71
1002	인건비	68.25	68.73	75.71
1003	금융비용	4.12	4.98	7.27
1004	조세공과	2.49	2.40	2.69
1005	감가상각비	11.16	11.01	11.62

CHAPTER 02 연습문제

01 산업표준비율(산업평균비율)을 설명하고 그 장점과 단점을 설명하시오.

02 재무비율 중, 동태적 비율과 정태적 비율을 비교하시오.

03 산술평균과 4분위 평균의 차이를 설명하고, 4분위 평균의 장점을 제시하시오.

04 다음 자료에 의하여 산술평균과 4분위 평균을 구하시오.

- 8개 기업의 유동비율 조사에 의한 4분위 평균

184	180	175	100	96	68	62	60

05 재무비율의 종류를 열거하고 설명하시오.

메모

C/H/A/P/T/E/R

03

재무비율 분석의 사례

- 제1절 사례기업 Ⅰ (삼성전자주식회사)
- 제2절 사례기업 Ⅰ (삼성전자주식회사)의 재무제표
- 제3절 사례기업 Ⅰ (삼성전자)의 재무비율 분석
- 제4절 사례기업 Ⅱ (SK텔레콤)
- 제5절 기타 주요 재무비율
- 제6절 중소기업의 재무적 성과평가

기업의 재무상태를 평가하려면 재무제표를 분석하여야 한다. 재무제표의 분석은 다양한 측면에서 분석된다. 기본적으로 재무상태표, 손익계산서가 재무제표 분석에 가장 중요한 재무제표이다.
기업의 재무제표 분석은 기업의 유동성, 안정성, 수익성, 성장성, 활동성, 시장가치성 등 다양하게 측정이 된다. 이러한 분석은 실제기업의 사례를 통하여 연습을 하여보면 이해가 쉽다.
본 장에서는 우리나라의 대표적 제조업으로 전자업종인 삼성전자주식회사와, 대표적 서비스업으로 이동통신업계를 주도하는 SK텔레콤㈜의 재무상태를 분석한다.

주요용어 : 유동성 비율, 안정성 비율, 수익성 비율, 활동성 비율, 성장성 비율, 시장가치성 비율

제01절 사례기업 I (삼성전자주식회사)

1.1 삼성전자㈜의 개황

1.1.1 주요 사업부문과 현황

삼성전자는 1969년 설립되어 각종 전자제품과 통신기기, 그리고 반도체 등을 생산하여 판매하는 대한민국의 대표적 제조업이다. '인재제일, 최고지향, 변화선도, 정도경영, 상생추구'의 5대 핵심가치와 '법과 윤리적 기준 준수, 깨끗한 조직문화 유지, 고객 · 주주 · 종업원의 존중, 환경 · 안전 · 건강'의 중시, 기업시민으로서의 사회적책임'이라는 5대 경영원칙을 설정하고 있다.

사업부문은 74개국에 진출한 글로벌 기업으로서의 경쟁력 강화, 효율 및 시너지 극대화를 위해 기존의 4개 사업부문을 2개 사업부문으로 통합 운영하고 있다, DX 사업부는 24년말 현재 174.8조(영업이익 12.4조), DS사업부는 111.0조원(영업이익 1.5조) 정도의 매출실적을 나타내고 있다. 기타 SDC(스마트폰용 OLED 패널 등), Harman(디지털 콕핏, 텔레매트릭스, 스피커 등) 2개의 사업부문이 있으나 매출이 4.3조원 정도로 비중은 적은 편이다.

[표 3-1] 삼성전자주식회사의 주요 사업부문

사업부문		주요 제품
DX (Device Experience)	CE (Consumer Electronics)	TV, 모니터, 냉장고, 세탁기, 에어컨 등
	IM (Information technology & Mobile communications)	휴대폰, 네트워크시스템, 컴퓨터 등
DS (Device Solution)	DRAM, NAND Flash, 모바일AP, TFT-LCD, OLED 패널 등	

당사는 2024년 말 현재 본사를 거점으로 국내에 DX부문 등을 총괄하는 본사와 32개의 종속기업을 운영하고 있고, 해외에서는 생산, 판매, 연구 등을 담당하는 198개의 비상장 종속법인을 운영하고 있다. 매출비중은 88.9%가 수출이고 미주가 전체 매출의 31.7%로 가장 높은 비중을 차지하고 있는 글로벌 IT 기업이다.

자회사 등을 포함한 연결재무제표 상 2024년 말 자산은 약 515조원이고, 2024년 동안 매출은 301조원, 영업이익 및 당기순이익은 각각 33조원과 34조원의 실적을 달성하였다. 특히 주력사업인 반도체를 중심으로 무선사업인 스마트폰의 판매량이 크게 증가하여 2011년 이후 10년 연속 세계 1위(2025년 1분기 현재 시장점유율 20.4%, 스마트폰 패널 39.5%)를 하고 있다. 또한 OLED TV의 출시 등 지속적 기술혁신을 통하여 TV사업은 2006년 이후 계속적으로 세계 1위(2025년 1분기 현재 시장점유율 30.0%)를 달성하였고, 수익성 또한 업계 최고 수준을 유지 하였다. 또한 세탁기, 냉장고, 에어콘 등 생활 가전도 미국 1위를 차지하고 있다. 반도체 분야에서는 DRAM/Flash(세계 시장점유율 35.8%로 1위) 등 메모리 사업은 메모리 가격이 지속적으로 하락하는 등 어려운 경영환경 가운데서도 업계 최고 수준의 수익성을 유지하면서, 시장 리더십을 지속적으로 공고히 하였다.

성장 사업군에서는 QLED 사업이 차별화된 경쟁력을 강화하여 큰 폭의 성장세와 함께 수익성도 크게 개선되었으며, 시스템LSI 사업도 AP, CIS 센서 등을 중심으로 모바일 시장 리더십을 확고히 하면서 견고한 성장세를 지속 하였다. 최근 의료분야에 IT를 접목시켜 초음파 진단기, 디지털 엑스레이, 이동형CT, 체외진단기 등을 출시하였으며, 신재생에너지 및 환경분야까지 사업을 확대하고 있다. 또한 국제 스포츠 행사 후원을 비롯하여 체계적이고 일관된 글로벌 브랜드 마케팅은 스마트폰, TV 등 주력 제품들의 시장점유율과 이익 증가에도 크게 기여하였고, 우리나라에서 유일하게 100대 브랜드 가치에 선정되었다.

2024년 말 현재 임직원은 총 129,480명(남성 94,913명, 여성 34,567명)이고 평균근속연수는 13.0년이다. 1인당 연평균급여액은 130(백만원)으로, 남성 평균은 139(백만원), 여성평균 106(백만원)의 높은 수준을 나타내고 있다.

1.1.2 기술개발과 환경 친화

기술개발을 위한 연구개발은 지속적으로 강화되고 있다. 2024년 연구개발비는 35.0

조원으로 매출액 대비 약 11.6%를 투자하여 세계 1위를 차지하고 있는 기업이다. 특히 최근에는 환경친화적 기술개발에 박차를 가하고 있어 자체 Good-Eco-Product 인증기준을 실시하면서 연구개발비를 확대하고 있다.

최근 전자업계는 H/W업체와 S/W업체간 장벽이 허물어지고 컨텐츠 · 서비스 · 인터넷으로 무장한 기업들이 새로운 Business를 창출하며 시장의 강한 경쟁자로 등장하는 등 큰 변화를 맞이하고 있다. 이러한 변화의 소용돌이에서도 S/W 전문인력, 연구개발인력의 지속적 확충 및 우수 인재 확보에 주력하고 있다. 2024년 동안 국내특허는 7,806건을 등록하였지만 미국특허가 더 높은 비중을 차지하고 있다. 1984년 최초로 미국에 특허를 등록한 이래 270,618건의 특허를 보유하고 있고, 2024년에는 9,227건으로 1위를 차지했다. 삼성전자의 특허는 주로 비주얼 디스플레이 음성통신 분야가 주종을 이루고 있다.

1.1.3 지배구조

2024년 말 현재 당사가 발행하여 유통되는 총유통주식수는 6,792,669,250주(자기주식수를 제외한 유통주식수 6,758,919,250주)이다. 개인 최대주주는 홍라희로 보통주 1.69%를 소유하고 있다.

[표 3-2] 삼성전자(주)의 최대주주 및 그 특수관계인의 주식소유현황(보통주 기준)

주주명	관계	비율(%)
삼성물산	특수관계인	5.05
삼성복지재단	특수관계인	0.08
삼성문화재단	특수관계인	0.03
홍라희	특수관계인	1.69
이재용	특수관계인	1.67
이부진	특수관계인	0.83
이서현	특수관계인	0.82
삼성생명보험㈜	특수관계인	8.65
삼성화재해상보험㈜	특수관계인	1.49

(2025.3.31 현재)

1.1.4 신용등급

삼성전자㈜는 1975년 주식시장에 상장되었고, 신용등급은 2024년 말 국내 3대 신용평가기관으로부터 AAA의 최상위 등급을 받고 있다. 해외 신용평가는 Moody's(미국) 및 S&P(미국)로부터 신용등급 평가를 받고 있는 바, 회사채의 경우 2024년 말 현재 Moody's의 당사 평가등급은 Aa3, 전망치는 안정적(Stable)이고, S&P의 당사 평가등급은 AA−, 전망치는 안정적(Stable)으로 평가받고 있다.

제 02절 사례기업 I (삼성전자주식회사)의 재무제표

사례기업인 삼성전자주식회사의 연결재무제표는 다음과 같다.

[표 3−3] 연결 재무상태표(I)

제56기 : 2024년 12월 31일 현재
제55기 : 2023년 12월 31일 현재

삼성전자주식회사 (단위 : 백만원)

과 목	제56(당)기	제55(전)기
자 산		
I. 유동자산	227,062,266	195,936,557
1. 현금 및 현금성자산	53,705,579	69,080,893
2. 단기금융상품	58,909,334	22,690,924
3. 단기상각후원가금융자산	−	608,281
4. 당기순손익-공정가치금융자산	36,877	27,112
5. 매출채권	43,623,073	36,647,393
6. 미수금	9,622,974	6,633,393
7. 선급비용	3,362,824	3,366,130
8. 재고자산	51,754,865	51,625,874
9. 기타유동자산	6,046,740	5,038,838
10. 매각예정분류자산	−	217,864
II. 비유동자산	287,469,682	259,969,423
1. 기타포괄손익-공정가치금융자산	10,580,932	7,481,297
2. 당기손익-공정가치금융자산	1,175,749	1,431,394

과 목	제56(당)기	제55(전)기
3. 관계기업및공동투자기업	12,592,117	11,767,444
4. 유 형 자 산	205,945,209	187,256,262
5. 무 형 자 산	23,738,599	22,741,862
6. 순 확 정 급 여 자 산	3,089,571	4,905,219
7. 이 연 법 인 세 자 산	14,236,468	10,211,797
8. 기 타 비 유 동 자 산	16,111,070	14,174,148
자산총계	514,531,948	455,905,980
부 채		
Ⅰ. 유동부채	93,326,299	74,719,452
1. 매 입 채 무	12,370,177	11,319,824
2. 단 기 차 입 금	13,172,504	7,114,601
3. 미 지 급 금	18,547,365	15,324,119
4. 선 수 금	1,841,420	1,492,602
5. 예 수 금	991,812	892,441
6. 미 지 급 비 용	29,613,258	26,013,273
7. 당 기 법 인 세 부 채	4,340,171	3,358,715
8. 유 동 성 장 기 부 채	2,207,290	1,308,875
9. 충 당 부 채	8,216,469	6,524,876
10. 기 타 유 동 부 채	2,025,833	2,308,472
11. 매 각 예 정 분 류 부 채	–	61,654

[표 3-3] 재무상태표(Ⅱ)

제56기 : 2024년 12월 31일 현재
제55기 : 2023년 12월 31일 현재

삼성전자주식회사 (단위 : 백만원)

과 목	제56(당)기	제55(전)기
Ⅱ. 비유동부채	19,013,579	156,508,663
1. 사 채	14,530	537,618
2. 장 기 차 입 금	3,935,860	3,724,850
3. 장 기 미 지 급 금	5,510,455	5,488,283
4. 순 확 정 급 여 부 채	521,410	456,557
5. 이 연 법 인 세 부 채	528,231	620,549
6. 장 기 충 당 부 채	3,120,044	2,878,450
7. 기 타 비 유 동 부 채	5,383,049	2,802,356
부채총계	112,339,878	90,228,115

과 목	제56(당)기	제55(전)기
자 본		
지배기업소유주지분	391,687,603	353,233,775
Ⅰ. 자본금	897,514	897,514
1. 우선주자본금	119,467	119,467
2. 보통주자본금	778,047	778,047
Ⅱ. 주식발행초과금	4,403,893	4,403,893
Ⅲ. 이익잉여금	370,513,188	346,652,238
Ⅳ. 기타자본항목	15,873,003	1,280,130
비지배지분	10,504,467	10,444,090
자본총계	402,192,070	363,677,865
부채와자본총계	514,531,948	455,905,980

[표 3-4] 연결 손익계산서

제56기 : 2024년 1월 1일부터 12월 31일 까지
제55기 : 2023년 1월 1일부터 12월 31일 까지

(단위 : 백만원)

과 목	제56(당)기	제55(전)기
Ⅰ. 매출액	300,870,903	258,935,494
Ⅱ. 매출원가	186,562,268	180,388,580
Ⅲ. 매출총이익	114,308,635	78,546,914
판매비와관리비	81,582,674	71,979,938
Ⅳ. 영업이익	32,725,961	6,566,976
기타수익	1,960,338	1,180,448
기타비용	1,625,229	1,083,327
지분법이익	887,550	887,550
금융수익	16,100,148	16,100,148
금융비용*	12,985,684	12,645,530
Ⅴ. 법인세차감전순이익	37,529,734	11,006,265
법인세비용	3,078,383	(4,480,835)
Ⅵ. 당기순이익	34,451,351	15,487,100
지배기업 소유주지분	33,621,363	14,473,401
비지배지분	829,988	1,013,699
Ⅶ. 주당이익**		
기본주당이익(단위 : 원)	4,950	2,131
희석주당이익(단위 : 원)	4,950	2,131

* 이자비용 903,918(백만원)
** 가중평균유통보통주식수 5,969,672(천주)

제03절 사례기업 I (삼성전자)의 재무비율 분석

본 절에서는 삼성전자주식회사의 재무제표를 중심으로 각종 재무비율을 산출한다. 삼성전자㈜는 기업의 규모에서 보듯이 2024년 12월말 현재 약 515조원 규모의 자산과 2024년 약 301조원 규모의 매출을 나타내는 초대형 전자회사이다.

재무상태표의 경우 약 227조원 규모의 유동자산과 약 287조원 대의 비유동자산을 보유한 기업으로, 부채도 유동부채 약 93조원과 비유동부채 약 19조원 대의 규모이다. 따라서 자본총계는 약 402조에 이르고 있다.

손익계산서의 경우 매출액 301조원의 규모에 영업이익 33조원, 세전이익 38조원으로 영업이익보다 세전이익이 크게 나타나고 있다. 전체적으로 약 34조원 규모의 거대한 당기순이익을 보이고 있다.

본서에서는 재무비율은 유동성 비율, 안정성 비율, 수익성 비율, 활동성 비율, 성장성 비율, 시장가치비율을 분석한다. 또한 한국채택국제회계기준(K－IFRS) 도입에 따라 연결재무제표 공시가 의무화되어 연결재무제표에 대한 분석을 실시한다. 참고로 본 교재 출간시 2024년 산업평균비율이 공시되지 않아 2023년 산업평균 비율을 제시했다.

3.1 유동성 비율

Keypoint 1년 이내의 단기채무에 대처할 능력이 있는가?

기업에 외상으로 상품을 공급하는 거래처, 자금을 대출하는 금융기관, 기업의 신용을 평가하는 신용기관은 해당기업의 단기채무에 대한 해결능력을 중요한 요인으로 보고있다. 이렇게 기업의 단기채무에 대한 해결능력을 파악하는 대표적 재무비율이 **유동성 비율**(liquidity ratio)이다. 유동성 비율이란 1년 이하의 단기채무에 대한 상환능력을 평가하는 것이다.

본래 유동성이란 기업이 보유하고 있는 자산이 단기에 정상적으로 현금화할 수 있는 가능성을 의미한다. 따라서 유동성이 충족되지 못하면 기업은 장기적으로 흑자가능성이 있더라도 단기적으로 도산할 가능성이 있다. 유동성이 부족한 경우 비유동자산 등을 비정상적인 가격으로 매각하거나 높은 이자율로 급하게 자금을 차입하여야 한다. 그러나 이와 같은 방법을 통하여 자금을 동원하는 경우 심각한 손해를 입을 뿐만 아니라 최악의 경우 지급불능상태에 빠져 파산할 수도 있다.

유동성 비율은 재무상태표 상에 나타나는 **유동자산**이 1년 이내에 현금화가 가능하다는 개념이고, **유동부채**가 1년 이내에 갚아야 할 부채라는 점에서 상호 간의 관계를 분석하는 것이다.

즉 재무상태표 중심의 정태적 개념으로 유동자산으로 유동부채를 해결할 능력을 평가하는 것이다. 유동성 비율은 기업의 일반적 평가, 사업계획서 작성, 감사보고서 등에 항상 사용되는 중요한 개념이다.

유동성 비율은 일반적으로 유동비율과 당좌비율로 분류되며, 유동성 비율에 의해서 기업의 단기채무지급능력을 측정할 때는 다음과 같은 몇 가지 점을 고려하여야 한다.

첫째, 유동자산을 구성하는 각 항목에 따라 유동성의 정도가 다르다는 점이다. 여기서 말하는 유동성은 정상가격으로 현금화시킬 수 있는 정도를 의미한다. 유동자산 중에서 당좌자산이 재고자산보다 유동성이 높으며, 당좌자산 중에서는 현금 및 현금성자산, 유가증권, 매출채권 등의 순서대로 유동성이 높다.

둘째, 기업의 유동성은 유동자산의 이용효율성과 연관성이 있다. 재고자산이 현금이나 매출채권으로 전환되는 속도(재고자산회전율, 재고자산판매기간), 매출채권이 현금으로 회수되는 속도(매출채권회전율, 매출채권평균회수기간), 매입채무를 결제하는 속도(매입채무회전율, 매입채무결제기간) 등이 유동자산의 이용효율성과 직접적으로 관련이 있다. 따라서 유동성을 효율적으로 평가하기 위해서는 유동자산의 효율적 이용정도를 측정하는 여타의 재무비율에 대한 분석이 병행되어야 한다.

셋째, 유동성이 높다고 해서 반드시 단기채무지급능력이 높다는 것을 의미하지 않는다는 점이다. 단기채무를 상환하는데 사용할 수 있는 것은 현금 및 현금성자산이기 때문에 현금 및 현금성자산 이외의 유동자산이 많더라도 지급불능상태에 빠질 수 있다. 반면에 현금 및 현금성자산 이외의 유동자산이 많더라도 부채수용능력이 높아 지급불능상태에 처하지 않고 정상적인 영업활동을 할 수 도 있다. 따라서 단기채무지급능력을 분석할 때 기업의 부채수용능력, 현금보유상태 등에 대한 분석을 병행하는 것이 좋다.

3.1.1 유동비율

유동비율(current ratio)은 [그림 3-1]의 재무상태표에서와 같이 1년 이내에 현금화가 가능한 유동자산을 1년 이내에 만기가 되는 유동부채를 충당할 수 있는가를 평가하는 척도이다. 즉 **단기채무의 상환능력**이라 할 수 있다. 전통적으로 200% 이상이 되어야 안전하다고 하나 이것은 절대적 기준이 아니고, 기업의 업종 및 상황에 따라 해석을 달리하여야 한다. 채권자의 입장에서 보면 유동비율이 높을수록 채권의 회수가능성이 높아짐을 의미하지만, 경영자의 입장에서 보면 유동비율이 높을수록 수익성이 낮아질 수도 있다. 즉 유동자산을 과다하게 보유함으로써 수익성이 떨어질 수도 있기 때문이다. 이와 같이 유동비율은 이용자의 입장에 따라 달리 평가될 수 있기 때문에 해석에 유의하여야 한다.

유동비율이 100%에 미달하면 유동자산으로 유동부채를 충당할 수 없기 때문에 불안한 유동성을 나타내는 기업이 된다. 그것은 아무리 전망이 있는 흑자예상 기업이더라도 단기채무에 대처하지 못하면 도산의 가능성이 있다는 것을 의미한다.

[그림 3-1] 유동비율

재무상태표

유 동 자 산 ——→	유 동 부 채
비유동자산	비유동부채
	자 본

$$\frac{\text{유동자산}}{\text{유동부체}} \times 100$$

유동자산과 유동비율을 구성하는 계정과목은 다양하다. 기업회계기준에 의하면 유동자산은 당좌자산과 재고자산으로 2분류하여 유동자산을 분류하고 있는 바, **유동성 배열법**에 의하여 현금에 가까운 순서로 나열하고 있다. 유동부채는 계정과목의 수는 적을지라도 아직 상당 수의 우리나라 기업은 유동부채가 유동자산 보다 크게 나타나고 있다. 그것은 단기성 자산과 단기성 부채에 대한 관리가 부족하다는 것을 의미한다.

유동자산		유동부채
(1) 당좌자산		1. 매입채무
1. 현금 및 현금성자산		2. 단기차입금
2. 단기투자자산		3. 미지급금과 미지급비용
3. 매출채권	⟷	4. 선수금과 선수수익
4. 기타의 채권		5. 예수금
		6. 미지급법인세와 미지급배당금
		7. 유동성장기부채
(2) 재고자산		
1. 상품		
2. 제품		
3. 반제품		
4. 재공품		
5. 원재료		
6. 저장품		

연 도 / 재무비율	2024년 (단위 : 백만원)
유동비율	$\frac{\text{유동자산 (227,062,266)}}{\text{유동부채 (93,326,299)}} \times 100 = 243.30\%$

유동비율은 243.30%로, 유동자산으로 유동부채를 해결할 수 있는 능력이 약 2.4배가 된다. 이는 단기적(1년 이내)으로 해결해야할 단기채무를 해소하는데 단기자금의 상당한 여유가 있음을 나타내고 있다. (2023년 산업평균비율 145.90%)

3.1.2 당좌비율

동일한 유동자산이라 하더라도 현금화되는 속도에는 차이가 있다. 특히 불황이 닥치면 재고자산은 현금화가 곤란하며, 청산시 손실의 발생위험이 가장 큰 자산이다. 이렇게 불황에 의하여 재고자산이 처분되지 않는 경우, 단기채무에 대한 대처능력을 평가하는 비율이 **당좌비율**(quick ratio)이다. 경기에 민감한 재고자산 또는 진부화 위험이 높은 재고자산을 보유하는 기업의 단기채무지급능력을 평가하는데 유용한 지표로, 유동비율보다 유동성 측면을 더 강조하는 비율이라 할 수 있다.

당좌비율은 재고자산의 현금화가능성을 0으로 보고 있다는 데서, 단기채무의 대처능력을 평가하는 보다 보수주의적 관점의 평가이며, **산성시험비율**(acid－test ratio)이라고도 한다. 전통적으로 100% 이상을 양호하다고 하고 있으나, 유동비율과 마찬가지로 기업의 상황과 환경에 따라 평가하여야 한다.

당좌비율은 [그림 3－2]에서와 같이 유동자산에서 재고자산을 제거한 자산을 당좌자산이라 하여, 당좌자산으로 유동부채를 충당할 수 있는지 평가하게 된다.

[그림 3－2] 당좌비율

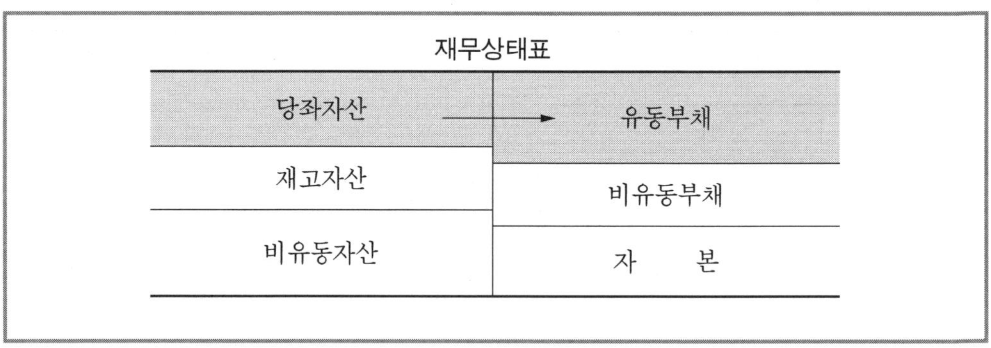

$$\frac{\text{유동자산}-\text{재고자산}}{\text{유동부채}} \times 100 = \frac{\text{당좌자산}}{\text{유동부채}} \times 100$$

유동자산		유동부채
(1) 당좌자산	⟷	1. 매입채무
1. 현금 및 현금성자산		2. 단기차입금
2. 단기투자자산		3. 미지급금과 미지급비용
3. 매출채권		4. 선수금과 선수수익
4. 기타의 채권		5. 예수금
		6. 미지급법인세와 미지급배당금
		7. 유동성 장기부채

연 도 / 재무비율	2024년 (단위 : 백만원)
당좌비율	$\frac{\text{유동자산 } (227{,}062{,}266) - \text{재고자산 } (51{,}754{,}865)}{\text{유동부채 } (93{,}326{,}299)} \times 100 = 187.84\%$

당좌비율은 187.84%로 단기채무에 대처할 능력이 매우 높다. 이는 극단적 불황에 의하여 재고자산의 현금화가 불가능해도 나머지 유동자산으로 단기 채무에 대처할 수 있는 능력이 충분함을 보여주고 있다. (2023년 산업평균비율 98.03%)

3.2 안정성 비율

Keypoint 타인자본의 의존에 대한 부담은 어느 정도인가?

기업의 자금조달 원천은 주주가 투자하는 자기자본 뿐 아니라 타인자본인 부채에 의하여 자금을 조달하는 경우가 많다. 따라서 자본조달에 대한 구성을 어떻게 하는가에 따라 기업의 안정성에는 차이가 있다. 기업의 재무체질인 자본구조는 불황시에 견딜 수 있는 힘을 가름할 수 있다.

일반적으로 부채의 비중을 높이면 안정성이 떨어진다고 한다. 그러나 부채의 효율적 활용이 이루어진다면 기업의 성장에 부채는 유용한 기능을 한다. **안정성 비율**

(stability ratio)이란 이렇게 자본조달의 구성을 평가하여 기업의 안정성을 파악하는 것이며, **레버리지 비율**(leverage ratio)이라고도 한다.

레버리지(leverage)란 본래 지렛대라는 뜻이다. 지렛대란 [그림 3－3]에서 보는 바와 같이 동일한 중량의 무게라도 받침을 어떻게 놓는가에 따라 다르다. [A]는 누르는 힘이 [B]에 비하여 덜 들긴 하지만 높이 들어올리는 데는 [B] 보다 못하다. 반대로 [B]는 [A]에 비하여 누르는 힘은 더 들더라도 일단 올라가면 [A]보다 높일 수 있다. 즉 [B]는 보다 탄력적이다. 그것은 기업에서 부채를 조달하면 이자비용의 위험이 있고, 반대로 부채를 효과적으로 활용하면 이익의 증대효과를 얻을 수 있다는 **탄력성**을 의미한다. 결과적으로 부채의 비중증대는 활용정도에 따라 효과의 득실 차이가 크다는 의미이다. 이것은 투자자금의 안배 정도를 의미하는 것으로 자금원천의 견실성을 나타낸다.

[그림 3－3] 레버리지의 의미

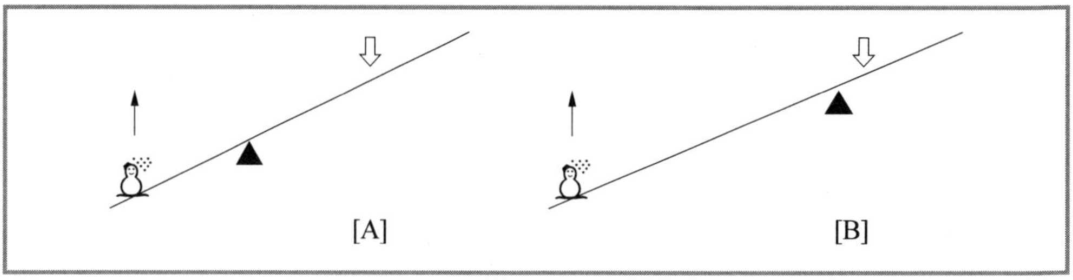

안정성레버리지 비율은 1997년 말 국가금융위기인 IMF 사태 이후 우리나라 기업의 부채과다에 대한 문제점이 부각되면서 매우 중요하게 인식되었다. 현실적으로 부채의 의존도가 높은 우리나라 기업은 [그림 3－3]의 [B]와 같은 형태가 되고, 과다한 부채에 대하여 부채의 활용도가 낮다면 매우 부담이 되는 재무상태가 된다. 근본적으로 재무구조를 개선하려면 안정성 비율에 대한 개선이 절실하고, 안정성 개선을 위한 비율의 관리가 필요하다. 안정성 비율은 부채비율, 자기자본비율, 이자보상비율, 비유동장기기적합률 등으로 분류된다.

3.2.1 부채비율

기업의 장기적 안정성을 파악하기 위한 목적으로 자기자본과 부채를 비교하여 구하는 **부채비율**(debt ratio)은 타인자본에 대한 의존정도를 의미하는 것으로, [그림 3－

4]에서와 같이 자기자본과 타인자본의 비율을 의미한다. 부채비율은 채권자들의 채권 제공에 대한 위험부담 정도와, 채무자의 부채증가에 따른 위험부담을 나타내는 척도로서 의미가 있다. 즉 부채가 많다는 것은 만기에 원금의 상환 뿐 아니라 이자비용의 부담이 기업의 채산성을 저하시키는 사례가 많기 때문이다. 1997년 말 외환위기(IMF 사태) 이후 우리나라 기업의 부실원인이 높은 부채비율에 있다는 지적이 많아, 국가에서 정책적으로 5대 재벌기업에 200% 이내의 부채비율을 요구하는 등 우리나라 기업에게는 매우 절실한 과제로 지적되었다. 최근에 중소기업에 대한 재무구조의 개선이 지적됨에 따라 중소기업청을 중심으로 한 중소기업 지원기관에서도 중소기업의 부채비율을 평가하여 자금지원을 결정하고 있다.

[그림 3-4] 부채비율

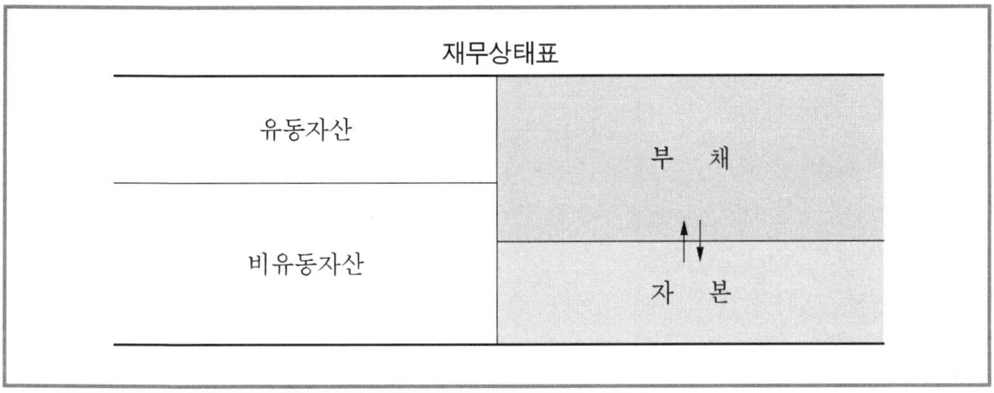

$$\frac{부채}{자본} \times 100$$

부 채	자 본
(1) 유동부채	(1) 자본금
1. 매입채무	1. 보통주자본금
2. 단기차입금	2. 우선주자본금
3. 미지급금과 미지급비용	(2) 자본잉여금
4. 선수금과 선수수익	1. 주식발행초과금
5. 예수금	2. 감자차익
6. 미지급법인세와 미지급배당금	3. 기타자본잉여금
(2) 비유동부채	(3) 자본조정
1. 장기차입금	1. 주식할인발행차금
2. 장기성매입채무	2. 배당건설이자
3. 사채 ↔	3. 자기주식
4. 충당부채	4. 출자전환채무
	(4) 기타포괄손익누계액
	1. 매도가능증권평가차손익
	2. 해외사업환산차손익
	(5) 이익잉여금
	1. 이익준비금
	2. 기타법정적립금
	3. 임의적립금
	4. 차기이월이익잉여금
	5. 배당

재무비율 \ 연 도	2024년 (단위 : 백만원)
부채비율	$\frac{\text{부채총계 (112,339,878)}}{\text{자기자본총계 (402,192,070)}} \times 100 = 27.93\%$

부채비율 27.93%는 주주의 몫인 자본총액 대비 부채액이 약 1/4 수준으로 자본 대비 부채액이 매우 낮다는 것을 의미한다. 이는 부채에 대한 기업의 부담이 매우 적은 수준임을 의미하는 것으로, 상대적으로 그동안 영업실적에 의한 이익이 크게 누적되어 자본총액을 증가시킨 요인이 크다. (2023년 산업평균비율 45.04%)

1997년 말 외환위기 이전에 400% 선에 이르는 한국기업의 부채비율에 비추어 볼 때, 최근에는 매우 개선된 비율을 보이고 있다. 우리나라 제조업의 부채비율이 크게 개선된 것은 IMF 이후 정부의 정책적 유도에 기인한 바 크다. 그러나 낮은 부채비율에 대한 정부의 요구는 기업이 회계적 편법을 이용하여 부채비율을 개선하는 사례를 발생시키기도 했다. 즉 자산재평가를 통한 재평가적립금의 확대로 자기자본의 비중을 증대시켜 부채비율을 상대적으로 낮추는 편법도 등장시켰다.

전체적으로 높은 부채비율은 기업의 이자비용 및 부채에 원금상환의 부담에 의하여 기업을 어렵게 하는 것이 사실이다. 또한 경영자의 입장에서 과다한 부채를 보유하게 되면 부채에 대한 감각이 흐려지게 되어, 자신을 타인자본 운영에 대한 대리인으로 판단하게 한다. 따라서 추가로 발생하는 부채에 대한 인식이 약하여 방만한 경영을 지속하는 **대리인 비용**(agency cost)개념이 발생할 수 있다. 기업이 타인자본에 의존하여 성장을 추구하게 되면 재무위험이 초래될 가능성이 높아지고, 반면에 자본구조의 안정성을 지나치게 강조하면 수익창출을 위한 투자기회를 상실할 수도 있다. 그러므로 레버리지에 관한 결정은 기대수익률과 위험간의 관계를 고려하여 결정해야 한다.

채권자 입장에서는 부채비율이 낮을수록 채권회수의 안전도가 높아지기 때문에 낮은 부채비율을 선호한다. 그러나 주주 입장에서는 높은 부채비율을 선호할 수도 있다. 왜냐하면 경기가 호전되어 투자수익이 이자비용을 초과할 것으로 예상되는 경우에는 주주들의 몫이 확대되는 기대효과와 이자비용으로 인한 법인세절감효과를 얻을 수 있으며, 보통주의 추가는 기존 주주들의 기업지배권을 약화시킬 우려가 있지만 부채사용은 주주들의 기업지배권에 영향을 미치지 않기 때문이다.

3.2.2 자기자본비율

자기자본비율(stockholder's equity ratio)이란 부채비율과 동일한 개념이나 접근의 차이만 있다. 부채비율이 부채와 자본의 비율이라면, 자기자본비율은 총자본 중에서 주주의 지분인 자기자본의 비중이 어느 정도인가로 표시한다. 자기자본은 금융비용을 부담하지 않고 이용할 수 있는 자본이다. 따라서 자기자본비율이 높을수록 기업의 안정성이 높아진다고 볼 수 있으며, 채권자들의 입장에서는 이 비율이 높으면 높을수록 좋다. 왜냐하면 채권자들은 보통 기업의 자기자본을 채권에 대한 안전판, 즉 완충자산(buffering asset)으로 생각하기 때문이다. 그러므로 기업의 파산가능성을 고려할 때 자기자본비율이 높을수록 채권자들의 손실은 적어지며, 반대로 이 비율이 낮으면 낮을수록 부채지급능력이 약화된다.

$$\frac{\text{자기자본}}{\text{총자본}} \times 100$$

재무비율 \ 연도	2024년 (단위 : 백만원)
자기자본비율	$\frac{\text{자기자본총계 (402,192,070)}}{\text{총자본 (= 총자산) (514,531,948)}} \times 100 = 78.17\%$

자기자본비율은 부채비율에 대한 또 다른 표현으로, 자기자본비율 78.17%는 삼성전자㈜가 조달한 자금 중 주주에 의한 투자가 거의 80%이고 나머지는 타인자본으로 조달하고 있음을 의미한다. 따라서 자금의 출자구성이 매우 양호한 견실한 자본구조의 기업이다. (2023년 산업평균비율 68.94%)

[표 3-5] 주요 은행별 자기자본비율

은행명	자기자본비율(%)-BIS
국민은행	14.50
신한은행	14.34
우리은행	13.05
하나은행	15.92
SC은행	16.07
시티은행	33.20
경남은행	13.40
광주은행	14.81
부산은행	15.16
전북은행	14.35
수협은행	12.30
농협은행	14.75
기업은행	11.32
산업은행	12.72
수출입은행	13.92
카카오뱅크	26.10

(2024년 말, 보통주 비율 기준)

금융권에서 사용되는 자기자본비율과 유사한 개념이 BIS비율이다. BIS비율은 자기자본을 대출이나 보증 등을 포함한 위험 자산으로 나누고 여기에 100을 곱한 지수이다. 즉 금융기관이 보유하고 있는 대출이나 보증 등은 위험한 자산이고, 그러한 위험한 자산에서 자기자본이 차지하고 있는 비중을 나타내는 것이다. 1997년 말 외환위기 사태 이후 **국제결제은행**(BIS : Bank of International Settlement)에서 우리나라 금융기관의 BIS 비율을 8% 이상 유지하여야 한다고 하였다. 그것은 금융기관이 보유한 위험자산 중에 주주지분이 적어도 8% 이상 되어야 한다는 것을 의미한다. 2024년 말 현재 국내 일반은행은 평균 13.47%로 과거보다 매우 개선되었다.

2008년부터 신BIS협약을 국내 모든 은행에 적용하기로 되어있는데, '신BIS비율'은 'BIS2' 혹은 '신 자기자본규제 협약'이라고도 한다. 국제결제은행(BIS) 바젤위원회가 시행하는 새로운 자기자본규제협약(금융기관 자산건전성 규제기준)이다. '신BIS비율'에는 기존 BIS비율의 신용리스크(대출위험)가 세분화되고, 시장리스크(주식 등 시장가격 변화에 따른 리스크)가 포함되며, 운영리스크(부적절한 내부절차 또는 외부의 사건 등으로부터 초래되는 리스크)가 추가된다. 최근 바젤Ⅲ협약의 시행으로 2019년까지 모든 금융기관들은 10.5%를 초과해야 하고, 국내 금융기관들은 대부분 조건을 충족하고 있다(2024년 말 평균 15.58%).

3.2.3 이자보상비율

이자보상비율(interest coverage ratio)은 이자비용에 대한 수익의 비중을 분석하여, 수익이 이자비용을 감당할 수 있는 능력을 측정하기 위한 지표이다. 수익은 고유의 영업행위에 의한 영업이익을 수익의 지표로 사용한다. 이자보상비율을 산정하는 방식은 분석주체에 따라 다소 다르지만 산업은행에서는 이자보상비율에 대한 분석을 하고 있지 않아 본 교재에서는 한국은행 방식으로 설명한다.

한국은행에서 산정하는 이자보상비율은 [그림 3－5]에서와 같이 영업이익과 이자비용과의 관계이다. 영업이익이 고유의 영업행위로 인한 이익이기 때문에 고유의 영업행위로 인한 이익에 대비하여 이자비용이 얼마나 부담되는가를 의미한다. 일반적으로 공식을 산정하는 경우에는 이자비용을 분모로 하여 비율이 클수록 양호하게 된다. 부채비율이 높은 기업은 이자비용이 많기 때문에 이자비용을 보상하기 위한 영업이익을 크게 확보하여야 이자보상비율을 높일 수 있다. 왜냐하면 영업이익은 금융비용을 지급하는 원천이기 때문이다. 미국에서는 500% 이상을 적정한 수준으로 보는 경향이 있다.

[그림 3-5] 이자보상비율

손익계산서

20××년 1월 1일부터 20××년 12월 31일까지

매출액
(−)매출원가
매출총이익
(−)판매비와관리비
영업이익
(+)영업외수익
(−)영업외비용
이자비용
법인세비용차감전계속사업손익
(−)계속사업손익법인세비용
계속사업이익
중단사업손익(법인세효과차감)
당기순이익
주당이익

$$\frac{\text{영업이익}}{\text{이자비용}}$$

재무비율 \ 연 도	2024년 (단위 : 백만원)
이자보상비율	$\frac{\text{영업이익 (32,725,961)}}{\text{이자비용 (903,918)}} \times 100 = 3,620.46\%$

이자보상비율이 3,620.46%라는 것은 삼성전자㈜가 부담하는 이자비용 903,918(백만원)의 약 36배가 영업이익이라는 것으로, 고유의 영업으로 인한 이익이 이자비용을 부담하기에 충분하다는 것을 의미한다. (2023년 산업평균비율 −442.16%)

3.2.4 비유동장기적합률

비유동자산은 1년 이내에 현금화가 곤란한 자산이다. 따라서 기업에서 조달하는 자금으로 비유동자산을 구입하면, 자금은 장기적으로 묶이게 된다. 그것은 비유동자산을 형성하려면 비교적 장기적으로 안정된 자금으로 충당하여야 한다. 즉 장기성자산은 장기성자금으로 조달하여야 안정성이 있다. **비유동장기적합률**(non－current asset to net worth & fixed liability)은 자금조달의 장 · 단기에 따른 장 · 단기 자산의 자금안배 정도를 나타내는 것이다. 이것은 [그림 3－6]에서와 같이 장기성 자금은 장기성자산에 안배하여야 한다는 전제에서 고안된 것으로 기업의 자본구조를 분석하는 좋은 기법이다.

최근에 비유동장기적합률은 대기업 뿐 아니라 중소기업의 평가에서도 자주 사용되고 있다. 그러나 [그림 3－6]에서와 같이 비유동장기적합률은 상대적으로 유동비율이 불량하면 비유동장기적합률도 불량하게 되어, 유동비율과 중복된 성격을 띠고 있다.

[그림 3－6] 비유동장기적합률

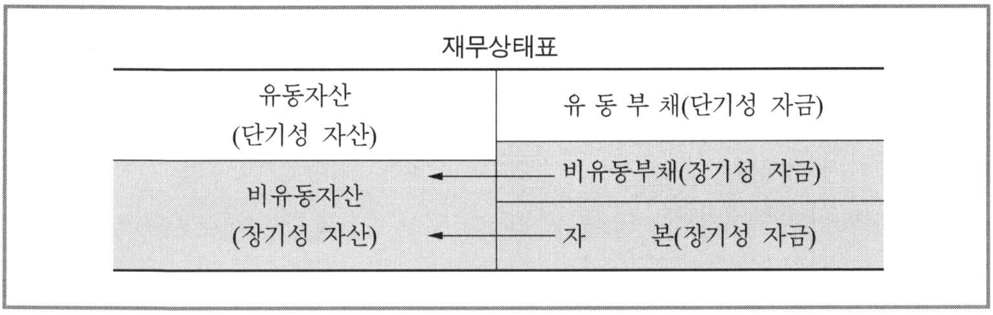

$$\frac{\text{비유동자산}}{\text{자본}+\text{비유동부채}} \times 100$$

공식에서와 같이 장기성자금(자기자본＋비유동부채)으로 장기성 자산(비유동자산)에 투자하고 남음이 있다면 문제가 없지만, 모자란다면 단기자금으로 충당해야 한다는 문제점이 있다. 그것은 공식에서 분자가 분모보다 작아야 안정성이 있다는 것을 의미한다. 따라서 비유동장기적합률은 **100% 이하**가 양호하다. 100% 이상 된다는 것은 장기성자산을 위한 조달자금의 일부는 단기자금으로 충당하였다는 것을 의미한다. 이러한 기업은 단기자본을 장기자본으로 전환함으로써 자본의 안전성을 높이는 것이 급선무가 될 것이다. 재무적 안정성을 고려하지 않은 무리한 비유동자산투자는 재무적체질을 악화시키는 원인이 된다.

비유동자산		비유동부채+자본
(1) 투자자산		(1) 비유동부채
1. 투자부동산		1. 장기차입금
2. 장기투자증권		2. 장기성매입채무
3. 지분법적용투자주식		3. 사채
(2) 유형자산		4. 충당부채
1. 토 지		(2) 자 본
2. 건 물		1. 자본금
3. 구축물		2. 자본잉여금
4. 기계장치	↔	3. 자본조정
5. 건설중인자산		4. 기타포괄손익누계액
(3) 무형자산		5. 이익잉여금
1. 영업권		
2. 산업재산권		
3. 개발비		
(4) 기타비유동자산		
1. 이연법인세자산		

재무비율 \ 연 도	2024년 (단위 : 백만원)
비유동장기적합률	$\frac{\text{비유동자산 (287,469,682)}}{\text{자기자본 (402,192,070)} + \text{비유동부채 (19,013,579)}} \times 100 = 68.25\%$

비유동장기적합률이 68.25%라는 것은 장기자산인 비유동자산을 형성하는데 필요한 비용을 장기자금인 비유동부채와 자본으로 충당하고 32% 정도의 여분이 있음을 의미한다. 이는 장기성 자산은 장기성 자금으로 충당하고 여유가 있다는 것으로 단기자금에 의존하지 않는다는 것을 의미한다. (2023년 산업평균비율 89.63%)

3.3 수익성 비율

Keypoint 이익의 창출능력은 얼마나 되는가?

수익성 비율(profitability ratio) 이란 투하자본에 대한 경영성과를 나타내는 것으로 기업의 이익창출능력을 의미한다. 영리를 목적으로 하는 기업은 이익이 창출되어야 성장의 원동력이 된다. 따라서 수익성 비율은 기업이 주주와 채권자로부터 조달된 자본을 영업활동, 재무활동, 투자활동 등에 투자하여 얼마나 효율적으로 이용하였는가를 나타내므로 이해관계자들의 의사결정에 중요한 정보원천으로 이용된다. 경영자는 사업확장이나 신규사업 참여에 대한 의사결정을 위한 정보로, 투자자는 투자종목의 선택기준으로, 채권자는 장기적 안정성의 판단기준으로, 종업원은 임금교섭의 기준으로, 세무당국은 담세능력평가의 기준으로 활용한다.

그러나 수익성 비율은 손익계산서상의 회계이익에 기초하여 측정하기 때문에 기업의 실질적인 현금흐름에 관한 정보가 반영되지 않고 있다는 결점이 있다.

수익성 비율은 투자수익률 이라고 하는 ROI와 자기자본 순이익률, 매출액영업이익률, 매출액세전이익률, 매출액순이익률, 주당순이익 등으로 분류한다.

3.3.1 총자산순이익률(ROI)

총자산순이익률(ROI : return on investment)은 흔히 투자수익률이라고도 하는데 Dupont사에서 개발된 이후로 오늘날까지 종합적 성과지표로 매우 널리 사용되고 있다.

Dupont시스템이라도 하는 ROI는 변동원인을 분석하여 사업부문의 업적을 평가하고 이를 내부통제에 활용하던 기법으로, ROI가 수익성 비율과 활동성 비율을 결합하고 있기 때문에 ROI의 변동요인을 분해하여 경영성과를 평가하고 통제하기도 한다.

총자산순익률에 대한 기본개념은 넓은 의미에서 자본과 부채를 구분하지 않고 투입자금에 대한 이익력으로 평가하는 것이다. 즉 타인자본과 자기자본을 구분하지 않고 자본과 부채를 하나의 동일한 투하자본으로 보며, 이러한 투하자본에 대하여 당기순이익이 얼마나 발생하였는가를 산정한다. 현실적으로 주주는 경영에 크게 간여하지 않는다는 차원에서는 타당하다. 특히 [그림 3－7]에서와 같이 재무상태표의 자산항목과 손익계산서의 당기순이익을 연계시켜 평가하고 있다는 데서도, 정태적 의미와 동태적 의미를 동시에 갖고 있다.

[그림 3-7] 총자산순이익률

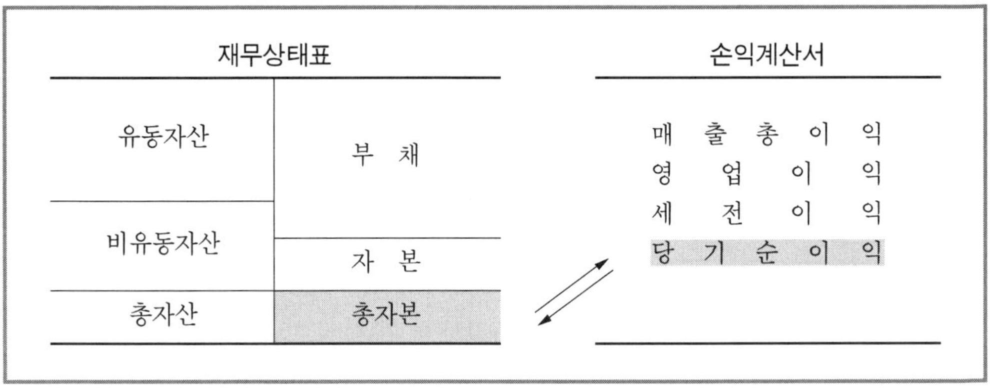

$$\frac{\text{당기순이익}}{\text{총자산(총자본)}} \times 100 = \frac{\text{당기순이익}}{\text{매출액}} \times \frac{\text{매출액}}{\text{총자본(총자산)}} \times 100$$

$$= \underset{\text{(수익성)}}{\text{매출액순이익률}} \times \underset{\text{(활동성)}}{\text{총자본(총자산)회전율}}$$

재무비율 \ 연 도	2024년 (단위 : 백만원)
총자산순이익률	$\frac{\text{당기순이익 (34,451,351)}}{\text{총자산 (514,531,948)}} \times 100 = 6.70\%$

총자산순이익률이 6.70%라는 것은 자기자본과 타인자본의 구분없이 기업에 투하한 총 투자액 대비 이익이 약 7% 수준이라는 것을 의미한다. 이는 타인자본에 대한 이자를 모두 변제하고도 형성된 이익이 총 투자액 대비 매우 높은 수익성을 나타내고 있음을 의미한다. (2023년 산업평균비율 5.48%)

총자산순이익률에서 자산의 측정시점을 언제로 보는가에 따라 비율의 개념정리가 변화될 수 있다. 일반적으로 기말의 자산시점을 쉽게 이용할 수 있으나 순이익은 기중에 발생하는 것이기 때문에 자산도 년중 평균자산의 개념이 타당하다. 그러나 연중 평균자산의 산출이 용이하지 않기 때문에 기초와 기말의 자산을 합계하여 2로 나누는 평균개념이 널리 사용된다. 이러한 개념의 사용은 아래의 표에서 보는 바와 같이 기초와 기말에 어느 수준의 자산을 보유하고 있는가에 따라 비율이 다르게 나타날 수 있다. 즉 기중의 자산변화를 반영하지 못하고 있다는 문제점이 있다. 특히 기말에만 특수한 현상이 나타나는 기업에서는 부적절한 방법이다.

평균자산개념에 의한 공식

$$\frac{\text{당기순이익}}{(\text{전기말자산}+\text{당기말자산})/2} \times 100$$

재무비율 \ 연 도	2024년 (단위 : 백만원)
총자산순이익률	$\frac{\text{당기순이익 (34,451,351)}}{[\text{기말총자산 (514,531,948)} + \text{기초총자산 (455,905,980)}]/2} \times 100 = 7.10\%$

3.3.2 자기자본순이익률

자기자본순이익률(ROE : return on equity)은 자기자본에 대한 당기순이익의 비중이다. 그것은 아래의 공식변형에서와 같이 수익성을 나타내는 매출액순이익률과 활동성을 표시하는 총자본회전율 및 레버리지 비율로 분해하여 수익성변화와 활동성변화 및 레버리지변화를 모두 점검할 수 있는 비율이다.

자기자본순이익률을 세 가지 재무비율로 분해할 수 있다는 것은 예를 들어 경영자가 ROE를 통제하기 위하여 사용할 수 있는 수단이 세 가지 있다는 것을 의미이다. 즉 ROE를 높이기 위해서는 매출액순이익률을 높여야 하고 자산의 회전율을 높여야 하며 아울러 타인자본의 이용을 통한 레버리지 효과를 증대시켜야 한다는 것이다.

자기자본순이익률(ROE)은 [그림 3－8]에서와 같이 자기자본에 대한 순이익의 비중을 나타내는 것으로 부채를 자본과 분리한다는 차원에서 총자산순이익률과는 배치되는 개념이다. 즉 주주의 입장에서 주주지분에 대비하여 이익력이 얼마나 되는 가를 나타내는 것이다.

자기자본순이익률은 궁극적으로 주주에게 귀속되는 순이익이 최소한 필요한 수익률을 확보하고 있는가, 즉 **최저필수수익률**(minimum required rate of return)을 초과하고 있는가를 나타낸다. 최저필수수익률은 **자본비용**(capital cost)이라고도 하며, 은행의 정기예금 금리 등이 주로 사용된다. 예를 들면 은행의 정기예금 금리가 2%일 때, 자기자본순이익률이 1.5%라면 기회비용의 차원에서 은행의 금리에 못 미치는 불량한 영업성과를 나타냈다고 보아야 할 것이다. 자기자본순이익률은 다음과 같이 변형해서 세부 재무비율분석에 활용할 수 있다.

[그림 3－8] 자기자본순이익률

재무상태표	
유동자산	부 채
비유동자산	부 채 / 자기자본
총자산	총자본

손익계산서
매출총이익
영업이익
세전이익
당기순이익

$$\text{자기자본순이익률} = \frac{\text{당기순이익}}{\text{자본}}$$
$$= \frac{\text{당기순이익}}{\text{총자본}} \times \frac{\text{총자본}}{\text{자기자본}}$$
$$= \text{총자본순이익률(ROA)} \times \frac{\text{총자본}}{\text{자기자본}}$$
$$= \frac{\text{당기순이익}}{\text{매출액}} \times \frac{\text{매출액}}{\text{총자본}} \times \frac{\text{총자본}}{\text{지기지본}}$$
$$= \underset{\text{(수익성)}}{\text{매출액순이익률}} \times \underset{\text{(활동성)}}{\text{총자본회전율}} \times \underset{\text{(안정성)}}{\text{자기자본비율의 역수}}$$

재무비율 \ 연 도	2024년 (단위 : 백만원)
자기자본순이익률	$\frac{\text{당기순이익 (34,451,351)}}{\text{자기자본 (402,192,070)}} \times 100 = 8.57\%$

> 자기자본순이익률이 8.57%라는 것은 주주의 투자몫인 자기자본 대비 기업이 창출한 이익이 약 9% 수준이라는 것으로 매우 높은 수익률을 나타내고 있다, 이는 시중은행의 예금금리와 비교할 때, 시중은행의 예금수익성보다 훨씬 높은 수익성을 나타내고 있다. 이는 동일 투자액 대비 기회이익이 매우 크다는 것을 의미한다. (2023년 산업평균비율 7.77%)

자기자본도 총자산순이익률에서 산정한 바와 같이 기초와 기말이 다르게 나타난다. 총자산순이익률에서 총자산의 평균개념 적용과 같이 기초 자기자본과 기말자기자본을 평균한 개념이 사용될 수 있다.

평균자산개념에 의한 공식

재무비율 \ 연 도	2024년 (단위 : 백만원)
자기자본순이익률	$\frac{\text{당기순이익 (34,451,351)}}{\text{[기말 자기자본 (402,192,070) + 기초 자기자본 (363,677,865)]/2}} \times 100 = 9.00\%$

3.3.3 매출액 대비 영업이익률/세전이익률/순이익률

매출액 대비 각 이익률의 비교는 별개로 평가하는 것도 의미가 있지만, 순차적으로 평가하는 것이 매우 의미가 있다. 왜냐하면 손익계산서의 진행상태에 따라 수익성의 변화추세를 파악할 수 있기 때문이다.

[그림 3－9]에서와 같이 손익계산서는 각 구분별로 성격을 달리한다. **매출액영업이익률**(operating income/sale)은 업종 고유의 영업행위에 의한 이익이다. 즉 매출액에서 매출원가와 판매비와 관리비를 차감한 영업이익을 대비시키는 것이다. 그것은 기업의

순수한 고유 영업행위를 통하여 획득한 이익이 매출액에서 차지하는 비중을 파악하는 것이다.

기업의 활동은 순수한 고유의 영업행위 만으로 국한되지 않는다. 기업을 운영하는 과정에서 고유의 영업내용은 아니지만 경상적으로 빈번하게 발생하는 항목을 손익계산서에서 영업외 항목이라 하는데, **매출액세전이익률**(before tax income/sale)은 이러한 항목까지 고려한 이익을 산정하여, 매출액에서 차지하는 비중을 분석하는 것이다.

영업 고유의 활동과 영업 외적으로 발생하는 영업외 항목 뿐 아니라, 기타 비경상적으로 발생하는 모든 항목을 가감하면 종국적으로 기업에 돌아오는 당기순이익이 된다. **매출액순이익률**(net income/sale)은 이렇게 기업에 종국적으로 귀착되는 당기순이익이 매출액에서 차지하는 비중을 산정하는 것이다.

이러한 분석은 기업의 이익이 판매되는 매출액을 기준으로 할 때, 해당되는 이익을 성격별로 구분한다는 데서 그 의미가 있다. 특히 기업의 경영활동을 확장해 가면서 수익성을 비교할 수 있다. 총자산순이익률이 재무상태표의 자산을 중심으로 한 수익률이라면, 손익계산서의 매출액을 중심으로한 순이익을 분석함으로써 이익의 행태를 분석할 수 있다.

기업에 따라서는 일반적으로 매출총이익, 영업이익, 세전이익, 당기순이익 순으로 매출액에서 차지하는 비중이 작아지는 경향이 있다. 그러나 삼성전자의 경우나 선진국의 우수기업은 영업이익보다 세전이익이 더 커지는 경우도 있다. 이러한 기업의 수익성 변화형태를 분석한다는 것은 기업의 채산성 개선방안 도출에 매우 유용하다.

[그림 3－9]에서와 같이 매출액영업이익률을 구성하는 비용 중 주요 항목은 매출원가와 판매비와 관리비이다. 매출원가는 비제조업에서는 상품수불부에 의한 상품계정을 설정하고 상품계정에서 다음과 같이 매출원가가 산출된다.

[그림 3-9] 매출액 대비 영업이익률/세전이익률/순이익률

손익계산서

20×× 년 1월 1일부터 20×× 년 12월 31일까지

매출액

(−)매출원가

매출총이익

(−)판매비와관리비

영업이익

(+)영업외수익

(−)영업외비용

법인세비용차감전이익(세전이익)

(−)법인세비용

당기순이익

(1) 매출액영업이익률

$$\frac{\text{영업이익}}{\text{매출액}} \times 100$$

기업회계기준에서 판매비와 관리비를 구성하는 항목은 다음과 같다.

1. 급여	2. 퇴직급여	3. 복리후생비	4. 임차료
5. 접대비	6. 감가상각비	7. 무형자산상각비	8. 세금과공과
9. 광고선전비	10. 연구비	11. 경상개발비	12. 대손상각비

재무비율 \ 연 도	2024년 (단위 : 백만원)
매출액영업이익률	$\frac{\text{영업이익 (32,725,961)}}{\text{매출액 (300,870,903)}} \times 100 = 10.88\%$

매출액영업이익률이 10.88%라는 것은 삼성전자㈜의 매출액 대비 전자업종이라는 삼정전자 고유의 영업행위에 의한 이익의 비율이 11% 수준임을 의미한다. 이는 고유의 영업행위에 의한 수익성이 매우 높다는 것을 의미한다. (2023년 산업평균비율 −4.03%)

매출액영업이익률은 대기업 뿐 아니라 중소기업의 평가에서도 주요하다. 왜냐하면 고유의 영업이익에 대한 수익성의 평가를 중요하게 생각하기 때문이다.

(2) 매출액세전이익률

$$\frac{\text{세전이익}}{\text{매출액}} \times 100$$

세전경상이익률의 산출은 영업이익에서 영업외 항목을 가감한 것이다. 최근 기업회계기준의 개정으로 경상이익이라는 용어가 삭제되어 법인세비용차감전계속사업이익이 대용으로 사용될 수 있다.

기업회계기준에서 영업외 항목은 영업외수익, 영업외비용으로 분류한다.

영업외 수익		영업외 비용
1. 이자수익		1. 이자비용
2. 배당금 수익		2. 기타의 대손상각비
3. 임대료		3. 단기투자자산처분손실
4. 단기투자자산처분이익		4. 단기투자자산평가손실
5. 단기투자자산평가이익		5. 외환차손
6. 외환차익	↔	6. 외화환산손실
7. 외화환산이익		7. 지분법평가손실
8. 지분법평가이익		8. 장기투자증권손상차손
9. 장기투자증권손상차손환입		9. 유형자산처분손실
10. 유형자산처분이익		10. 사채상환손실
11. 사채상환이익		11. 전기오류수정손실
12. 전기오류수정이익		

연 도 / 재무비율	2024년 (단위 : 백만원)
매출액세전이익률	$\frac{\text{세전이익 (37,529,734)}}{\text{매출액 (300,870,903)}} \times 100 = 12.47\%$

매출액세전이익률이 12.47%로 매출액영업이익률 10.88%보다 높게 나타난 것은, 삼성전자㈜의 고유의 영업행위로 인한 이익보다 영업외적으로 발생한 이익(영업외수익－영업외비용)이 발생했음을 의미한다. 따라서 영업외적인 활동에 의하여 이익이 증가하고 있음을 의미하고, 영업외적인 활동이 수익성을 증가시키고 있는 우수한 기업임을 의미한다. (2023년 산업평균비율 5.98%)

과거 우리나라 부채에 의존하는 기업이 많아, 이자비용에 의한 영업외비용의 증가로 세전이익/매출액 비중이 크게 불량했다. 반면에 삼성전자는 부채비율이 매우 양호하기 때문에 이자비용에 대한 부담이 적게 나타나고 있다.

(3) 매출액순이익률

세전이익에서 법인세비용을 차감한 당기순이익이 매출액에서 차지하는 비중이다.

$$\frac{\text{당기순이익}}{\text{매출액}} \times 100$$

연 도 / 재무비율	2024년 (단위 : 백만원)
매출액순이익률	$\frac{\text{당기순이익 (34,451,351)}}{\text{매출액 (300,870,903)}} \times 100 = 11.45\%$

매출액순이익률이 11.45%라는 것은 삼성전자㈜에서 판매하는 제품의 매출액 중 약 11%가 삼성전자㈜에 귀속되는 궁극적이익을 의미한다. 이는 삼성전자㈜의 영업 및 영업 외적 활동을 총괄한 기업활동의 수익성 및 법인세를 모두 고려한 종국적 수익성이 매우 양호함을 의미한다. 특이한 것은 2022년 법인세 환급이 이루어져 세전 이익보다 세후이익이 증가했다. (2023년 산업평균비율 9.12%)

매출액순이익률은 종국적으로 판매가격에서 이익이 포함되는 정도를 나타낸다. 이러한 분석은 매출액영업이익률, 매출액세전이익률, 매출액순이익률을 순차적으로 나열하면, 매출액순이익률이 생성되는 과정을 보다 면밀하게 분석할 수 있다. [표 3−6]에서와 같이 한국은행에서 발행하는 기업경영분석은 제조업 전체 뿐 아니라 해당 업종의 수익성 평균지표를 매년 공시하고 있다. 즉 삼성전자㈜가 속하는 업종은 산업분류코드 C26(전자부품, 컴퓨터, 영상, 음향 및 통신장비)으로 분류되어 우리나라 전체 제조업 평균과 비교할 수 있다.

[표 3−6] 제조업과 C26 업종과의 수익성 비교분석

(단위 : %)

연도 및 업종 / 수익성지표	2021		2022		2023	
	제조업	C26	제조업	C26	제조업	C26
영업이익률	8.13	12.85	6.42	9.61	3.00	−2.95
세전이익률	9.32	14.93	6.71	10.17	5.45	5.22
당기순이익률	7.14	11.76	5.11	8.20	5.28	7.68

또한 동일한 업종이라 하더라도 대기업과 중소기업은 규모의 차이에 따른 비교의 한계가 있기 때문에, 대기업과 중소기업을 분리하여 재무비율을 공시하고 있다. [표 3−7]에서와 같이 대기업과 중소기업은 수익성 지표에서 상당한 차이가 있음을 알 수 있다.

[표 3−7] 대기업과 중소기업의 수익성 지표

C26(전자부품, 컴퓨터, 영상, 음향 및 통신장비) (단위 : %)

연도 및 업종 / 수익성지표	2021		2022		2023	
	대기업	중소기업	대기업	중소기업	대기업	중소기업
영업이익률	14.49	4.32	10.64	4.36	−4.03	2.18
세전이익률	16.78	5.33	11.17	5.09	5.98	1.61
당기순이익률	13.17	4.41	8.99	4.12	9.12	0.86

(4) 기본주당이익(EPS : Earnings Per Share)

거액의 이익이 창출되었더라도 발행주식수가 많다면 1주당 돌아오는 순이익은 미약하다. 따라서 당기순이익을 발행주식수로 나누어 1주당 얼마의 순이익이 나타나는지 분석하여 볼 필요가 있다. 단 기중에 증자에 의한 자본금의 변화가 발생하면 기간 경과일 만큼의 가중치를 부여하여야 한다. 이러한 근거에서 다음과 같은 주당이익 공식이 산출된다. 또한 당기순이익 중에서 우선주에 관한 사항은 공제하고 보통주를 중심으로 산정하는 것이 일반적이다.

기본주당이익

$$\frac{\text{당기순이익 중 보통주 해당분}}{\text{가중평균 보통주 발행주식수}}$$

가중평균 발행주식수

$$\text{기초의 발행 주식수} + \text{기중의 증가된 발행주식수} \times \frac{\text{배당기산일에서 기말까지의 일수}}{365} - \text{기중의 보유 자기주식수} \times \frac{\text{보유일에서 기말까지의 일수}}{365}$$

이 밖에도 전환사채와 같이 향후 주식으로 전환이 가능한 증권이 발행된 경우에는 주식으로 전환이 되면 주식 수가 증가하기 때문에 **희석화된 주당이익**(diluted EPS)을 계산 할 필요가 있다. 또한 자기주식의 보유도 공제되어야 하는 바, 전환사채나 자기주식은 전환 이후의 일자를 산정한 가중치를 부여하여야 한다. 희석화된 주당이익은 5장에서 설명한다.

재무비율 \ 연 도	2024년 (단위 : 원)
기본주당이익(EPS)	$\frac{\text{당기순이익 중 보통주 해당분 (29,547,625백만원)}}{\text{가중평균 보통주 발행주식수 (5,969,672주)}}$ = 4,950원

주당이익이 4,950원이라는 것은 삼성전자㈜가 2024년에 형성한 당기순이익을 보통주 소유 주주들이 모두 분배할 경우 1주당 4,950원이라는 것을 의미한다. 2024년 말 주가의 종가가 53,200원임을 고려해도 주가 대비 이익률이 9.30%의 높은 수익성을 의미한다.

3.4 활동성 비율

Keypoint 매출활동의 효율성은 어느 정도인가?

기업이 얼마나 활동적으로 영업활동을 하였는가에 대한 기업의 물리적 효율성을 평가하는 것이다. 물리적 효율성을 평가하는 척도로서 **매출액**은 중요한 지표가 된다. 그러나 매출액만 많다고 기업이 효율적이라고 할 수 없다. 따라서 매출액을 형성하기 위하여 투자된 각 종 자산들과의 관계를 분석하는 것이 **활동성 비율**(activity ratios)이다. 즉 자산을 몇 번 회전시켜 매출액을 달성했느냐를 나타내는 비율로는 매출액을 자산항목으로 나누어 계산된다. 활동성 비율은 이러한 관점에서 효율성비율 또는 자산관리비율이라고도 한다.

활동성 비율은 총자산회전율, 재고자산회전율, 매출채권회전율 등이 사용된다. 총자산회전율, 재고자산회전율, 매출채권회전율은 비율의 분모에 어떠한 계정과목이 산입되는가의 차이일 뿐이지 **분자에 매출액**이 산입되는 것은 동일하다.

활동성 비율은 회전율이 높을수록 투자자산에 비하여 매출액이 상대적으로 높다는 것을 의미한다. 이는 적은 자산을 투입하여 많은 매출을 실현하고 있다는 것을 의미하기 때문에 판매활동이 잘 이루어지고 있거나 자산을 효율적으로 운용하고 있다는 증거가 된다.

3.4.1 총자산회전율

총자산회전율(total asset turnover)은 총자산을 기준으로 한 매출액이 어느 정도 형성되었는가를 나타내는 것으로 기업의 자산규모에 비하여 매출규모가 어느 정도 형성되었는가를 분석하는 것이다.

총자산회전율이 높으면 총자산에 비하여 상대적으로 높은 매출을 실현하고 있음을 뜻하므로 총자산이 효율적으로 이용됨을 의미한다. 반면에 총자산회전율이 낮은 것은 자산규모에 비하여 매출액이 낮다는 것을 의미하기 때문에 자산이 비효율적으로 이용되고 있음을 의미한다. 이 경우에는 매출액을 증대시키는 방안을 모색하거나 또는 불필요한 자산을 매각하여 총자산규모를 줄일 필요가 있다.

총자산회전율은 기업의 규모를 나타낼 때 자산규모를 자주 사용한다는 것과 기업의 활동정도를 나타낼 때 매출액 규모를 자주 사용한다는 것에 기인하는 것으로 재무제표에서는 [그림 3−10]과 같다. 또한 회전율의 표시는 %개념을 사용하지 않고 소수점 그대로를 사용하여 표시하는 것이 일반적이다.

[그림 3−10] 총자산회전율

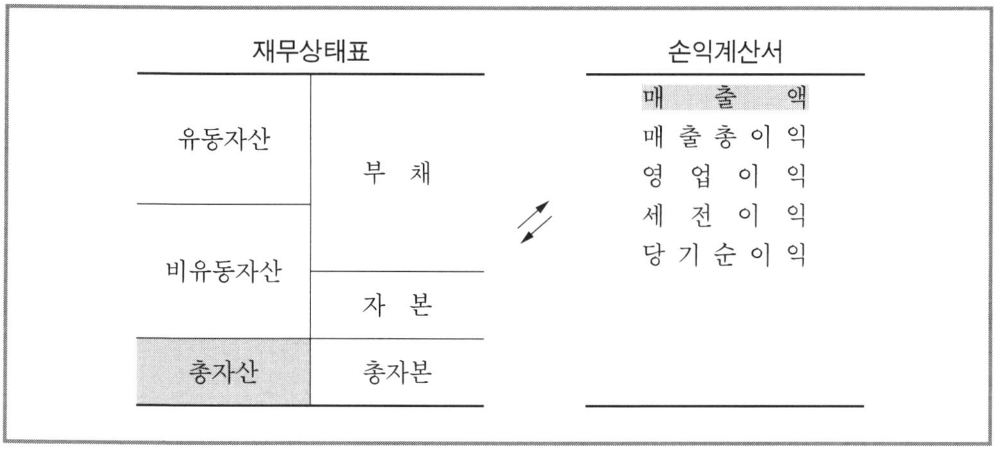

$$\frac{매출액}{총자산}$$

재무비율 \ 연 도	2024년 (단위 : 백만원)
총자산회전율	$\frac{매출액\ (300,870,903)}{총자산\ (514,531,948)} = 0.58$

총자산회전율이 0.58이라는 것은 회사의 규모를 자산이라고 정의했을 때, 회사의 규모보다 낮은 매출실적을 달성했다는 것을 의미한다. 이는 제조업이 일반적으로 자산규모 정도는 매출을 해야 한다는 개념에서는 자산규모의 매출을 크게 하회했다는 지적이 가능하다. (2023년 산업평균비율 0.60)

3.4.2 재고자산회전율

재고자산회전율(inventory turnover)은 재고자산을 기준으로 한 매출액의 대비를 분석하는 것으로 [그림 3−11]과 같다. 이것은 재고자산이 매출을 기준으로 몇 번 전환되었는가를 나타내는 것으로 재고자산 관리의 효율성 지표이다. 재고수준의 비대화는 재고자산회전율을 떨어뜨리게 된다. 불황에 직면한 기업은 재고자산의 증가와 매출의 감소가 나타나게 되어 재고자산회전율을 떨어뜨리게 된다. 재고자산회전율이 높다는 것은 적은 재고자산으로 생산 및 판매활동을 효율적으로 수행하고 있다는 것을 의미한다. 그러나 재고자산회전율이 과도하게 높고, 그 원인이 적정재고수준을 유지하지 못한 결과라면, 재고부족으로 인한 기회비용이 문제가 될 수 있다.

재고자산회전율을 분석할 때 다음과 같은 세 가지 사항을 유의하여야 한다.

첫째, 재고자산은 원가로 계상되는 반면 매출액은 시장가치로 계상된다는 점이다. 따라서 양쪽의 항목을 동일기준으로 비교하는 것이 합리적이기 때문에 분자에 매출액 대신 매출원가를 사용하는 것이 보다 더 적절할 수도 있다.

둘째, 매출활동은 1년 동안에 계속 발생하지만 재고자산은 일정시점의 잔액이므로 연평균재고자산을 사용하는 것이 합리적이다. 특히 기업활동이 계절적 요인에 크게 영향을 받거나 매출액의 변동이 심한 경우에는 이와 같은 조정이 필수적이다.

셋째, 재고자산회전율을 올바로 평가하기 위하여 원재료, 재공품, 완제품 등 재고자산의 주요 항목들에 대한 회전율을 계산할 필요가 있다. 또한 부문별, 사업부별 회전율을 측정함으로써 재고자산의 관리효율성에 대한 보다 유용한 정보를 얻을 수 있다.

[그림 3-11] 재고자산회전율

재무상태표	
유동자산 • 당좌자산 • 재고자산	부 채
비유동자산	자 본
총 자 산	총자본

손익계산서
매 출 액
매 출 총 이 익
영 업 이 익
세 전 이 익
당 기 순 이 익

$$\frac{\text{매출액}}{\text{재고자산}}$$

재무비율 \ 연 도	2024년 (단위 : 백만원)
재고자산회전율	$\frac{\text{매출액 (300,870,903)}}{\text{재고자산 (51,754,865)}} = 5.81$

재고자산회전율이 5.81이라는 것은 재고자산 대비 매출액이 약 6배라는 것을 의미한다. 이는 재고자산 대비 높은 매출을 실현하는 활동성이 산업평균에 비하면 낮은 기업이다. (2023년 산업평균비율 6.44)

3.4.3 매출채권회전율

매출채권회전율(receivables turnover)은 매출채권을 기준으로 할 때 매출액의 비중을 분석하는 것이다. 매출채권이란 재무상태표의 유동자산 중 일부분으로 외상매출금, 받을어음 등을 의미한다. 매출활동에는 일반적으로 외상판매가 이루어질 수밖에 없다. 따라서 매출채권이 매출에서 차지하는 비중이 크다는 것은 그만큼 매출채권의 회수에 위험이 따른다는 것을 의미한다. 즉 매출채권에 대한 잔량에 비하여 매출이 얼마나 형성되고 있는가를 알 수 있는 것으로 과도한 매출채권의 보유가 있는지를 분석한다. 매출채권회전율은 매출채권 대비 매출액의 비중이기 때문에 매출채권회전율이 높다는 것은 외상에 의한 매출이 그만큼 적다는 것을 나타낸다.

매출채권의 개념은 매출채권에서 대손충당금을 공제하지 않은 총매출채권을 기준으로 할 것인가, 아니면 매출채권에서 대손충당금을 공제한 순매출채권을 적용할 것인가에 따라 달라질 수 있다. 즉 대손충당금을 공제한 순매출채권을 사용하면 분모가 그만큼 작아지기 때문에 매출채권회전율은 높아지게 된다. 그것은 대손충당금을 크게 설정한 기업은 상대적으로 매출채권회전율이 높은 것으로 나타나는 문제점이 있다. 따라서 총매출채권의 개념을 적용하는 것이 보다 타당하다.

매출채권회전율을 해석할 경우에는 주의하여야 한다. 일반적으로 고가의 제품은 신용판매가 빈번히 발생하게 된다. 신용판매가 발생하면 재무상태표의 매출채권 잔액이 높아질 수밖에 없다. 따라서 매출채권회전율을 분석할 경우에는 당해 기업이 속한 업종의 특성을 고려하여 판단하여야 한다.

[그림 3-12] 매출채권회전율

재무상태표	
유동자산 • 당좌자산 매출채권 • 재고자산	부 채
비유동자산	자 본
총자산	총자본

↗↙

손익계산서
매 출 액
매 출 총 이 익
영 업 이 익
세 전 이 익
당 기 순 이 익

매출채권회전율은 재무제표에서 [그림 3-12]와 같이 나타난다.

$$\frac{\text{매출액}}{\text{매출채권}}$$

연 도 / 재무비율	2024년 (단위 : 백만원)
매출채권회전율	$\frac{\text{매출액 (300,870,903)}}{\text{매출채권 (43,623,073)}} = 6.90$

> 매출채권회전율이 6.90이라는 것은 매출채권 대비 매출액이 약 7배라는 것을 의미한다. 이는 매출채권 대비 매출액이 산업평균 수준임을 의미한다. (2023년 산업평균 비율 7.01)

매출채권도 기말의 특수한 상황에 의하여 커지거나 작아질 수 있다. 이러한 문제점을 보완하기 위해 기초매출채권과 기말매출채권을 합하여 2로 나누는 매출채권 평균잔액을 사용할 수 있다. 다음은 매출채권 평균잔액을 사용하여 산출한 매출채권회전율이다.

연 도 / 재무비율	2024년 (단위 : 백만원)
매출채권회전율	$\frac{\text{매출액 (300,870,903)}}{\text{[당기 매출채권 (43,623,073) + 전기 매출채권 (36,647,393)]/2}} = 7.50$

3.5 성장성 비율

Keypoint 규모의 변화가 어느 정도 발생했는가?

경영분석을 할 때 중요한 것은 기업의 과거와 현재의 상태를 아는 것만이 아니라, 장래성에 대해서도 예측을 하는 것이다. 장래성이란 성장성이라고 할 수 있는데, 기업의 성장과 발전은 기업존속에 필수조건이며 수익성과도 밀접한 관계가 있다. 즉 성장성 비율은 기업의 경쟁력이나 성장잠재력 그리고 수익창출능력 등을 간접적으로 알려주는 지표이다.

성장성 비율(growth ratios)은 경영규모의 변화정도를 의미하는 것으로 해당 계정과목에 대한 규모의 변화 정도를 나타내는 여러 가지의 분석이 가능하다. 일반적으로 기업의 규모에 대한 성장으로 총자산과 매출액이 주로 사용된다. 또한 이익의 변화정도는 투자자에게 이익실현의 가능성을 나타내는 지표가 될 수 있다. 이러한 분석에서 주의할 것은 기본규모가 대규모인 기업은 낮은 성장률도 대규모의 성장일 수 있다. 즉 조 단위 기업에서 1조원 1%는 100억 이지만, 100억 단위의 기업에서 1%는 1억에 불과하다. 기본적 공식은 다음의 형태에 의하여 이루어진다.

$$\frac{\text{기말} - \text{기초}}{\text{기초}} \times 100 = \text{증감율}(\%)$$

3.5.1 총자산증가율

총자산증가율(total asset growth rate)은 기업에 투하되고 운용된 총자산이 얼마나 변화하였는가를 나타내는 것으로 기업의 전체적 규모변화를 측정하는 지표가 된다.

$$\frac{\text{기말총자산} - \text{기초총자산}}{\text{기초총자산}} \times 100$$

연 도 / 재무비율	2024년 (단위 : 백만원)
총자산증가율	$\frac{\text{당기말자산 (514,531,948)} - \text{전기말자산 (455,905,980)}}{\text{전기말자산 (455,905,980)}} \times 100 = 12.86\%$

삼성전자㈜는 대규모 기업임에도 자산규모가 12.86% 증가했다는 것은 매우 높은 자산규모의 증가를 나타내는 것으로, 여전히 성장 중에 있는 대기업임을 의미한다. 특히 부채보다 자본이 증가하여 자산규모가 커지는 것은 이익축적에 의한 자산규모의 증가로 매우 양호한 기업이라 할 수 있다. 또한 자산이 500조원을 초과하는 기업에서 12.86%의 자산증가는 매우 높은 자산의 증가를 의미한다. (2023년 산업평균비율 10.74%)

3.5.2 매출액증가율

총자산증가율이 재무상태표 중심의 일정시점에 의한 규모의 변화라면, **매출액증가율**(total sales growth rate)은 손익계산서에 의한 일정기간의 영업성과라는 점에서 차이가 있다. 매출액증가율도 기업의 외형적 성장률을 나타내는 것일 뿐 아니라, 장기적으로 기업의 시장점유율의 증대가능성을 평가할 수 있다.

$$\frac{\text{당기매출액} - \text{전기매출액}}{\text{전기매출액}} \times 100$$

연 도 / 재무비율	2024년 (단위 : 백만원)
매출액증가율	$\frac{\text{당기매출액 (300,870,903)} - \text{전기매출액 (258,935,494)}}{\text{전기매출액 (258,935,494)}} \times 100 = 16.20\%$

매출액 증가율이 16.20%라는 것은 자산증가율을 상회하는 성장이다. 즉 자산증가율 12.86% 대비 매출액 증가율이 16.20%라는 것은 자산증가율보다 매출액 증가율이 더 큰 것으로 향후 성장성을 기대할 수 있다. (2023년 산업평균비율 −16.31%)

3.5.3 자기자본증가율

자기자본증가율(capital growth rate)은 최종 주주의 자본지배력에 대한 변화를 나타낸다. 물론 당기순이익의 변화율을 보고자 한다면 당기순이익증가율을 대입하면 된다.

$$\frac{\text{당기자본} - \text{전기자본}}{\text{전기자본}} \times 100$$

재무비율 \ 연 도	2024년 (단위 : 백만원)
자기자본증가율	$\frac{\text{당기말자본 (402,192,070)} - \text{전기말자본 (363,677,865)}}{\text{전기말자본 (363,677,865)}} \times 100 = 10.59\%$

자기자본증가율이 10.59%라는 것은 주주지분의 몫이 매우 높게 증가하고 있다는 것을 의미한다. 자기자본증가율과 자산증가율에 비슷한 것으로 볼 때, 주주의 몫 증가에 의한 자산규모의 증가로 이어지는 추론을 가능하게 한다. (2023년 산업평균비율 5.59%)

3.6 시장가치비율

Keypoint 주식가격과 연계된 재무성과는 어느 정도인가?

시장가치비율(market value ratios)이란 기업의 재무상태와 경영성과에 대하여 증권시장이 어떻게 반응하고 있는가를 나타내는 비율이다. 일반적으로 비 회계자료로서 가장 신뢰성이 높은 척도는 주가이다. 효율적 자본시장에서는 공시되는 모든 자료가 주가에 반영되기 때문에 주가는 기업을 객관적으로 평가할 수 있는 바람직한 척도이다. 시장가치비율은 회계자료와 비 회계자료를 결합시켜 보다 바람직한 기업의 평가척도로 활용하려는 것이다.

3.6.1 주가수익비율(PER : Price Earngs Ratio)

주가수익비율은 보통주의 시장가격을 주당이익으로 나눈 것이다. 주당이익은 수익성을 평가하는 지수이다. 주당이익에 비하여 투자자들이 주가를 높게 거래하고 있다는 것은 그 기업의 성장가능성을 높게 보고 있다는 것이다.

$$\frac{\text{보통주의 시장가격}}{\text{주당이익(= 당기순이익/발행주식수)}}$$

연 도 / 재무비율	2024년 (단위 : 원)
주가수익비율(PER)	$\dfrac{\text{주 가 (53,200)}}{\text{주당이익(EPS) (4,950)}} = 10.75$

주가수익비율이 10.75인 것은 주당이익이 비하여 주가가 약 11배 형성되고 있다. 이러한 수치의 양호성을 평가할 수 있는 절대적 기준은 없다. 단 주가수익비율이 높다는 것은 주당이익이라는 수익성 대비 주가가 높다라는 시장가치를 대비시킨 것으로 투자자의 평가척도일 뿐이다. 따라서 동종 타기업과 대비하거나, 연도별 변화추이를 분석하는 것이 보다 의미가 있을 수 있다.

3.6.2 주가순자산비율(PBR : Price Book-value Ratio)

주가 대 장부가치의 비율을 의미하는 것으로, 주식가격을 1주당 순자산으로 나눈 것이다. 1주당 순자산이란 기업의 자산에서 부채를 공제하고 난 순수한 자본총액을 발행주식수로 나눈 것이다. 즉 주주에게 귀속될 순수한 자산가치를 나타낸다.

주가순자산비율은 기업을 정상적으로 처분할 경우의 정상적 청산가치 개념이기 때문에 계속기업의 공준에는 어긋난다. 그러나 주가순자산비율이 1보다 높다면 아직도 기업에 대한 성장성을 높게 본다는 것을 의미한다. 왜냐하면 기업의 1주당 정상적 청산가치보다 투자자들이 높은 주가를 제시하는 것은 미래의 가능성을 보기 때문이다.

$$\frac{\text{보통주의 시장가격}}{\text{주당순자산(순자산/발행주식수)}}$$

연 도 / 재무비율	2024년 (단위 : 원)
주가순자산비율(PBR)	$\dfrac{\text{주 가 (53,200)}}{\text{주당순자산 (67,369)}} = 0.79$

* 주당순자산 : 자본 402,192,070(백만원)/발행주식수 5,969,672(천주)=67,369원

삼성전자㈜의 주가는 삼성전자의 정상적 청산 시 1주당 배정되는 67,369원의 79%로 거래되고 있음을 의미한다. 그것은 삼성전자의 투자자는 1주당 청산가치보다 낮은 주가로 거래되고 있음을 의미한다.

3.6.3 유보율

유보율(capital surplus rate)이란 잉여금을 주주가 인출하지 않고 얼마나 사내에 축적하고 있는가를 나타내는 것이다. 즉 자본금을 기준으로 어느 정도의 잉여금을 사내에 유보하고 있는 가를 의미하는 것으로, 유보율이 높으면 많은 잉여금이 축적되기 때문에 잉여금의 자본전입에 의한 무상증자의 가능성이 높다. 따라서 유보율이 높은 기업은 투자가치가 높다고 할 수 있다.

$$\frac{\text{자본총계} - \text{배당금} - \text{자본금}}{\text{자본금}} \times 100$$

연 도 / 재무비율	2024년 (단위 : 백만원)
유보율	$\frac{\text{자본총계 (402,192,070)} - \text{자본금 (897,514)} - \text{배당금 (9,809,437)}}{\text{자본금 (897,514)}} \times 100 = 43,618.83\%$

유보율이 43,618.83%라는 것은 삼성전자㈜의 주주 투자액 대비 잉여금이 약 436배 기업에 적립되어 있음을 나타내는 것으로, 이익누적에 의하여 상당한 금액의 적립금을 형성하고 있음을 의미한다. 이는 향후 투자능력 및 불황대비능력이 매우 높다는 것을 의미한다.

제 04절 사례기업 Ⅱ (SK텔레콤)

1984년 설립된 SK텔레콤은 이동통신 서비스를 기반으로 하고 있는 국내 최대의 이동통신 회사이다. 1989년 유가증권 시장에 상장되어 무선통신사업을 중심으로 유선통신사업, 데이터방송 채널 사용 등의 사업을 주요 사업으로 운영하고 있다. 특히 5G 시장에서도 앞선 통신 기술력과 네트워크 운용기술을 바탕으로 프리미엄 네트워크 사업자로서의 명성을 이어가고 있다.

2019년 세계 최초 5G 상용화를 통해 2024년 말 현재 1,692만명의 가입자로 1위 사업자의 위상을 이어가고 있고, 유통채널 강화를 위해 주요종속회사 피에스앤마케팅을 통해 다양한 컨버전스상품에 대한 고객의 니즈를 충족시킬 수 있는 유무선 통신상품 판매 플랫폼을 구축해 신규 판매채널 발굴과 상품개발을 지속하고 있다. 2024년 말 기준 13개의 비상장 계열사를 연결 대상으로 하는 대규모 기업이다. 또한 5,153명의 임직원이 재직(남 4,099명, 여 1,054명)하고 있고, 평균 근속연수 13.7년, 1인당 평균 연간급여는 88.6(백만원)이다.

2024년 말 현재 30,515,255(백만원)의 자산규모를 갖추고 있으며, 11,827,634(백만원)의 자본과 18,687,621(백만원)의 부채를 구성하고 있다. 2024년 동안 17,940,609(백만원)의 매출규모를 나타내고 있고, 영업이익 1,823,409(백만원), 당기순이익 1,387,095(백만원)을 실현했다.

신용평가는 대부분의 국내 신용평가회사로부터 회사채 및 기타 장기증권이 AAA(Stable)의 최상급을 평가받고, 기업어음 및 전자단기사채 또한 A1이라는 최상급의 신용등급을 부여받고 있다. 해외 신용평가기관에서도 A－(S&P, Fitch), A3(Moody's)등 비교적 높은 신용등급을 부여받고 있다.

[표 3-8] 연결재무상태표(1)

제41기 2024년 12월 31일 현재
제40기 2023년 12월 31일 현재

SK텔레콤㈜ (단위 : 백만원)

과 목	제41기	제40기
자 산		
Ⅰ. 유동자산	**7,476,682**	**6,585,602**
현금및현금성자산	2,023,721	1,454,978
단기금융상품	323,890	294,934
매출채권	1,989,306	1,978,532
단기대여금	65,205	78,129
미수금	369,192	344,350
계약자산	90,385	89,934
미수수익	4,242	4,295
선급금	38,656	51,804
선급비용	1,945,610	1,953,769
당기법인세자산	21	161
유동파생상품자산	119,500	8,974
재고자산	209,783	179,809
매각예정비유동자산	174,839	10,515
기타의 유동자산	122,332	135,418
Ⅱ. 비유동자산	**23,038,573**	**23,533,625**
장기금융상품	373	375
장기투자자산	1,877,922	1,679,384
관계기업 및 공동기업투자	2,341,827	1,915,012
투자부동산	26,611	34,812
유형자산	12,617,394	13,006,196
영업권	2,072,493	2,075,009
무형자산	2,194,871	2,861,137
장기계약자산	46,352	39,837
장기대여금	34,446	30,455
장기미수금	173,252	312,531
장기선급비용	1,108,406	1,086,107
장기보증금	155,875	156,863
파생금융자산	221,608	139,560
이연법인세자산	–	11,609
확정급여자산	154,329	170,737
기타의비유동자산	12,814	14,001
자 산 총 계	**30,515,255**	**30,119,227**

[표 3-8] 연결재무상태표(2)

제41기 2024년 12월 31일 현재
제40기 2023년 12월 31일 현재

SK텔레콤㈜ (단위 : 백만원)

과 목	제41기	제40기
부 채		
Ⅰ. 유동부채	**9,224,278**	**6,993,980**
매입채무	125,508	139,876
미지급금	2,798,978	1,913,006
예수금	928,679	802,506
계약부채	168,194	155,576
미지급비용	1,522,750	1,439,786
당기법인세부채	243,564	142,496
유동충당부채	50,016	38,255
단기차입금	100,000	–
유동성장기사채및장기차입금	2,460,109	1,621,844
유동성장기미지급금	367,765	367,770
리스부채	351,363	372,826
매각예정부채	106,352	39
Ⅱ. 비유동부채	**9,463,343**	**10,896,848**
사채	6,363,646	7,106,299
장기차입금	203,125	315,578
장기미지급금	539,955	892,683
장기미지급비용	271	956
장기리스부채	1,286,588	1,238,607
장기계약부채	61,512	56,917
확정급여부채	2,086	–
파생금융부채	3,437	305,088
비유동충당부채	70,044	83,169
이연법인세부채	851,200	832,236
기타의 비유동부채	81,479	65,315
부 채 총 계	**18,687,621**	**17,890,828**
자 본		
Ⅰ. 지배기업 소유주에 귀속되는 자본		
자본금	30,493	30,493
기타불입자본	(11,954,936)	(11,826,644)
이익잉여금	22,976,127	22,788,981
기타자본구성요소	646,943	387,216
Ⅱ. 비지배지분	129,007	839,353
자 본 총 계	**11,827,634**	**12,228,399**
부채와자본총계	**30,515,255**	**30,119,227**

[표 3-9] 연결손익계산서

제41기 2024년 1월 1일부터 12월 31일 까지
제40기 2023년 1월 1일부터 12월 31일 현재

SK텔레콤㈜ (단위 : 백만원)

과 목	제41기	제40기
Ⅰ. 영업수익	**17,940,609**	**17,605,511**
Ⅱ. 영업비용	**16,117,200**	**15,855,307**
종업원급여	2,725,765	2,488,245
지급수수료	5,564,289	5,549,899
감가상각비	3,560,374	3,614,766
망접속정산비용	692,881	678,459
전용회선료및전파사용료	265,518	275,477
광고선전비	186,340	235,769
지급임차료	136,753	142,356
상품및기타구입비용	1,326,159	1,266,357
기타영업비용	1,659,121	1,603,979
Ⅲ. 영업이익	**1,823,409**	**1,750,204**
금융수익	1,823,409	1,753,204
금융비용*	355,035	248,376
종속기업, 관계기업 및 공동기업 투자관련손익	605,919	527,401
기타영업외수익	72,228	50,366
기타영업외비용	204,835	47,294
Ⅳ. 법인세차감전영업순이익	**1,761,765**	**1,488,179**
Ⅴ. 법인세비용	**374,670**	**342,242**
Ⅵ. 당기연결 순이익	**1,387,095**	**1,145,937**
Ⅸ. 주당이익(원)**		
기본주당이익	5,780	4,954
희석주당이익	5,765	4,950

* 이자비용 403,219(백만원)
** 가중평균유통보통주식수 212,848(천주)

4.1 사례기업 Ⅱ(SK텔레콤)의 재무비율 분석

4.1.1 유동성 비율

연도 / 재무비율	2024년도 (단위 : 백만원)	
	SK텔레콤㈜	재무비율(%)
유동비율	$\frac{\text{유동자산 } (7,476,682)}{\text{유동부채 } (9,224,278)} \times 100$	81.05
당좌비율	$\frac{\text{유동자산 } (7,476,682) - \text{재고자산 } (209,783)}{\text{유동부채 } (9,224,278)} \times 100$	78.78

SK텔레콤㈜는 단기채무에 대처할 수 있는 능력이 100%를 하회하여 유동자산을 1년 이내에 현금화하여 1년 이내에 부담하여야 할 단기부채의 변제능력이 부족하다는 것을 의미한다. 따라서 단기채무에 대처할 능력이 미흡한 기업이다. 또한 서비스업이기 때문에 제조활동이 미약하여 재고자산의 비중이 매우 낮다. 따라서 유동비율과 당좌비율이 비슷하게 나타나는데, 이것은 서비스업에서는 당좌비율과 유동비율의 차이에 큰 의미가 없다는 의미가 된다.

4.1.2 안정성 비율

연도 / 재무비율	2024년도 (단위 : 백만원)	
	SK텔레콤㈜	재무비율(%)
부채비율	$\frac{\text{부채 } (18,687,621)}{\text{자본 } (11,827,634)} \times 100$	158.00
이자보상비율	$\frac{\text{영업이익 } (1,823,409)}{\text{이자비용 } (403,219)} \times 100$	452.21
비유동 장기적합률	$\frac{\text{비유동자산 } (23,038,573)}{\text{비유동부채 } (9,463,343) + \text{자본 } (11,827,634)} \times 100$	108.21

SK 텔레콤㈜의 안정성비율도 과거에 비하여 크게 낮아졌고, 부채비율은 158%로

자기자본이 타인자본(부채)보다 비중이 낮은 수준이다. 따라서 타인자본 의존수준이 높아졌다. 그러나 고유의 업종 운영에 의한 영업이익으로 이자비용을 처리할 수 있는 능력도 이자비용의 4.56배 정도로 영업이익에 의한 이자비용의 부담능력이 안정적이다. 비유동장기적합률의 경우에 100%를 상회하여 장기자산의 일부를 장기자금으로 충당하지 못하고 있다는 의미가 된다. 전체적으로 부채비율과 이자보상비율 및 비유동장기적합률이 이전년도보다 불량해지는 것은 안정성 차원에서 검토가 필요한 시점이다.

4.1.3 수익성 비율

(단위 : 백만원)

재무비율 \ 연도	2024년도	
	SK텔레콤㈜	재무비율(%)
총자산순이익률	$\frac{\text{당기순이익 (1,387,095)}}{\text{자산 (30,515,255)}} \times 100$	4.55
자기자본순이익률	$\frac{\text{당기순이익 (1,387,095)}}{\text{자기자본 (11,827,634)}} \times 100$	11.73
영업이익률	$\frac{\text{영업이익 (1,823,409)}}{\text{매출액 (17,940,609)}} \times 100$	10.16
세전이익률	$\frac{\text{세전이익 (1,761,765)}}{\text{매출액 (17,940,609)}} \times 100$	9.82
당기순이익률	$\frac{\text{당기순이익 (1,387,095)}}{\text{매출액 (17,940,609)}} \times 100$	7.73
주당이익	$\frac{\text{지배기업 지분 당기순이익 (1,230,261)}}{\text{발행유통주식수 (212,848천주)}}$	5,780원

SK 텔레콤㈜는 수익성의 모든 지표에서 비교적 양호하다. 투자수익률은 4.55%로 높진 않지만, 자기자본 순이익률은 11.73%로 시중의 실세금리에 비하면 매우 높은 수익성을 달성하고 있다. 이는 시중의 정기예금 금리보다 약 4배 정도의 순이익률을 나타내고 있다. 그러나 영업이익률 10.16%보다 세전이익률이 9.82%로 더 낮은 것은 영업외 수익이 영업외비용보다 낮아 영업외적 손실이 발생하고 있음을 의미한다. 당기순이익률은 7.73%, 주당순이익 5,780원으로 비교적 높은 수익성이 창출되고 있다.

4.1.4 활동성 비율

연도 / 재무비율	2024년도 (단위 : 백만원)	
	SK텔레콤㈜	재무비율(회)
총자산회전율	$\frac{\text{매출액 } (17,940,609)}{\text{자산 } (30,515,255)}$	0.59
재고자산회전율	$\frac{\text{매출액 } (17,940,609)}{\text{재고자산 } (209,783)}$	85.52
매출채권회전율	$\frac{\text{매출액 } (17,940,609)}{\text{매출채권 } (1,989,306)}$	9.02

SK 텔레콤㈜의 활동성은 총자산회전율이 0.59로 1.0 미만이지만, 제조업보다 자산의 활용기간이 장기인 서비스업의 특성상 총자산회전율이 낮은 편이라 할 수 없다. 이는 대규모 투자에 따른 수익성 실현에 장기간을 요하고 있기 때문에, 통신설비가 많은 자산은 장기간에 걸쳐 매출을 실현한다는 것을 의미한다. 재고자산회전율은 85.52로 매우 높으나 서비스업은 재고자산의 비중이 적기 때문에 재고자산회전율의 분석적 의미는 낮다. 매출채권회전율은 9.02로 매출채권 대비 매출이 9배 정도가 된다는 의미가 된다. 즉 단말기 가격이 고가화 되면서 신용판매가 증가 추세에 있는 것에 비하면 양호한 수준이다.

4.1.5 성장성 비율

연도 / 재무비율	2024년도 (단위 : 백만원)	
	SK텔레콤㈜	재무비율(%)
총자산증가율	$\frac{\text{당기말자산 } (30,515,255) - \text{전기말자산 } (30,119,227)}{\text{전기말자산 } (30,119,227)} \times 100$	1.31
매출액증가율	$\frac{\text{매출액 } (17,940,609) - \text{전기매출액 } (17,605,511)}{\text{전기매출액 } (17,605,511)} \times 100$	1.90
자기자본증가율	$\frac{\text{당기말자본 } (11,827,634) - \text{전기말자본 } (12,228,399)}{\text{전기말자본 } (12,228,399)} \times 100$	−3.28

SK 텔레콤㈜는 총자산증가율이 1.31%이고 매출액증가율이 1.90%로 자산증가율보다 매출액 증가율이 높다. 따라서 투자된 자산증가율 대비 매출액증가율이 높은 것은 투자에 대한 매출성과가 있음을 의미한다. 특히 서비스업이라는 것을 고려하면 자산 증가 대비 매출의 증가는 우수한 편이이라 할 수 있다. 그러나 자기자본증가율이 (−)를 나타내는 것은 그만큼의 자본가치의 잠식이 있어 부정적으로 해석된다.

4.1.6 시장가치성

재무비율 \ 연도	2024년도	
	SK텔레콤㈜	재무비율
주가수익비율	$\frac{\text{주가 (55,200원)}}{\text{주당이익 (5,780원)}}$	9.55
주당순자산비율	$\frac{\text{주가 (55,200원)}}{\text{주당순자산 (55,568원)}}$	0.98
유보율 (단위 : 백만원)	$\frac{\text{자본 (11,827,634)} - \text{자본금 (30,493)} - \text{배당금 (753,417)}}{\text{자본금 (30,493)}} \times 100$	36,217.24

SK텔레콤㈜의 주가수익비율(PER)은 주당이익 대비 약 9.5배의 주가를 형성하고 있다. 그것은 반대로 1주당 가격(55,200원) 대비 1주당 이익(5,780원)은 주식의 매매가 기준 수익률이 10.47%라는 의미가 되어 높은 수익성이라 할 수 있다. 주당순자산비율(PBR)은 정상적 청산에 의한 1주당 순자산과 주가가 거의 동일하게 형성되어 있음을 의미한다. 그러나 유보율이 36,217.24%인 것은 주주의 출자금 대비 적립금이 약 362배가 된다는 것으로 원시 투자한 자본금 대비 적립된 잉여금의 비중이 매우 높다는 것을 의미한다.

제 05절 기타 주요 재무비율

5.1 생산성 비율

생산성이란 투입과 산출의 비율이다. 따라서 **생산성 비율**(productivity ratios)은 생산요소를 얼마나 효율적으로 이용하였는가를 나타내는 개념이다. 최근에는 산출의 개념으로 **부가가치**(value added)가 주로 사용되고 있다. 또한 투입되는 생산요소로 인적・물적 요인 등이 다양하게 사용되고 있다.

5.1.1 부가가치율

부가가치율(value added rate) 이란 매출액에서 부가가치가 차지하는 비중을 나타낸다. 부가가치란 경제학에서 주로 사용되는 개념으로 기업이 생산활동을 한 결과 새로이 창출한 가치를 의미한다. 일반적으로 기업은 원재료(또는 타 기업이 완성한 제품)를 구입하여 경제학에서 의미하는 자연・노동・자본을 투입하여 새로운 가치의 제품을 판매한다. 그러한 자연・노동・자본의 사용비용이 부가가치라 할 수 있다. 이러한 요소의 사용비용은 기업의 외부로 유출되어 기업외에 소득으로 작용한다. 즉 부가가치가 높다는 것은 사회적으로 소득에 기여한다고 할 수 있다. 부가가치의 산정방식은 분석기관에 따라 차이가 다소 있다. 우리나라의 경우 한국은행의 가산방식과 산업은행 감산방식으로 대별된다. [그림 3－13]은 한국은행의 가산방식을 나타내고 있다.

[그림 3-13] 부가가치의 개념

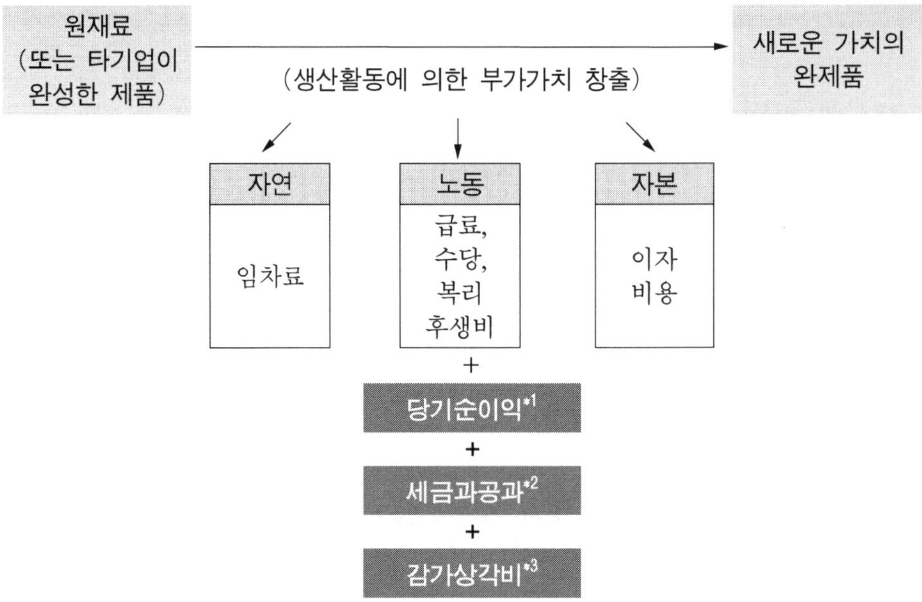

*1 당기순이익은 주주에 대한 자본비용으로 경상적 활동만을 고려하여 경상이익을 사용하는 경우도 있다. 한국은행은 경상이익을 사용한다.
*2 세금과 공과는 국가자본에 대한 비용으로 볼 수 있다.
*3 감가상각비는 일반적으로 현금이 지출되지 않는 것이기 때문에, 실질적 기업 외 유출이 아니라고 간주하여 포함하는 경우가 있다. 이러한 부가가치를 조(粗)부가가치라 하고, 감가상각비를 제외한 부가가치를 순(純)부가가치라 한다.

산업은행방식 : 감산방식

매출액으로부터 재료비등 직접생산비를 감산하는 방식 ;

매출액－직접생산비(원재료비, 연료비, 구입전력비, 구입용수비, 수리유지비 등)

$$\frac{\text{부가가치}}{\text{매출액}} \times 100$$

5.1.2 자본생산성비율

총자본투자효율(productivity of capital rate)이라고도 하며 총자본(총자산)에 대한 부가가치의 비중을 나타낸다. 즉 투하된 총자본(총자산)에 대하여 부가가치가 얼마나 창출되었는가를 평가하는 것이다.

$$\frac{\text{부가가치}}{\text{총자산}} \times 100$$

5.1.3 노동생산성

노동생산성(productivity of labor)이란 가장 중요한 생산수단인 노동력의 단위당 성과를 나타내는 지표이다. 즉 종업원 1인이 창출한 부가가치액을 의미한다. 우리나라는 한국은행에서는 1인당 부가가치액을 산출하지 않고 있으며, 산업은행에서 **기업재무분석**을 통하여 자료를 조사하고 있다.

$$\frac{\text{부가가치}}{\text{종업원수}}$$

5.2 연구개발비율

5.2.1 연구개발비/매출액 비율

1997년 IMF 사태 이후 기업의 연구개발비 증대를 위한 방안이 정책적으로 모색되면서, 기업의 연구개발비에 대한 투자비율을 기업평가에 적용하는 사례가 증가하고 있다. 중소기업의 개발기술사업화자금이나 기술경쟁력 평가 등에서 실제로 연구개발비에 대한 평가를 실행하고 있다.

연구개발비를 1 회계기간동안 어느 정도 사용하였는가는 다음과 같은 매출액 대비의 공식을 주로 사용한다. 그러나 연구개발비 사용에 대한 재무제표상의 정확한 금액 산출에는 주의를 하여야 한다. 일반적으로 다음과 같은 공식을 사용하지만 연구개발비의 범위를 어느 부문까지 인정할 것인가에 따라 차이가 크게 발생한다.

$$\frac{\text{연구개발비}}{\text{매출액}} \times 100$$

1 회계기간 동안 연구개발비를 어느 정도 사용하였는가의 평가는 재무상태표 뿐 아니라 손익계산서를 모두 대비하여 평가하여야 한다. 일반적으로 연구개발비를 사용하면 다음과 같은 회계처리가 가능하다.

연구개발비의 사용	→ 무형자산의 연구개발비로 처리(재무상태표 항목)
	→ 경상 연구개발비로의 처리(손익계산서 항목)

무형자산으로 연구개발비를 처리하게 되면 일단 무형자산(연구개발비)으로 처리하였다가, 일정 회계기간 동안 해당 무형자산(연구개발비)을 비용으로 상각하게 된다. 따라서 손익계산서에 연구개발비 상각이 나타난다. 또한 경상적으로 나타나는 미미한 연구개발비는 당해 기간에 경상연구개발비로 즉시 비용화하게 된다. 따라서 손익계산서에서 연구개발비 계정과목을 매출액과 대비시켜야한다. 일부 실무에서 교육비, 회의비 뿐 아니라 영업권상각 등도 연구개발비에 산입시키는 경우가 발생하고 있다. 그러나 연구개발비 고유의 성격과는 거리가 있다. 최근에는 연구개발비로 회계처리할 수 있는 요건을 강화하는 추세에 있다.

5.2.2 연구개발비 투자액 증가율

실무에서 기업체들은 특정연도에 거액의 연구개발비를 투자하고, 계속적인 연구개발비의 추가투자가 이루어지지 않는 경우가 있다. 이러한 문제점을 해결하기 위하여 전년도 대비 연구개발비 투자액의 증가율을 산정할 수 있다. 따라서 다음과 같은 공식이 가능하다.

$$\frac{\text{당기연구개발비} - \text{전기 연구개발비}}{\text{전기 연구개발비}} \times 100$$

5.3 수익성 비율의 보완

영리를 목적으로 하는 사기업의 경우 보다 개선된 수익성의 척도개발에 많은 연구가 이루어졌다. 특히 경제학적 개념인 기회비용의 개념이나, 단기적 자금애로의 평가를 위한 현금흐름을 중시하는 경향이 있다. 수익성 비율의 보완을 위하여 EBITDA와 EVA 등이 제시되고 있다.

5.3.1 EBITDA

EBITDA(earnings before interest, taxes, depreciation and amortization)는 **감가상각비 차감전 영업이익**이라고도 한다. 보다 정확하게는 이자비용, 법인세비용, 감가상각비와 감모상가각비 등을 차감하기 전의 영업이익이다. 그것은 손익계산서상에서 이자비용과 법인세 비용은 영업이익 이후에 차감하기 때문에, 결과적으로 영업이익에서 감가상각비를 더하는 것과 동일하여 다음과 같이 정리된다.

EBITDA = 영업이익 + 감가상각비(감모상각비)

EBITDA의 개념은 **현금흐름**을 지향하는 영업이익을 산출한 것으로, 유동성 확보라는 차원에서 개발된 평가방법이다.

5.3.2 EVA

EVA(economic value added)는 **경제적 부가가치**라고 하며, 기업에서 창출한 이익이 최소한의 자본비용 이상인가를 분석하는 것이다. 최소한의 자본비용이란 일정자금을 금융기관에 예치하면 일정률의 이자수입이 기대되기 때문에, 기업이 투자에서 창출한 이익이 금융기관 예금에 따른 일정액의 이자수입을 초과하고 있는가를 평가한다. 금융기관 예금에 대한 이자수입은 일정률의 이자율에 의하여 결정되고, 기업의 입장에서는 최소한 획득하여야 하는 수익률이기 때문에 최저필수수익률이 된다. 따라서 다음과 같은 평가산식으로 정리된다.

EVA = 세후이익 − 자본비용
= 세후이익 − (투하자본 × 최저필수수익률)

EVA는 투자에 대한 **기회비용**의 개념을 도입한 것으로, 투자수익률(ROI)의 문제점을 개선한 가치중시경영의 척도로 자리잡고 있다.

제06절 중소기업의 재무적 성과평가

6.1 부채비율의 중요성

중소기업의 자금지원 정책이 확대됨에 따라, 중소기업에 대한 재무상태의 평가의 중요성이 대두되고 있다. 특히 부채비율의 평가를 통하여 부채비율이 일정비율에 미달하는 기업은 정책자금의 지원자격을 예비심사에서 탈락시키는 실정이다. 따라서 [표 3－10]과 같은 기준이 개발기술 사업화 자금 등에 적용되고 있다.

기본적으로 중소기업은 부채비율의 조건을 충족시키지 못하는 경우, 정책자금의 혜택을 부여받지 못한다. 또한 대부분의 중소기업 정책자금 지원 시에는 유동비율, 매출액영업이익률, 부가가치율 등이 빈번히 적용되고 있다.

[표 3－10] 업종별 융자제한 부채비율 예시

번호	업종(KSIC-11)	평균부채비율(%)	제한부채비율(%)	
				사업전환
1	A01(농업)	186.0	500.0	1,000.0
2	A03(어업)	224.8	500.0	1,000.0
3	B(광업)	182.3	500.0	1,000.0
4	C(제조업)	116.8	350.4	700.8
5	C10(식료품)	151.8	455.4	910.8
6	C11(음료)	138.0	414.0	828.0
7	C13(섬유제품(의복제외))	123.1	369.3	738.6
8	C14(의복, 의복액세서리 및 모피제품)	122.7	368.1	736.2
9	C15(가죽, 가방 및 신발)	113.7	341.1	682.2
10	C16(목재 및 나무제품(가구 제외))	156.0	468.0	936.0
11	C17(펄프, 종이 및 종이제품)	115.5	346.5	693.0

번호	업종(KSIC-11)	평균부채 비율(%)	제한부채 비율(%)	
				사업전환
12	C18(인쇄 및 기록매체 복제업)	121.4	364.2	728.4
13	C19(코크스, 연탄 및 석유정제품)	105.4	316.2	632.4
14	C20(화학물질 및 화학제품(의약품 제외))	98.9	296.7	593.4
15	C21(의료용 물질 및 의약품)	73.4	220.2	440.4
16	C22(고무제품 및 플라스틱제품)	114.8	344.4	688.8
17	C23(비금속 광물제품)	95.6	286.8	573.6
18	C24(1차 금속)	125.4	376.2	752.4
19	C25(금속가공제품(기계 및 가구 제외))	127.4	382.2	764.4
20	C26(전자부품, 컴퓨터, 영상, 음향 및 통신장비)	95.3	285.9	571.8
21	C27(의료, 정밀, 광학기기 및 시계)	95.9	287.7	575.4
22	C28(전기장비)	105.9	317.7	635.4
23	C29(기타 기계 및 장비)	113.3	339.9	679.8
24	C30(자동차 및 트레일러)	152.5	457.5	915.0
25	C31(기타 운송장비)	227.0	500.0	1,000.0
26	C32(가구)	168.3	500.0	1,000.0
27	C33(기타 제품 제조업)	118.8	356.4	712.8
28	C34(산업용기계 및 장비수리업)	166.2	498.6	997.2
29	D35(전기, 가스, 증기 및 공기조절 공급업)	395.7	500.0	1,000.0
30	E(하수·폐기물 처리, 원료재생 및 환경복원업)	109.3	327.9	655.8
31	F(건설업)	112.3	336.9	673.8
32	G(도매 및 소매업)	134.7	404.1	808.2
33	H(운수 및 창고업)	167.5	500.0	1,000.0
34	I(숙박 및 음식점업)	374.5	500.0	1,000.0
35	J(정보통신업)	130.4	391.2	782.4
36	L(부동산업)	451.4	500.0	1,000.0
37	M(전문, 과학 및 기술 서비스업)	137.3	411.9	823.8
38	N(사업시설관리 및 사업지원 및 임대서비스업)	209.6	500.0	1,000.0
39	P(교육 서비스업)	166.2	498.6	997.2
40	R(예술, 스포츠 및 여가관련 서비스업)	199.5	500.0	1,000.0
41	기타산업	199.6	500.0	1,000.0

(중소벤처기업진흥공단, 2025)

* 제한부채비율은 최소 200%, 최대 500% 이내 (부채비율=부채총계/자본총계)

* 한국은행 기업경영분석('23년)에 의한 최근 3개년 가중평균 부채비율

[표 3-10]에 의하면 제한 부채비율이 설정되어 있다. 제한 부채비율이란 정책자금 신청기업이 제한 부채비율을 초과하면 자금의 수혜자격을 상실시킨다는 것을 의미한다.

6.2 정책자금 지원을 위한 재무비율 평가

[표 3-11]은 기술개발사업화자금의 예비평가 시에 적용되는 것으로 40점에 미달하면 자격이 주어지지 않는다.

[표 3-11] 중소기업 기술개발 사업화 지원사업(제조업-일반기업)

구 분		평 가 항 목	산 출 방 법	배점	단위	산출치	등급	점수	비고
재무상태	안정성 (30)	자기자본비율	자기자본/총자본 × 100	10					
		유동비율	유동자산/유동부채 × 100	8					
		비유동장기 적합률	$\frac{\text{비유동자산}}{\text{자기자본}+\text{비유동부채}} \times 100$	4					
		차입금 의존도	(장·단기차입금 + 유동성장기부채 + 사채)/총자본 × 100	8					
	수익성 (20)	매출액 경상이익률	경상이익/매출액 × 100	10					
		매출액 영업이익률	영업이익/매출액 × 100	10					
	활동성 (15)	총자본회전율	$\frac{\text{매출액}}{\text{총자본(기초}+\text{기말)/2}} \times 100$	8					
		영업자산 회전율	매출액/{(매출채권 + 재고자산) : (기초 + 기말)/2} × 100	7					
	생산성 (20)	총자본 투자효율	$\frac{\text{부가가치}}{\text{총자본(기초}+\text{기말)/2}} \times 100$	10					
		부가가치율	부가가치/매출액 × 100	10					
	성장성 (15)	매출액증가율	$\frac{\text{당기매출액}}{(\text{전기매출액}-1)} \times 100$	8					
		총자본증가율	$\frac{\text{당기총자본}}{(\text{전기총자본}-1)} \times 100$	7					
				100					

[표 3－11]은 일반적인 제조업의 경우이다. 그러나 신생기업과 같이 재무제표의 분석재무제표의 분석 중 성장성을 평가할 수 없다. 왜냐하면 신생기업이기 때문에 전기 재무제표가 존재하지 않는다. 이러한 경우에는 [표 3－12]에서와 같이 상환능력을 평가한다.

[표 3－12] 중소기업 기술개발 사업화 지원사업(제조업－신생기업)

구 분		평 가 항 목	산 출 방 법	배점	단위	산출치	등급	점수	비고
재무상태	안정성 (30)	자기자본비율	$\frac{\text{자기자본}}{\text{총자본}} \times 100$	10					
		유동비율	$\frac{\text{유동자산}}{\text{유동부채}} \times 100$	8					
		비유동장기 적합률	$\frac{\text{비유동자산}}{\text{자기자본}+\text{비유동부채}} \times 100$	4					
		차입금 의존도	(장ㆍ단기차입금＋유동성장기부채＋사채)/총자본 × 100	8					
	수익성 (20)	매출액 경상이익률	$\frac{\text{경상이익}}{\text{매출액}} \times 100$	10					
		매출액 영업이익률	$\frac{\text{영업이익}}{\text{매출액}} \times 100$	10					
	활동성 (15)	총자본회전율	$\frac{\text{매출액}}{\text{총자본(기초}+\text{기말)/2}} \times 100$	8					
		영업자산 회전율	매출액/{(매출채권＋재고자산) : (기초＋기말)/2} × 100	7					
	생산성 (20)	총자본 투자효율	$\frac{\text{부가가치}}{\text{총자본(기초}+\text{기말)/2}} \times 100$	10					
		부가가치율	$\frac{\text{부가가치}}{\text{매출액}} \times 100$	10					
	상환능력 (15)	차입금의 예상매출액 비율	$\frac{\text{장단기차입금}}{\text{추정매출액}} \times 100$	15					
				100					

보론 한국능률협회컨설팅의 우량기업 평가모델

1. 한국능률협회컨설팅의 우량기업 평가모델사례

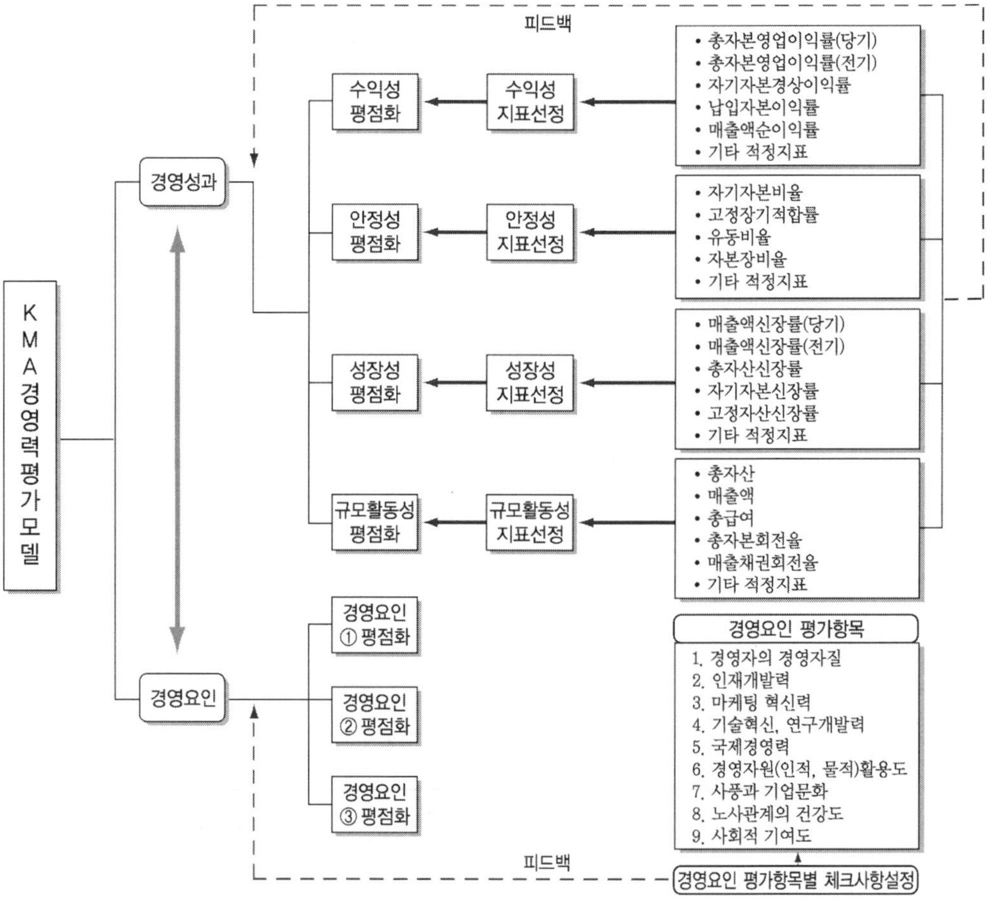

2. 평가방법

먼저 기업성과를 나타내는 변수를 수익성, 안정성, 규모 및 활동성, 성장성 등 4개 부문으로 구분하여 이에 해당하는 대표적인 분석지표와 평가항목을 19개 채택하여 개별기업의 실적치를 산출하고 순위를 매긴 다음, 이 순위에 해당되는 점수에 각 지표의 가중치를 곱하여 이를 합계하는 방법으로 우량순위를 매겼다.

구분	평가항목	계산방식	가중치(%)	순위결정기준
수익성	총자본영업이익률	$\frac{\text{영업이익}}{\text{자산총계}} \times 100$	12	높을수록 양호
	총자본영업이익률	$\frac{\text{영업이익}}{\text{자산총계}} \times 100$	4	"
	자기자본세전이율	$\frac{\text{세전이익}}{\text{자본총계}} \times 100$	4	"
	납입자본이익률	$\frac{\text{당기순이익}}{\text{평균납입자본금}} \times 100$	4	"
	매출액 순이익률	$\frac{\text{당기순이익}}{\text{매출액}} \times 100$	6	"
	소 계		30	"
안정성	자기자본비율	$\frac{\text{자산총계}}{\text{자본총계}} \times 100$	12	높을수록 양호
	비유동장기적합률	$\frac{\text{비유동자산}}{\text{비유동부채} + \text{자본총계}} \times 100$	5	낮을수록 양호
	유동비율	$\frac{\text{유동자산}}{\text{유동부채}} \times 100$	5	높을수록 양호
	자본적립율	$\frac{\text{자본금}}{\text{자본총계}} \times 100$	3	낮을수록 양호
	소 계		25	
규모 및 활동	총 자 산		3	높을수록 양호
	매 출 액		6	"
	임원 · 종업원 총급여액		3	"
	총자본회전율	$\frac{\text{매출액}}{\text{총자산}} \times 100$	4	"
	매출채권회전율	$\frac{\text{매출액}}{\text{매출채권}} \times 100$	4	"
	소 계		20	"
성장성	매출액신장률	$\frac{\text{당기매출액} - \text{전기매출액}}{\text{전기매출액}} \times 100$	9	높을수록 양호
	매출액신장률	$\frac{\text{당기매출액} - \text{전기매출액}}{\text{전기매출액}} \times 100$	3	"
	총자산증가율	$\frac{\text{기말총자산} - \text{기초총자산}}{\text{기초총자산}} \times 100$	5	"
	자기자본증가율	$\frac{\text{기말자기자본} - \text{기초자기자본}}{\text{기초자기자본}} \times 100$	5	"
	비유동자산증가율	$\frac{\text{기말비유동자산} - \text{기초비유동자산}}{\text{기초비유동자산}} \times 100$	3	"
	소 계		25	
	합 계		100	

3. 항목별 평가체크 사항

평가항목	체 크 사 항
경영자의 경영자질	• 기업가가 미래지향적이고 새로운 경영환경변화를 신사업기회의 창출로 연결시킬 힘이 있는가 • 성장분야를 향해 사업을 전환시키는 힘이 있는가 • 위험에 대처할 위기관리능력이 뛰어난가 • 경영자의 자질 및 신용도에 대한 평판은 어떠한가
인력개발력	• 전사적으로 사람을 존경하는 인재육성 풍토가 조성되어 있는가 • 우수한 인재가 모여들고 있으며, 이를 잘 활용하고 있는가 • 인재육성을 위한 체계적인 프로그램이 잘 운영되고 있는가 • 기업내 벤처 등 위험에 대처할 창조적 인력을 키우고 있는가
마케팅 혁신력	• 토탈 마케팅전략이 체계화되어 있는가 • 정보를 수집 · 축적 · 활용할 시스템이 확립되어 있는가 • 다양화되고 있는 고객의 욕구변화를 유연하게 대응하고 있는가 • 고객과의 유통채널은 잘 확립되어 있는가
기술혁신과 연구개발력	• 기술의 선진화와 하이테크화가 전개되고 있는가 • 고도첨단기술에 기반을 둔 경쟁력 있는 제품을 많이 보유하고 있는가 • 지금까지 기술혁신, 신제품개발 실적과 그 성과는 어떠한가 • 첨단기술의 연구개발에 어느 정도 중점을 두고 있는가
국제경쟁력	• 국제적 기업으로서의 이미지, 브랜드가 확립되어 있는가 • 독자적인 국제화 전략이 실시되고 있는가 • 해외시장에서 높은 수익과 성장을 지속하고 있는가 • 국제화에 대해 편협한 사고방식이 배제되어 있는가
경영자원의 활용력	• 인력, 설비, 자금 등의 경영자원을 전략적 차원에서 사업부문별로 유효적절하게 배분되며 잘 활용되고 있는가 • 생산시스템은 고도화되어 있으며 생산성은 높은가 • 성장을 추구하기 위한 재투자가 이루어지고 있으며 투자능력은 있는가 • 미래경영자원을 꾸준히 개발하고 있는가
사풍과 기업문화	• 독자적인 미래지향형 기업문화가 명확히 확립되어 있는가 • 기업문화가 종업원에게 밀착되어 있는가 • 기업문화를 기초로 하는 사업전개와 수익성과 연계되어 있는가 • 기업 이미지의 사회적 평판은 좋은가
노사관계 유지력	• 신뢰받는 노사관계를 유지하고 있으며, 종업원에 대한 직장의 안정성이 보장되고 있는가 • 종업원들의 회사에 대한 소속감, 근로의욕, 성취동기는 높은가 • 근무환경은 쾌적하며 근무시간등 근무조건은 적절한가 • 임금 등 종업원에 대한 보상은 적절하며 복지수준은 높은가
사회적 기여도	• 기업의 사회적 책임(경제성장에 기여, 국민복지의 향상)을 잘 수행하고 있는가 • 장학사업, 사회복지사업, 문화사업 등에 기여도가 높은가 • 소비자보호측면에서 제품 및 서비스의 수준은 높은가 • 사회윤리적 측면에서 기업관이 건전하며 공정한 상거래 활동을 하는가

CHAPTER 03 연습문제

01 다음은 ㈜농심의 2024년 요약 재무제표이다. 2024년의 재무비율을 산출하시오.

재무상태표

(단위 : 억원)

계정과목 \ 회계연도		2024년
유동자산		17,437.4
	매출채권	3,131.6
	재고자산	3,231.9
비유동자산		18,537.2
자산총계		35,974.6
유동부채		6,781.7
비유동부채		2,467.2
부채총계		9,248.9
자 본		26,725.7
	자본금	304.1
	잉여금 및 조정	26,421.6
부채와 자본 총계		35,974.6

* 2023년 자산총계 32,347.5억원
* 2023년 자본총계 24,408.0억원

손익계산서

(단위 : 억원)

계정과목 \ 회계연도		2024년
매출액		34,387.3
매출원가		24,731.9
매출총이익		9,655.4
	판매비와 관리비	8,024.7

계정과목 \ 회계연도		2024년
영업이익		1,630.7
	이자비용	60.8
세전이익		2,178.2
법인세 등		601.9
당기순이익		1,576.3

* 2023년 매출액 34,105.6억원
* 2024년 말 유통평균발행주식수 6,082,642주
* 주가 374,000원(2024년 말)
* 배당금지급 289.1억원

㈜농심 재무비율

재무비율 \ 회계연도		2024년
유동성 (%)	유동비율	
	당좌비율	
안정성 (%)	부채비율	
	비유동장기적합률	
	이자보상비율	
수익성 (%)	총자산순이익률	
	자기자본순이익률	
	매출액영업이익률	
	매출액세전이익률	
	매출액당기순이익률	
	주당순이익(원)	
활동성 (회)	총자산회전율	
	재고자산회전율	
	매출채권회전율	
성장성 (%)	총자산증가율	
	매출액증가율	
	자기자본증가율	
시장가치비율	주가수익비율(회)	
	주가순자산비율(회)	
	유보율(%)	

02 다음은 하이트진로㈜의 2024년과 2023년의 요약 재무제표이다. 재무비율을 산출하고 2023년의 산업평균비율과 비교하시오.

재무상태표

(단위 : 억원)

계정과목 \ 회계연도		2024년	2023년
유동자산		10,231.7	10,676.7
	매출채권	3,140.0	3,830.2
	재고자산	2,826.5	2,681.1
비유동자산		24,183.7	22,906.8
	유형자산	20,788.0	19,341.0
	무형자산	1,072.8	1,359.5
	투자자산 등	2,322.9	2,206.3
자산총계		34,415.4	33,583.5
유동부채		16,532.5	16,376.0
비유동부채		6,387.9	6,048.7
부채총계		22,920.4	22,424.7
자 본		11,495.0	11,158.8
	자본금	3,688.4	3,688.4
	잉여금 및 조정	7,806.6	7,470.4
부채와 자본 총계		34,415.4	33,583.5

손익계산서

(단위 : 백만원)

계정과목 \ 회계연도		2024년	2023년
매출액		25,991.8	25,201.8
매출원가		14,139.5	14,061.8
매출총이익		11,852.4	11,140.0
	판매비와 관리비	9,771.0	9,900.8
영업이익		2,081.4	1,239.2
	이자비용	544.6	505.3

계정과목 \ 회계연도	2024년	2023년
세전이익	1,269.4	684.6
법인세 등	312.0	329.5
당기순이익	957.4	355.1

* 2024년 유통평균발행주식수 70,133,611주
* 주가 19,520원(2024년 말)
* 2024년 배당금지급 661.1억원

하이트진로㈜ 재무비율

재무비율 \ 회계연도		2024년	
		하이트진로	2023년 산업평균비율
유동성(%)	유동비율		93.88
	당좌비율		73.49
안정성(%)	부채비율		93.44
	비유동장기적합률		103.1
	이자보상비율		707.06
수익성(%)	총자산순이익률		3.30
	자기자본순이익률		6.32
	매출액영업이익률		8.39
	매출액세전이익률		8.05
	매출액당기순이익률		5.59
	주당순이익(원)		–
활동성(회)	총자산회전율		0.59
	재고자산회전율		9.32
	매출채권회전율		6.42
성장성(%)	총자산증가율		1.84
	매출액증가율		－0.83
	자기자본증가율		－0.20
시장가치비율	주가수익비율(회)		–
	주가순자산비율(회)		–
	유보율(%)		–

03 다음 자료에 의하여 아모레퍼시픽㈜의 2024년 재무상태를 평가하고, 한국은행에서 공시하는 업종별 산업평균비율(한국은행 홈페이지에서 기업경영분석 산업분류 코드 C204 검색)을 조사하여 비교・평가하시오.

재무상태표

(단위 : 억원)

계정과목 \ 회계연도		2024년	2023년
유동자산		17,348.1	19,522.0
	매출채권	4,138.8	3,242.2
	재고자산	4,978.0	3,943.1
비유동자산		50,487.0	39,343.1
자산총계		67,835.1	58,865.1
유동부채		10,957.1	8,132.6
비유동부채		3,617.9	2,005.5
부채총계		14,575.0	10,138.1
자 본		53,260.1	48,727.0
	자본금	345.3	345.3
	잉여금 및 조정	52,914.8	48,381.7
부채와 자본 총계		67,835.1	58,865.1

손익계산서

(단위 : 억원)

계정과목 \ 회계연도		2024년	2023년
매출액		38,851.1	36,739.6
매출원가		11,383.8	11,550.6
매출총이익		27,467.3	25,189.0
	판매비와 관리비	25,262.5	24,107.3
영업이익		2,204.8	1,081.7
	이자비용	282.0	163.0
세전이익		7,083.9	1,930.4
법인세 등		1,067.5	191.6
당기순이익		6,016.4	1,738.8

* 2024년 유통평균발행주식수 58,492,759주

* 주가 104,800원(2024년 말)

* 2024년 배당금지급 631.1억원

아모레퍼시픽㈜ 재무비율

재무비율 \ 회계연도		2024년 아모레퍼시픽㈜	2024년 산업평균비율 (C204)
유동성(%)	유동비율		
	당좌비율		
안정성(%)	부채비율		
	비유동장기적합률		
	이자보상비율		
수익성(%)	총자산순이익률		
	자기자본순이익률		
	매출액영업이익률		
	매출액세전이익률		
	매출액당기순이익률		
	주당순이익(원)		–
활동성(회)	총자산회전율		
	재고자산회전율		
	매출채권회전율		
성장성(%)	총자산증가율		
	매출액증가율		
	자기자본증가율		
시장가치비율	주가수익비율(회)		–
	주가순자산비율(회)		–
	유보율(%)		–

04 다음은 ㈜KT의 2024년과 2023년의 재무제표이다. 2024년 ㈜SK텔레콤과의 재무비율을 비교 · 평가하시오.

재무상태표

(단위 : 억원)

계정과목 \ 회계연도		2024년	2023년
유동자산		142,519.4	145,181.6
	매출채권	61,474.6	71,702.9
	재고자산	9,402.1	9,122.6
비유동자산		276,280.2	281,918.2
자산총계		418,799.6	427,099.8
유동부채		138,747.3	131,474.1
비유동부채		100,086.7	110,014.4
부채총계		238,834.1	241,488.4
자　　본		179,965.5	185,611.4
	자본금	15,645.0	15,645.0
	잉여금 및 조정	164,320.5	169,966.4
부채와 자본 총계		418,799.6	427,099.8

손익계산서

(단위 : 억원)

계정과목 \ 회계연도		2024년	2023년
매출액(영업수익)		264,312.0	263,762.7
판매비와관리비(영업비용)		256,217.3	247,265.0
영업이익		8,094.7	16,497.7
	이자비용	3,746.6	3,563.4
세전이익		5,847.0	13,240.9
법인세 등		1,676.1	3,353.7
당기순이익		4,170.9	9,887.2

* 2024년 유통평균발행주식수 252,021,685주
* 주가 43,850원(2024년 말)
* 2024년 배당금지급 8,723.5억원

재무상태 비교

재무비율 \ 회계연도		재무비율(2024)	
		㈜KT	㈜SK텔레콤
유동성(%)	유동비율		81.05
	당좌비율		78.78
안정성(%)	부채비율		158.00
	비유동장기적합률		108.21
	이자보상비율		452.21
수익성(%)	총자산순이익률		4.56
	자기자본순이익률		11.73
	매출액영업이익률		10.16
	매출액세전이익률		9.82
	매출액당기순이익률		7.73
	주당순이익(원)		5,780
활동성(회)	총자산회전율		0.59
	재고자산회전율		86.52
	매출채권회전율		9.02
성장성(%)	총자산증가율		1.31
	매출액증가율		1.90
	자기자본증가율		−3.77
시장가치비율	주가수익비율(회)		9.55
	주당순자산비율(회)		0.99
	유보율(%)		36,217.24

C/H/A/P/T/E/R

04

주요 재무비율의 비교와 보완

재무제표에 의한 재무비율이 산출되면 해당 기업은 자신이 속한 업종의 평균 재무비율 뿐 아니라 경쟁업체 재무비율과의 비교를 통하여 자사의 장 · 단점을 파악하는 것이 필요하다. 왜냐하면 자사의 문제점을 파악하고 개선방안을 도출하려면 관련되는 비율과의 비교가 유용하기 때문이다.

기업 간의 재무상태 비교는 기업의 규모를 고려하여 평가하여야 한다. 따라서 기업의 규모를 고려한 보다 합리적인 비교방법은 없을까? 또한 일정 시점이나 상황을 기준으로 변화되는 정도를 비교하면 보다 의의가 있지는 않을까? 이러한 사안을 해결하기 위한 보완방법을 모색할 필요가 있다.

또한 재무비율의 중요도에 따라 가중치를 부여하여 재무비율을 종합한 점수를 산정할 수 있다면 기업마다 점수를 산정한 서열화가 가능하다. 따라서 기업 간의 종합적 우 · 열 비교가 가능할 것이다. 본 장에서는 이러한 종합적 비교와 보완방법을 학습한다.

주요용어 : 공통형 재무제표, 지수형 재무제표, 지수법, 관계비율

제01절 주요 업종별 재무비율 비교

재무제표에 의한 재무비율의 분석은 하나의 기업에 대한 재무상태를 점검하고 개선점을 찾아내는 것으로도 그 의미가 있다. 그러나 경쟁기업과 재무상태를 비교하고 나아가 선진기업과 비교하는 우수한 재무비율의 벤치마킹이 필요하다. 본 절에서는 국내 전자업, 자동차업, 항공업의 선두기업을 중심으로 비교하여 분석한다. 재무제표는 연결재무제표를 대상으로 분석한다.

1.1 주요 전자회사의 재무제표 비교

먼저 제3장에서 살펴 본 국내 전자시장의 선두주자 삼성전자㈜와 유사 업종의 경쟁업체인 LG전자㈜의 재무제표를 비교 · 분석한다. 전자업이라도 주력분야는 다르지만 먼저 재무제표를 중심으로 주요 계정과목을 살펴보고, 이어서 재무비율 분석을 통한 재무상태를 비교 · 분석해 본다.

[표 4－1]에 의하면 삼성전자㈜는 LG전자㈜에 비하여 약 7.8배의 자산규모를 보유하고 있어 규모면에서 큰 차이가 나타난다. 유동자산의 규모도 삼성전자㈜는 LG전자㈜에 비하여 약 6.7배가 되며 비유동자산도 약 9.1배가 된다. 부채의 규모도 삼성전자㈜는 LG전자㈜에 2.8배 이상이지만, 자본의 규모는 16.0배 정도가 되어 자본의 규모가 매우 큰 것을 알 수 있다. 특히 잉여금은 16.5배가 되어 삼성전자㈜의 누적잉여금에 대한 규모가 매우 크다는 것을 알 수 있다.

유동자산으로 유동부채를 부담하는 단기채무의 대처능력도 LG전자㈜보다 삼성전자㈜가 매우 높게 나타나고 있다. 비유동자산의 구성은 제조업의 특성상 두 회사 모두 유형자산의 비중이 크다.

부채의 구성은 삼성전자㈜의 유동부채가 비유동부채의 약 4.9배 정도로 단기부채의 비중이 높은데 반하여, LG전자㈜ 유동부채가 비유동부채의 약 2.1배 정도로 대조를 나타낸다. 부채의 구성에서 가능한 비유동부채의 비중을 높이는 것이 단기채무의 부담을 줄일 수 있다는 차원에서는 LG전자㈜가 우수한 부채의 구성이라 할 수 있지만, 삼성전자㈜는 유동자산을 충분히 보유하여 단기채무인 유동부채의 부담능력을 충분히 보유하고 있다고 할 수 있다.

자본의 구성은 삼성전자㈜가 잉여금이 자본금의 447.1배를 보유하고 있고 LG전자㈜는 26.9배를 보유하고 있기 때문에, 잉여금을 삼성전자가 월등히 많이 보유하고 있어 재무적 안정성을 높이고 있다.

[표 4-1] 주요 전자회사의 연결재무상태표 비교

(2024년 말 기준, 단위 : 백만원)

계정과목 \ 회사		삼성전자㈜	LG전자㈜
유동자산		227,062,266	33,923,517
	매출채권	43,623,073	10,536,614
	재고자산	51,754,865	10,729,360
비유동자산		287,469,682	31,706,072
	투자자산 등	57,785,907	11,112,113
	유형자산	205,945,209	17,075,231
	무형자산	23,738,566	3,518,728
자산총계		514,531,948	65,629,589
유동부채		93,326,299	27,307,439
비유동부채		19,013,579	13,110,486
부채총계		112,339,878	40,417,925
자본총계		402,192,070	25,211,664
	자본금	897,514	904,169
	잉여금 및 조정	401,294,556	24,307,495
부채와 자본 총계		514,531,948	65,629,589
2023년도 자산총계		455,905,980	60,240,536
2023년도 자본총계		363,677,865	23,498,536

손익계산서를 비교해 보면, 삼성전자㈜는 LG전자㈜에 비하여 약 3.4배의 매출실적을 나타내고 있다. 삼성전자㈜는 2023년에 비하여 매출이 16.20% 증가했지만, LG전자㈜는 매출이 6.64% 증가하여 보다 높은 실적을 나타내고 있다. 매출액 대비 매출원가의 비중은 삼성전자㈜가 62.01%, LG전자㈜가 75.63%로 원가절감에 의한 수익성의

제고 차원에서 삼성전자가 매우 우수함을 알 수 있다.

고유의 영업행위로 인한 영업이익은 삼성전자㈜가 LG전자㈜에 비하여 약 9.6배가 되어, 매우 높은 수익성을 나타내고 있다. 이는 매출액 대비 판매비와관리비의 비중은 삼성전자㈜가 27.12%, LG전자㈜가 20.47%로 삼성전자㈜가 높지만, 삼성전자㈜의 제조원가에 대한 절감수준이 우수하여 영업이익의 차이를 크게 발생시키고 있다.

영업외항목을 고려한 세전이익에서 삼성전자㈜는 영업이익보다 높게 형성되고 있으나, LG전자㈜는 크게 낮아지고 있다. 이는 삼성전자㈜는 영업외적으로도 수익성을 개선하고 있지만, LG전자㈜는 영업외적인 항목들이 손실을 야기하고 있다고 할 수 있다.

[표 4-2] 주요 전자회사의 연결손익계산서 비교

(2024년 기준, 단위 : 백만원)

회사 계정과목	삼성전자㈜	LG전자㈜
매출액	300,870,903	87,728,182
매출원가	186,562,268	66,348,948
매출총이익	114,308,635	21,379,234
판매비와 관리비	81,582,674	17,959,559
영업이익	32,725,961	3,419,675
이자비용	903,918	571,340
법인세비용차감전 순손익	37,529,734	1,335,795
법인세 등	3,078,383	462,520
당기순이익	34,451,351	873,275
2023년도 매출액	258,935,494	82,262,664
2024년 말 주가(원)	53,200	83,500
2024년 유통발행주식수(보통주)	5,969,672천주	162,885천주
2024년 배당금	9,809,437	126,905

1.2 주요 전자회사의 재무비율 비교

[표 4-3]에 의하면 활동성비율과 비유동장기적합률 및 주가수익비율을 제외한 나머지 비율들은 모두 삼성전자㈜가 우수하다.

단기채무의 대처능력인 **유동성 비율**은 두 회사의 단기채무능력에 상당한 차이가 발생한다고 볼 수 있다. 그러나 삼성전자㈜는 243.30%의 높은 유동비율과 187.84%의 높은 당좌비율을 나타내고 있어, 당좌비율이 100%를 하회하는 LG전자㈜보다 매우 높은 단기채무 대처능력을 보이고 있다.

타인자본 의존에 대한 부담을 나타내는 **안정성 비율**도 삼성전자㈜의 부채비율이 27.93%로 타인자본보다 자기자본이 4배 정도 많은 견실한 구조를 나타내고 있다. 반면 LG전자㈜는 자기자본보다 타인자본이 1.6배 정도로 삼성전자㈜와 반대의 현상을 보이고 있다. 비유동장기적합률은 두 회사 모두 100%를 하회하고 있어 견실한 자금조달구조를 보이고 있다.

이익의 창출능력을 나타내는 **수익성 비율**은 삼성전자㈜가 LG전자㈜보다 우위를 나타낸다. 특히 삼성전자㈜는 총자산순이익률 뿐 아니라 영업이익률이 10.88%로 매우 높은 수익을 실현하고 있다. 특히 매출액영업이익률보다 매출액세전이익률이 더 높아짐으로써, 영업외적인 활동으로도 수익성이 개선되고 있음을 나타낸다. 그러나 LG전자㈜는 영업이익률보다 세전이익률이 낮게 나타나고 있다.

물리적 효율성을 나타내는 **활동성 비율**의 경우, LG전자㈜가 전체적으로 우위를 점하고 있다. 특히 회사의 규모 대비 매출수준인 총자산회전율에서 LG전자㈜는 1.33을 나타냄으로써 규모 대비 물리적 효율성을 나타내고 있다.

규모의 변화를 나타내는 **성장성 비율**은 두 회사 모두 (+)의 자산증가율과 매출액증가율을 나타내고 있다. 그러나 삼성전자㈜는 자산규모 증가 12.86% 대비 매출액 16.20%의 증가는 매출의 증가율이 자산규모의 증가율을 초과하고 있으며, LG전자㈜는 자산증가율 8.95% 대비 매출액증가율 6.64%로 매출액 증가율이 자산증가율을 하회하고 있다.

시장가치성을 나타내는 주가수익비율은 삼성전자㈜가 10.75로 41.01을 나타내고 있는 LG전자㈜보다 크게 낮으나, 주가순자산 비율은 LG전자㈜보다 높게 나타나고 있다.

[표 4-3] 주요 전자회사의 재무비율 비교

(2024년 기준)

재무비율 \ 회사		삼성전자㈜	LG전자㈜
유동성(%)	유동비율	243.30	124.23
	당좌비율	187.84	84.94
안정성(%)	부채비율	27.93	160.31
	이자보상비율	3,620.46	598.54
	비유동장기적합률	68.25	56.29
수익성(%)	총자산순이익률	6.70	1.31
	자기자본순이익률	8.57	3.46
	영업이익률	10.88	3.90
	세전이익률	15.37	1.52
	당기순이익률	11.45	1.00
	주당순이익(원)	4,950	2,036
활동성(회)	총자산회전율	0.58	1.33
	재고자산회전율	5.81	8.18
	매출채권회전율	6.90	8.33
성장성(%)	총자산증가율	12.86	8.95
	매출액증가율	16.20	6.64
	자기자본증가율	10.59	7.29
시장가치성(배)	주가수익비율	10.75	41.01
	주가순자산비율	0.79	0.54
	유보율(%)	43,618.83	2,674.34

1.3 주요 자동차회사의 재무제표 비교

현대자동차㈜와 기아자동차㈜는 동일계열사에 속해 있으면서, 우리나라 자동차 산업을 이끄는 선도 기업이다.

[표 4-4]에 의하면 현대자동차㈜는 기아자동차㈜에 비하여 약 3.66배의 자산규모를 보유하고 있어 규모면에서 큰 차이가 나타난다. 유동자산의 규모도 현대자동차㈜는 기아자동차㈜에 비하여 약 1.51배가 되며 비유동자산도 약 5.41배가 된다. 부채의 규모도 현대자동차㈜는 기아자동차㈜에 5.95배이고, 자본의 규모는 2.15배 정도가 되어 자본의 규모가 매우 큰 것을 알 수 있다. 또한 잉여금도 2.21배가 되어 현대자동차

㈜는 기아자동차㈜에 비하여 모든 면에서 규모가 매우 크다는 것을 알 수 있다.

유동자산으로 유동부채를 부담하는 단기채무의 대처능력인 유동비율은 기아자동차㈜ 보다 현대자동차㈜가 낮게 나타나고 있다. 비유동자산의 구성은 두 회사가 모두 자동차회사로서 제조를 위한 유형자산을 크게 보유하고 있으나, 현대자동차의 경우 투자자산이 유형자산의 5.01배를 형성하는 특이성을 보이고 있다.

부채의 구성은 현대자동차㈜는 유동부채보다는 비유동부채를 더 많이 구성하고 있어 단기채무에 대한 부담이 비교적 낮은 기업이나, 기아자동차㈜는 유동부채의 비중이 더 높은 구조이다. 자본의 구성은 자본금 대비 잉여금의 비중이 기아자동차㈜는 25.10배 정도이지만, 현대자동차㈜는 약 79.78배를 나타내 자본의 적립수준에 큰 차이가 있다.

[표 4-4] 주요 자동차회사의 연결재무상태표 비교

(2024년 기준, 단위 : 억원)

회사 계정과목		현대자동차㈜	기아자동차㈜
유동자산		643.356.3	417,974.6
	매출채권	103,203.3	68,418.9
	재고자산	197,910.0	124,190.8
비유동자산		2,754,628.0	509,584.2
	투자자산 등	2,232,461.3	282,850.4
	유형자산	445,339.4	182,794.5
	무형자산	76,827.3	40,939.3
자산총계		3,397,984.3	927,558.7
유동부채		795,096.4	269,773.8
비유동부채		1,400,128.5	99,381.9
부채총계		2,195,225.0	369,155.6
자　　본		1,202,759.3	558,403.1
	자본금	14,889.9	21,393.2
	잉여금 및 조정	1,187,869.4	537,009.9
부채와 자본 총계		3,397,984.3	927,558.7
2023년도 자산총계		2,824,633.6	806,278.3
2023년도 자본총계		1,018,094.4	465,582.4

손익계산서를 비교해 보면, 현대자동차㈜는 기아자동차㈜에 비하여 약 1.63배의 매출실적을 나타내고 있고, 과거에 비하여 기아자동차와의 매출액 차이가 작아졌다. 양사 모두 2023년 대비 매출이 약 8% 정도 증가했다. 매출액 대비 매출원가의 비중은 현대자동차㈜가 79.60%, 기아자동차㈜가 76.95%로 기아자동차㈜의 원가비중이 낮으며, 두 기업 모두 자동차 업종의 특성상 원가절감이 절실히 요구된다.

고유의 영업행위로 인한 영업이익은 현대자동차㈜가 기아자동차㈜에 비하여 약 1.12배가 되어, 매출규모 대비 영업이익이 적다. 매출액에서 판매비와관리비가 차지하는 비중도 현대자동차㈜ 12.27%, 기아자동차㈜ 11.26%로 기아자동차㈜의 비중이 낮다.

영업외항목을 고려한 세전이익에서 현대자동차㈜는 기아자동차㈜보다 1.32배를 형성하고 있다. 특히 세전이익이 영업이익보다 높게 나타는 것은 두 회사 모두 영업외항목에서 이익을 실현하고 있음을 나타낸다. 당기순이익은 현대자동차㈜가 기아자동차㈜보다 1.35배를 실현하고 있으나, 매출규모에 비하면 낮은 수준이다.

[표 4-5] 주요 자동차회사의 연결손익계산서 비교

(2024년 기준, 단위 : 억원)

계정과목 \ 회사	현대자동차㈜	기아자동차㈜
매출액	1,752,311.5	1,074,487.5
매출원가	1,394,819.5	826,779.8
매출총이익	357,492.1	247,707.7
판매비와 관리비	215,096.2	121,036.3
영업이익	142,395.9	126,671.4
이자비용	4,515.0	1,014.9
법인세비용차감전 순손익	177,814.4	135,002.0
법인세 등	45,515.3	37,252.0
당기순이익	132,299.1	97,750.0
2023년도 매출액	1,626,635.8	998,084.2
주가(원)	211,500	100,700
유통발행주식수(보통주)	204,757,766	397,672,632
배당금	39,132.8	21,942.8

1.4 주요 자동차회사의 재무비율 비교

[표 4－6]에 의하면 기아자동차㈜는 규모는 현대자동차㈜에 비하여 작지만, 전반적 재무상태는 보다 우위에 있음을 알 수 있다.

단기채무의 대처능력인 **유동성 비율**은 현대자동차㈜의 유동비율이 100%를 하회하여 단기채무에 대처할 수 있는 능력이 부정적이다. 특히 현대자동차㈜의 당좌비율은 재고자산의 과다보유로 인하여 당좌비율이 기아자동차㈜에 비하여 낮은 56.02%를 나타내고 있다.

타인자본 의존에 대한 부담을 나타내는 **안정성 비율**은 현대자동차㈜의 부채비율이 182.52%로 타인자본의 비중이 1.8배 정도 더 큰 반면, 기아자동차㈜는 66.11%로 자기자본보다 부채의 비중이 낮다. 그러나 장기성자산에 대한 장기성자금으로의 조달수준을 나타내는 비유동장기적합율은 현대자동차㈜가 105.83%로 부정적이지만 기아자동차㈜는 77.47%로 보다 양호한 수준을 나타내고 있다.

이익의 창출능력을 나타내는 **수익성 비율**의 두 회사 모두 비교적 양호한 편이다. 총자산순이익률과 자기자본순이익률은 기아자동차㈜가 보다 높게 나타나고 있어 우수한 수익성을 보인다. 자동차 제조 · 판매라는 고유의 영업으로 인한 매출액영업이익률도 현대자동차㈜가 8.13%로 기아자동차㈜보다 낮게 나타나고 있고, 매출액세전이익률과 매출액순이익률도 모두 낮게 나타나고 있다. 특히 두 회사의 세전이익률이 매출액영업이익률보다 높게 나타나는 것은 영업외항목의 이익이 나타나고 있음을 의미한다.

물리적 효율성을 나타내는 **활동성 비율**의 경우, 총자산회전율에서 현대자동차㈜가 0.52로 매우 부진하다. 그러나 재고자산회전율과 매출채권회전율은 기아자동차㈜와 현대자동차㈜가 유사하게 나타나고 있다. 또한 두 개의 비율이 현대자동차㈜와 기아자동차㈜ 모두 높게 나타나는 것은 상대적으로 매출채권과 재고의 관리가 우수함을 의미한다.

규모의 변화를 나타내는 **성장성 비율**은 두 회사 모두 매출액증가율이 자산증가율을 크게 하회하고 있다. 현대자동차㈜는 자산증가율 20.30% 대비 매출액증가율이 7.73%로 자산증가율을 크게 하회하고, 기아자동차㈜의 경우도 자산증가율 15.04% 대비 매출액증가율 7.65%로 자산증가율과 큰 차이를 나타낸다.

시장가치성을 나타내는 주가수익비율은 현대자동차㈜가 3.27로 기아자동차㈜ 4.10보다 낮게 나타나 투자자의 현대자동차㈜에 보다 낮은 선호인식을 나타내고 있다. 또한 주가순자산비율이 양사 모두 1 이하로 나타나 저평가된 기업이다. 유보율은 현대자동차㈜가 기아자동차㈜보다 3배 정도로 높아 자본적립의 높은 수준을 나타내고 있다.

[표 4-6] 주요 자동차회사의 재무비율 비교

(2024년 기준)

재무비율 \ 회사		현대자동차㈜	기아자동차㈜
유동성(%)	유동비율	80.92	154.94
	당좌비율	56.02	129.57
안정성(%)	부채비율	182.52	66.11
	이자보상비율	3,153.84	12,481.17
	비유동장기적합률	105.83	77.47
수익성(%)	총자산순이익률	3.89	10.54
	자기자본순이익률	11.00	17.51
	영업이익률	8.13	11.79
	세전이익률	10.15	12.56
	당기순이익률	7.55	9.10
	주당순이익(원)	64,612	24,581
활동성(회)	총자산회전율	0.52	1.16
	재고자산회전율	8.85	8.65
	매출채권회전율	16.98	15.70
성장성(%)	총자산증가율	20.30	15.04
	매출액증가율	7.73	7.65
	자기자본증가율	18.14	19.97
시장가치성(배)	주가수익비율	3.27	4.10
	주가순자산비율	0.36	0.72
	유보율(%)	7,714.87	2,407.62

1.5 주요 항공사의 재무제표 비교

대한항공㈜와 아시아나항공㈜는 우리나라의 대표적 국적항공사이다. 그러나 타 업종에 비하여 재무상태는 양호한 편이 되지 못한다. 특히 COVID-19로 인하여 최대의 피해를 입은 산업이다. 특히 아시아나항공㈜는 2027년부터 대한항공으로 흡수합병 된다.

[표 4-7]에 의하면 대한항공㈜는 아시아나항공㈜에 비하여 약 3.50배의 자산규모를

보유하고 있어 규모면에서 큰 차이가 나타난다. 유동자산의 규모도 대한항공㈜는 아시아나항공㈜에 비하여 약 4.10배가 되며 비유동자산도 약 3.33배가 된다. 부채의 규모도 대한항공㈜는 아시아나항공㈜에 2.41배이고, 자본의 규모는 10.93배 정도가 된다.

그러나 유동자산으로 유동부채를 부담하는 단기채무의 대처능력은 두 회사 모두 100%에 미달되어 매우 미흡한 상황이다. 비유동자산의 구성은 두 회사가 모두 항공사로서 다수의 비행기를 보유하고 있기 때문에 큰 규모를 나타내고 있다.

부채의 구성은 두 회사 모두 유동부채보다는 비유동부채를 더 많이 구성하고 있으나 대한항공㈜가 비유동부채의 구성이 높게 형성되어 있다. 자본의 구성은 두 회사가 상당한 차이가 있다. 대항항공은 자본에서 잉여금이 차지하는 비중이 83.16%이나 아시아나항공㈜는 −2.67%로 자본잠식되어, 대한항공의 자본 적립성과 현격한 차이가 있다.

[표 4-7] 주요 항공사의 연결재무상태표 비교

(2024년 기준, 단위 : 억원)

계정과목 \ 회사		대한항공㈜	아시아나항공㈜
유동자산		116,168.7	28,047.9
	매출채권	15,896.6	3,873.4
	재고자산	11,706.9	2,240.8
비유동자산		353,951.9	106,451.2
	투자자산 등	39,432.9	18,457
	유형자산	283,744.9	87,501.1
	무형자산	30,774.1	492.7
자산합계		470,120.7	134,499.0
유동부채		169,734.9	49,831.9
비유동부채		190,753.9	74,635.9
부채합계		300,488.7	124,467.8
자 본		109,631.9	10,031.2
	자본금	18,466.6	10,299.5
	잉여금 및 조정	91,165.3	−268.3
부채와 자본 합계		470,120.7	134,499.0
2023년도 자산총계		303,917.8	130,167.5
2023년도 자본총계		98,152.1	8,103.5

손익계산서를 비교해 보면, 대한항공㈜는 아시아나항공㈜에 비하여 약 2.15배의 매출실적을 나타내고 있고, 두 회사 모두 COVID-19의 회복에 힘입어 전년대비 매출이 크게 상승했다.

고유의 영업행위로 인한 영업이익은 두 회사 모두 (+)를 나타내고 있다. 그러나 아시아나항공㈜는 세전이익이 손실로 나타나 영업외항목의 수익성 저하를 나타내고 있다.

[표 4-8] 주요 항공사의 연결손익계산서 비교

(2024년 기준, 단위 : 억원)

회사 계정과목	대한항공㈜	아시아나항공㈜
매출액	178,707.2	83,185.7
매출원가	141,125.2	73,495.5
매출총이익	37,581.7	9,690.2
판매비와 관리비	16,479.7	6,933.3
영업이익	21,102.0	2,756.9
이자비용	5,141.6	4,158.8
법인세비용차감전 순손익	18,361.8	−5,615.3
법인세 비용 등	4,543.2	−1,485.2
당기순이익	13,818.6	−4,130.1
2023년도 매출액	161,118.0	76,233.5
주가(원)	22,600	10,400
유통발행주식수	368,220,661	205,990,711
배당금	2,782.3	1,008.1

1.6 주요 항공사의 재무비율 비교

[표 4-9]에 의하면 대한항공㈜과 아시아나항공㈜ 모두 타 업종의 대표적 기업에 비하여 크게 불량한 재무비율을 나타내고 있다.

단기채무의 대처능력인 **유동성 비율** 중 유동비율은 두 회사가 모두 100% 이하이고, 두 회사 모두 50~60% 수준으로 단기채무에 대처할 수 있는 능력이 매우 낮다고 볼 수 있다. 이는 단기적으로 유동성위험에 빠질 가능성이 매우 높다는 것을 의미한다. 두 회사가 서비스 회사이기 때문에 재고자산은 커다란 의미가 없다. 따라서 당좌비율은 유의적 의미가 없지만, 단기채무에 대처할 수 있는 능력이 크게 저하되어 있는 것은 반드시 개선해야 할 사안이다.

타인자본 의존에 대한 부담을 나타내는 **안정성 비율**은 대한항공㈜의 부채비율이 274.09%로 타인자본의 비중이 자기자본의 약 2.7배가 된다. 아시아나항공은 1,240.81%로 매우 불량한 자본구조를 나타내고 있다. 이는 항공기의 특성상 부채에 의한 자금의 조달이 높은 성향도 있지만, 지나치게 높은 타인자본의 비중은 재무구조에 상당한 문제점을 드러내고 있다. 또한 장기성자산의 장기성자금으로의 조달수준을 나타내는 비유동장기적합률은 대한항공㈜는 117.83%, 아시아나항공㈜ 125.73%로 단기자금에 의한 장기성자산의 형성이라는 자본구조의 문제점을 드러내고 있다.

이익의 창출능력을 나타내는 **수익성 비율**은 두 회사 모두 매출액영업이익률은 이익을 형성하고 있으나, 아시아나항공㈜의 세전이익은 손실로 나타나고 있어, 영업외항목 불량으로 인한 수익성지수의 개선이 필요하다.

물리적 효율성을 나타내는 **활동성 비율**의 경우, 두 회사가 서비스업이기 때문에 총자산회전율이 제조업보다 낮게 나타나는 것이 일반적이다. 그러나 COVID-19의 회복으로 인하여 크게 개선되었다.

규모의 변화를 나타내는 **성장성 비율**은 두 회사가 대조를 나타내고 있다. 대한항공㈜의 자산증가율 54.69%로 크게 증가한 반면 매출액증가율은 10.92%로 매출액 증가율이 총자산 증가율에 크게 못미치고 있다. 반면 아시아나항공㈜은 자산증가율 3.33% 대비 매출액증가율 9.12%로 매출의 대폭회복을 달성하고 있다. 반면 시장가치성을 나타내는 주가수익비율은 대한항공㈜가 6.02, 아시아나항공㈜는 5.19로 나타나 수익성 대비 투자자의 선호인식이 비슷하다. 주당순자산 비율은 아시아나항공㈜가 대한항공㈜보다 약 2배 정도이다. 그러나 아시아나항공㈜는 유보율이 (−)로 자본잠식상태이다.

[표 4-9] 주요 항공사의 재무비율 비교

(2024년 기준)

재무비율 \ 회사		대한항공(주)	아시아나항공(주)
유동성(%)	유동비율	68.44	56.29
	당좌비율	61.57	51.79
안정성(%)	부채비율	274.09	1,240.81
	이자보상비율	410.42	66.29
	비유동장기적합률	117.83	125.73
수익성(%)	총자산순이익률	2.94	−3.07
	자기자본순이익률	12.60	−41.17
	영업이익률	11.81	3.31
	세전이익률	10.25	−6.75
	당기순이익률	7.73	−4.96
	주당순이익(원)	3,753	2,005
활동성(회)	총자산회전율	0.38	0.62
	재고자산회전율	15.27	37.12
	매출채권회전율	11.24	21.48
성장성(%)	총자산증가율	54.69	3.33
	매출액증가율	10.92	9.12
	자기자본증가율	11.70	23.79
시장가치성(배)	주가수익비율	6.02	5.19
	주당순자산비율	0.76	2.14
	유보율(%)	478.61	−12.39

제02절 재무비율 분석의 장·단점

2.1 재무비율 분석의 유용성

재무비율은 회계자료를 활용하여 기업의 다양한 측면을 파악할 수 있다. 이와 같이 재무비율에 의한 재무분석은 실제로 많은 전문 기업평가기관에서 사용될 뿐 아니라, 기업 내무에서 경영자의 의사결정에 유용하다. 재무비율 분석은 다음과 같은 유용성이 있다.

① **간단**하고 **적은 비용**으로 가능하다. 기업은 재무제표를 의무적으로 작성하여야 하고, 작성된 재무제표에 의하여 기업의 재무상태를 파악하는 것은 기본적 공식의 대입에 의하여 처리된다. 최근의 전산회계 프로그램은 주요 재무비율을 산출할 수 있도록 개발되어 있어, 더욱 유용성이 증대하고 있다.

② 구체적인 기업분석 전에 **예비분석**으로 유용하다. 재무제표에 의한 기업의 분석이 절대적이라고 할 수는 없다. 그러나 기업의 구체적 문제점을 발견하고, 그 개선안을 찾아내기 위하여 우선 어느 부분에 문제가 있는가를 파악하는 방법으로 재무비율의 분석은 예비분석으로 매우 유용하다. 따라서 감사보고서나 중소기업의 국가기관을 통한 정책자금의 신청에는 재무비율이 중요하게 취급되고 있다.

③ 선행연구에서 기업이 부실예측, 채권등급 평가, 증권의 분석 등에 효과적이라는 사실이 입증되었다. 최근에는 정책자금 지원기업의 재무상태가 지원 전·후에 어떠한 변화를 보였는지 검증하는 방법으로 재무비율이 사용되는 등 다양하게 그 효용성이 인정되고 있다.

2.2 재무비율 분석의 한계점

재무비율에 의한 재무분석이 다양한 부문에서 유용하게 사용되고 있더라도, 재무비율이 의미하는 내적 의미와 문제점을 충분히 이해하고 있어야 보다 충실한 효과를 기대할 수 있다. 재무비율의 문제점을 나열하면 다음과 같다.

① 우리나라의 현실을 고려할 때 조작된 재무제표는 분석의 의미가 없다. 최근에 매체를 통한 **분식회계**(make-up accounting)은 사회적 문제로 대두되었고, 분식회계에 의한 이해관계자의 소송이 증가되는 추세에 있어, 조작된 회계처리는 재무분석의 유용성을 크게 떨어뜨리고 있다.

② 재무제표는 화폐적 척도에 의한 보고서이기 때문에 **비 회계적 요인**이 의사결정에 중요한 영향을 미칠 수 있다. 예를 들면, 기업의 전략, 최고경영자의 성향, 조직의 효율성, 기술수준, 시장점유율 및 성장률 등 비계수적 자료가 간과될 가능성이 있다.

③ 과거의 재무제표를 근거로 한 것이기 때문에 **미래를 예측**하는 데는 한계가 있다. 기업회계기준에 의한 재무제표는 객관적인 근거에 의한 검증가능성을 중시하기 때문에, 과거의 자료를 취합·정리하는 재무자료에 의하여 급변하는 현실과 미래를 예측하는 데는 한계가 있다.

④ 재무제표는 일정시점을 기준으로 작성되기 때문에 **계절의 변화**에 의한 재무상황의 변화를 파악할 수 없다. 대다수의 업종이 계절에 의한 영향을 받고 있으며, 기업의 이해관계자는 계절에 의한 재무상태의 변화정보를 파악하는 것이 의사결정에 유용하다. 그러나 1년 1회의 의무적 공시는 기업의 이해관계자에게 계절에 따른 재무상태 파악을 불가능하게 한다.

⑤ 기업의 **업종특성**이나 **기업전략**에 따라 재무비율에 차이가 발생할 수 있다. 일반적으로 대규모 기업은 설비투자가 상대적으로 높고, 고가의 제품을 생산하는 기업은 신용거래를 많이 할 수밖에 없다. 따라서 기업 특성에 따라 재무비율에는 차이가 발생할 수밖에 없기 때문에, 업종 내에서 또는 경쟁기업 간의 비교가 보다 유용하다.

⑥ 동일 계정과목이 여러 가지의 비율에 포함 될 경우 **해석의 모순**이 발생할 수 있다. 하나의 계정과목이 단 하나의 재무비율에만 사용되지는 않는다. 예를 들면 재고자산의 증가는 유동비율은 개선하더라도, 재고자산회전율을 저하시키는 상호 역의 관계가 성립한다. 따라서 평가자는 어느 비율을 보다 중시하여야 하는가에 따라 평가가 달라질 수 있다.

⑦ **업종다각화**(diversification)가 이루어지고 있는 기업은 분석을 하여도 그 원인을 찾아내는데 한계가 있다. 최근의 기업들은 제품의 수명주기를 파악해가며, 제품 포트폴리오 전략을 구사하고 있다. 이러한 상황에서 재무상태의 장점과 단점이 어느 사업부문에서 발생하였는지 분석하는데는 한계가 있다. 일반적으로 다양한 업종을 운영하는 기업은 매출액이 가장 높은 부문을 해당 업종으로 분류하고 있다.

⑧ **다양한 회계처리**가 인정되는 현실에서 다른 회계처리 방법을 사용하는 기업끼리는 비교의 의미가 약하다. 동일 업종 내의 동일 현상이더라도, 각 기업이 선택하는 회계처리 방법이 다르면, 각 회계기간별 이익은 다르게 나타난다. 이것은 기업의 비교가능성을 저하시킨다.

제 03절 재무비율 분석의 보완

재무비율에 의한 재무제표 분석은 각 비율마다의 특성에 의하여 미시적 분석이 될 가능성이 높다. 즉 계정과목과의 대비를 통한 부분적 분석으로 치우칠 가능성이 있다. 이러한 문제점을 해결하기 위하여 재무제표를 전체적으로 분석하고 경쟁회사와의 비교를 통하여 장·단점을 파악한다면 보다 유용한 비율분석의 보완이 된다. 이러한 보완방법으로 공통형 재무제표와 지수형 재무제표를 주로 사용한다.

3.1 공통형 재무제표

계정과목의 금액이 어느 정도 큰 금액인가를 놓고 기업을 평가한다는 것은 모순이다. 예를 들어 순이익이 A기업은 10억 B기업은 20억 이라 하자. 그러나 A기업은 자산이 50억이고 B기업은 자산이 200억이라면 A기업이 B기업보다 효율적 경영을 하였다고 할 수 있다. 이러한 차원에서 기업규모를 고려하여 기업을 평가하여야 바른 평가가 되는 것이다.

이러한 문제점을 해결하고 기업 간의 비교를 가능하게 하기 위하여 **공통형 재무제표**(common-size financial statements)가 사용된다. 공통형 재무제표는 특정 년도를 기준으로 다음의 개념에 입각한다.

> 재무상태표의 자산합계(차변 또는 대변 합계) → 100%
> 손익계산서의 매출액 → 100%

[표 4-10]과 [표 4-11]은 3장에서 비교한 전자회사의 재무제표를 공통형으로 구성하였다.

[표 4-10] 주요 전자회사의 연결재무상태표 비교

(2024년 말 기준, 단위 : 백만원)

계정과목 \ 회사		삼성전자㈜		LG전자㈜	
		금액	%	금액	%
유동자산		227,062,266	44.13	33,923,517	51.69
	매출채권	43,623,073	8.48	10,536,614	16.05
	재고자산	51,754,865	10.06	10,729,360	16.35
비유동자산		287,469,682	55.87	31,706,072	48.31
	투자자산 등	57,785,907	11.23	11,112,113	16.93
	유형자산	205,945,209	40.03	17,075,231	26.02
	무형자산	23,738,566	4.61	3,518,728	5.36
자산총계		514,531,948	100	65,629,589	100
유동부채		93,326,299	18.14	27,307,439	41.61
비유동부채		19,013,579	3.70	13,110,486	19.98
부채총계		112,339,878	21.90	40,417,925	61.58
자본총계		402,192,070	78.17	25,211,664	38.42
	자본금	897,514	0.17	904,169	1.38
	잉여금 및 조정	401,294,556	77.99	24,307,495	37.04
부채와 자본 합계		514,531,948	100	65,629,589	100

[표 4-10]은 각 회사의 규모와 관계없이 **자산(또는 부채와 자본총계)총계**를 100으로 설정하고 각 계정과목의 비중을 백분비로 환산하였다. 이렇게 하면 각 기업마다, 자산규모를 기준으로 어느 정도의 계정과목을 형성하고 있는지 비교할 수 있다. 특히 타 기업과의 비교를 통하여 과대한 계정과목과 과소한 계정과목을 파악하여 벤치마킹(bench-marking)을 하기 위한 전략을 수립할 수 있다.

삼성전자㈜는 유동자산이 비유동자산보다 크지만, LG전자㈜는 유동자산보다 비유동자산의 비중이 크다. LG전자㈜는 삼성전자㈜보다 유동자산의 비중이 낮고, 매출채권의 비중이 상대적으로 많은 것은 유동성의 확보에서 불리할 수 있다. 또한 비유동자산 중 삼성전자㈜와 LG전자㈜ 모두 제조업이기 때문에 유형자산의 비중이 높고, 삼성전자㈜가 유형자산의 비중이 높은 것은 영업목적의 유형자산에 보다 집중하고 있음을 의미한다.

부채와 자본의 경우 삼성전자㈜는 자본의 비중이 높은 반면, LG전자㈜는 부채의 비중이 더 높게 형성되어 있다. 두 회사 모두 부채의 비중은 유동부채의 비중이 비유동부채보다 높지만, LG전자㈜의 경우 유동부채의 비중이 더 높게 형성되어 있어 부담이 된다. 자본의 경우 자본금은 삼성전자㈜가 0.17%로 매우 낮은 비중이지만, 잉여금이 77.99%로 월등하게 높은 비중을 나타내고 있다. 전체적으로 삼성전자㈜의 높은 당좌자산과 잉여금의 비중이 상대적으로 LG전자㈜의 구성비율보다 양호한 행태를 나타내고 있다.

[표 4－11] 주요 전자회사의 연결손익계산서 비교

(2024년 기준, 단위 : 백만원)

회사 / 계정과목		삼성전자㈜		LG전자㈜	
		금액	%	금액	%
매출액		300,870,903	100	87,728,182	100
매출원가		186,562,268	62.01	66,348,948	75.63
매출총이익		114,308,635	37.99	21,379,234	24.37
	판매비와 관리비	81,582,674	27.45	17,959,559	20.47
영업이익		32,725,961	10.88	3,419,675	3.90
	이자비용	903,918	0.30	571,340	0.65
법인세비용차감전 순손익		37,529,734	12.47	1,335,795	1.52
법인세 등		3,078,383	1.02	462,520	0.53
당기순이익		34,451,351	11.45	873,275	1.00

[표 4－11]은 **매출액**을 100%로 설정하고 손익계산서의 각 계정과목을 비교하고 있다. 이렇게 하면 손익계산서에 속한 계정과목의 비중을 파악할 수 있고, 경쟁기업간의 비교를 통하여 원가의 우열을 파악할 수 있다.

매출액 대비 매출원가의 비중이 삼성전자㈜가 LG전자㈜에 비하여 13.62%가 낮아 제조원가 절감에 의한 매출원가의 감소로 상당한 경쟁력을 확보하고 있음을 나타낸다. 따라서 매출총이익률이 월등히 높게 형성되고 있다. 판매비와관리비의 비중은 삼성전자㈜가 높지만 영업이익의 비중이 삼성전자㈜가 LG전자㈜의 2.79배 정도를 형성하고 있다. 이는 매출원가율을 낮게 형성할 수 있는 경쟁력의 결과이다.

삼성전자㈜의 경우 영업이익의 비중보다 세전이익의 비중이 더 큰 것은 영업외항목의 수익성 증가에 기인한다. 그러나 LG전자㈜의 경우 영업이익에서 세전이익으로 전환되면서 영업외항목의 손실이 반영되기 때문이다.

3.2 지수형 재무제표

공통형 재무제표가 재무상태표의 자산합계를 100%, 손익계산서의 매출액을 100%로 설정하는 공통척도에 의하여 기업 간의 비교가 가능하지만, 특정기업의 시간변화에 따른 재무상태의 변화추세를 파악하는 것은 불가능하다. 이러한 점을 해결하기 위한 것이 **지수형 재무제표**(index financial statement)이다.

지수형 재무제표는 일종의 **추세분석**(trend analysis)이다. 즉 일정시점의 계정금액을 100으로 놓고, 차 년도의 계정과목 금액비중을 나타내는 것이다. 마치 물가수준을 나타내는 물가지수나 주식가격의 변화를 나타내는 주가지수와 같은 개념이다. 이렇게 함으로써 특정 년도 대비 지수의 파악이 가능하며, 기업이 어떠한 변화과정을 보이는지 파악할 수 있다.

[표 4－12]는 삼성전자㈜의 재무제표 중 2022년의 계정과목 금액을 100으로 설정하고 변화율을 나타낸 것이다.

[표 4－12] 지수형 재무상태표

연도 / 계정과목	2022년		2023년		2024년	
	금액 (백만원)	지수 (%)	금액 (백만원)	지수 (%)	금액 (백만원)	지수 (%)
자산총계	448,424,507	100	455,905,980	101.67	514,531,948	114.74
유동자산	218,470,581		195,936,557	89.69	227,062,266	103.93
매출채권	35,721,563		36,647,393	102.59	43,623,073	122.12
재고자산	82,187,866		51,625,874	62.81	51,754,865	62.97
비유동자산	229,953,926		259,969,423	113.05	287,469,682	125.91
투자자산 등	41,690,784		49,971,299	119.86	57,785,907	138.61
유형자산	168,045,388		187,256,262	111.43	205,945,209	122.55
무형자산	20,217,754		22,741,862	112.48	23,738,566	117.41
부채총계	93,674,903		92,228,115	98.46	112,339,878	119.93
유동부채	78,344,851		75,719,452	96.65	93,326,299	119.12
비유동부채	15,330,051		16,508,663	107.69	19,013,878	124.03
자본총계	354,749,604		363,677,865	102.52	402,192,070	113.37
자본금	897,514		897,517	100.00	897,517	100.00
잉여금 등	353,852,090		362,780,348	102.52	401,294,556	113.41

[표 4－12]에 의하면, 삼성전자는 전반적으로 기업의 규모가 증가추세에 있다. 특히 지속적으로 자산규모가 증가하고 있다. 유동자산에 비하여 비유동자산의 증가율이 보다 크고, 재고자산의 증가율이 매우 낮아졌다. 또한 유동부채의 증가율이 유동자산의 증가율보다 높게 나타나 단기채무에 대한 지급능력이 하락하고 있다. 특히 총부채 규모 대비 비유동부채 규모가 증가했다.

기업의 규모가 증가함에 따라 설비투자로 인한 유형자산의 증가는 자연스러운 상황이다. 자본잉여금과 이익잉여금이 크게 성장하여 자본규모를 증대시키고 있는 것은, 상대적으로 부채의 증가율을 떨어뜨리고 자본의 증가율을 증가시켜 재무구조의 안정화를 추구하고 있다. 특히 잉여금 중 기업합리화적립금, 기술개발적립금, 시설적립금의 증가율이 높은 것은 장기적으로 바람직한 현상이다.

[표 4－13] 지수형 손익계산서

계정과목 \ 연도	2022년 금액(백만원)	2022년 지수(%)	2023년 금액(백만원)	2023년 지수(%)	2024년 금액(백만원)	2024년 지수(%)
매출액	302,231,360	100.0	258,935,494	85.67	300,870,903	99.55
매출원가	190,041,770	100.0	180,388,580	94.92	186,562,268	98.17
매출총이익	112,189,590	100.0	78,546,914	70.01	114,308,635	101.89
영업이익	43,376,630	100.0	6,566,976	15.14	32,725,961	75.45
세전이익	46,440,474	100.0	11,006,265	23.70	37,529,734	80.81
당기순이익	55,654,077	100.0	15,487,100	27.83	34,451,351	61.90

[표 4－13]에 의하면 전체적으로 2023년에 손익규모가 크게 감소했다가, 2024년에 다시 회복한 상황이다.

매출액의 증가율보다 매출원가의 증가율이 높아지는 것은 결과적으로 매출총이익을 감소시켜 수익성을 악화시키게 된다. 전체적으로 수익성이 낮아지는 추세를 확인할 수 있다.

제04절 지수법에 의한 기업의 평가

4.1 지수법의 유용성

개별적 재무비율은 기업을 종합적으로 평가하고, 기업 간의 비교를 객관적으로 계수화 하는데 한계가 있다. 따라서 여러 개의 비율을 선정하고 각 비율의 점수를 통합 산정할 필요성이 있다. 그러나 각 비율별로 평가의 주체에 따라 중요성이 다를 수 있기 때문에 가중치를 부여하여 점수를 산정하여야 종합적 평가가 가능하다. 이러한 차원에서 개발된 방법이 **지수법**(index method)이다. 지수법은 [표 4-14]에 의한 순서에 의하여 기업의 종합점수를 산출하는 것으로 각 재무비율에 대한 중요도에 따라 가중치를 부여한다는 점에 초점이 있다.

지수법은 신용평가기관 및 금융기관에서 빈번히 이용하는 기업평가방법이다. 특히 중소기업의 정책자금 지원을 결정할 경우에도 지수법에 의한 방법으로 기업의 서열화를 실시하고 있다. 지수법의 순서는 [표 4-14]와 같다.

[표 4-14] 지수법의 순서

1. 중요 재무비율의 선정
2. 각 비율별 가중치 부여. 단 가중치의 합은 100
3. 관계비율의 산정
   분석대상 기업의 비율 / 산업평균비율
4. 중요 비율별 평점의 산정
   관계비율 × 가중치
5. 종합점수의 산정

[표 4-14]와 같은 방법은 1919년 A. Wall에 의하여 세안되었는 바, 주요 주창사들의 중요비율과 가중치는 [표 4-15]와 같다. F. F. Burichett는 분석자와 분석목적에 따라 중요비율의 선정과 가중치가 다르다고 주장하고 [표 4-16]과 같이 분류하였다.

[표 4-15] 중요재무비율(A. Wall)

중요재무비율	가중치	
	Wall	Trant
유 동 비 율	25	15
고 정 비 율	25	10
부 채 비 율	15	10
매출채권회전율	10	10
재고자산회전율	10	20
비유동자산회전율	10	20
자기자본회전율	5	-
매입채무회전율	-	15
합 계	100	100

* 고정비율=고정자산/자기자본

[표 4-16] 중요재무비율(F. F. Burichett)

중요재무비율	가중치	
	금융기관	사채권자
유 동 비 율	20	3
당좌자산/유동자산	20	3
매출채권/재고자산	5	3
부 채 비 율	5	20
재고자산회전율	10	4
매출채권회전율	25	4
총자산회전율	5	20
이자보상비율	2	30
매출액순이익률	5	8
총자산순이익률	3	5
합 계	100	100

4.2 지수법의 사례

삼성전자㈜의 중요 재무비율을 [표 4-17]에서 설정된 가중치에 의하여 산출하여 보면 [표 4-17]과 같다. 지수법을 산출할 때 부채비율과 비유동장기적합률은 주의하여야 한다. 왜냐하면 다른 비율은 높을수록 양호하지만 부채비율과 비유동장기적합률은 낮을수록 좋기 때문이다. 예를 들면 삼성전자의 부채비율은 27.93%로 산업평균비율 45.04%에 비하여 낮다. 또한 비유동장기적합률도 삼성전자는 68.25%로 산업평균비율 89.63%보다 낮다. 그러나 부채비율과 비유동장기적합률은 낮을수록 양호한 것이기 때문에 다른 비율과 반대로 계상하여야 한다. 즉 관계비율을 삼성전자/산업표준비율로 산출하면 관계비율이 1이하로 나타나 불량하게 된다. 따라서 반대로 산업평균비율/삼성전자로 산출하여야 한다.

이자보상비율과 영업이익률은 삼성전자가 (+)이고 산업평균비율이 (−)이기 때문에 관계비율을 삼성전자㈜ 산업평균비율로 하면 (−)로 산출된다. 따라서 이자보상비율의 산업평균비율 −442.16을 +1.0을 만들려면 443.16을 더해야 하고, 삼성전자㈜도 동일하게 443.16을 더하면 4,063.62가 된다. 따라서 관계비율은 4,063.62로 계산된다. (영업이익률도 동일)

이렇게 산출된 관계비율에 가중치를 부여하면 각 재무비율별 점수가 산출된다. 따라서 관계비율이 1보다 크면 가중치보다 높은 점수가 산정되고, 관계비율이 1보다 낮으면 가중치보다 낮은 점수가 산정된다. 가중치 점수의 합계는 100이 되어 100 이상이면 산업표준보다는 양호하다는 해석이 가능하고, 각 기업별 점수를 비교하여 서열화가 가능하다.

[표 4−17] 지수법에 의한 점수의 산정

항목 / 재무비율	삼성전자 (A)	산업평균비율 (B)	관계비율 (C=A/B)	가중치	점수
유동비율	243.30	145.90	1.67	10	16.7
부채비율	27.93	45.04	1.93	15	28.95
이자보상비율	3,620.46	−442.16	4,063.62	10	40,636.20
비유동장기적합률	68.25	89.63	1.31	10	13.1
총자산순이익률	6.70	5.48	1.22	20	24.40
영업이익률	10.88	−4.03	15.91	15	238.65
매출채권회전율	6.90	7.01	0.98	10	9.8
재고자산회전율	5.81	6.44	0.90	10	9.0
평점	−	−	−	100	40,976.80

삼성전자㈜는 가중치 100보다 40.98배 정도 높기 때문에 매우 양호한 기업으로서, 대부분의 재무비율에서 양호함을 보이고 있다. 특히 이자보상비율과 총자산순이익률에서 매우 높은 비율을 보일뿐 아니라, 이자보상비율과 영업이익률의 가중치가 가장 높으나, 삼성전자㈜는 재무비율이 (+)이고 산업평균비율은 (−)로 극명한 차이가 발생한다.

일반적으로 금융기관에서 대출을 결정할 때, 신용평가방법도 지수법의 방식을 따르고 있다. 그러나 지수법의 적용에는 다음과 같은 한계점을 고려하여야 한다.

첫째, 비율의 선정이 분석자의 주관에 의하여 결정된다. 최근에는 이러한 문제점을 해결하기 위하여 설문조사의 통계적 방법을 통하여 보다 객관적인 비율의 선정을 도모한다.

둘째, 가중치의 산정에 주관성이 개재될 수 있다. 따라서 비율의 선정에서와 마찬가지로 객관적 방법에 의한 가중치의 산정이 이루어져야 한다.

셋째, 산업표준비율과의 비교가 의미 없는 정보가 될 수 있다. 오히려 산업표준비율보다 초우량기업 또는 경쟁기업과의 비교를 통하여 유용한 정보를 획득할 수 있다.

넷째, 재무비율 상호간에 상관관계가 형성될 수 있다. 즉 특정비율이 양호하면 특정비율은 불량하게 되는 경우가 발생한다. 이러한 경우에는 선정된 재무비율 간의 독립성이 유지되지 못한다. 예를 들면 재고자산의 증가는 재고자산회전율을 떨어뜨리지만, 유동비율을 증가시키게 된다.

CHAPTER 04 연습문제

01 다음 자료에 의하여 ㈜유한양행과 ㈜동아쏘시오홀딩스의 재무비율에 의한 비교·평가를 하시오.

재무상태표(2024년)

(단위 : 억원)

계정과목 \ 회사		㈜유한양행	㈜동아쏘시오홀딩스
유동자산		13,602.6	4,491.7
	매출채권	6,261.2	1,270.3
	재고자산	3,431.6	1,835.6
비유동자산		15,558.5	15,813.1
	투자자산 등	6,695.5	7,921.9
	유형자산	5,981.5	6,496.0
	무형자산	2,908.5	1,395.2
자산총계		29,420.5	20,304.8
유동부채		6,191.4	7,032.8
비유동부채		1,722.4	2,632.6
부채총계		7,913.8	9,665.5
자　본		21,506.7	10,639.4
	자본금	813.9	317.4
	잉여금 및 조정	20,692.8	10,322.0
부채와 자본 총계		29,420.5	20,304.8
2023년도 자산총계		28,123.1	19,571.1
2023년도 자본총계		21,006.6	10,273.1

손익계산서(2024년)

(단위 : 억원)

계정과목 \ 회사	㈜유한양행	㈜동아쏘시오홀딩스
매출액	20,677.9	13,323.3
매출원가	13,784.1	9,251.6

계정과목 \ 회사		㈜유한양행	㈜동아쏘시오홀딩스
매출총이익		6,893.9	4,080.7
	판매비와 관리비	6,345.1	3,259.7
영업이익		548.8	820.9
	이자비용	147.3	350.5
법인세비용차감전 순손익		614.3	763.4
법인세 비용		62.7	187.7
당기순이익		551.6	575.7
2023년도 매출액		18,589.8	11,320.0
주가(원)		119,500	109,800
유통발행주식수		79,968,437	6,536,434
배당금		321.5	118.8

재무비율 \ 회사		㈜유한양행	㈜동아쏘시오홀딩스
유동성(%)	유동비율		
	당좌비율		
안정성(%)	부채비율		
	이자보상비율		
	비유동장기적합률		
수익성(%)	총자산순이익률		
	자기자본순이익률		
	영업이익률		
	세전이익률		
	당기순이익률		
	주당순이익(원)		
활동성(회)	총자산회전율		
	재고자산회전율		
	매출채권회전율		
성장성(%)	총자산증가율		
	매출액증가율		
	자기자본증가율		
시장가치성(배)	주가수익비율		
	주가순자산비율		
	유보율		

02 다음 자료에 의하여 ㈜신세계백화점과 ㈜현대백화점의 공통형 재무제표를 작성하고 재무비율에 의한 비교·평가를 하시오.

재무상태표(2024년)

(단위 : 억원)

계정과목 \ 회사		㈜신세계백화점		㈜현대백화점	
		금액	비율(%)	금액	비율(%)
유동자산		23,426.6		30,461.9	
	매출채권	5,966.4		11,127.9	
	재고자산	9,790.8		6,167.8	
비유동자산		127,291.1		81,715.5	
	투자자산 등	43,596.1		11,603.4	
	유형자산	77,954.4		57,896.1	
	무형자산	5,740.6		12,216.0	
자산총계		150,717.7		112,177.2	
유동부채		49,473.7		32,879.8	
비유동부채		37,497.1		16,953.0	
부채총계		86,970.8		49,832.8	
자 본		63,747.0		62,344.4	
	자본금	492.3		1,170.1	
	잉여금 및 조정	63,254.7		61,174.3	
부채와 자본 총계		150,717.7		112.177.2	
2023년도 자산총계		147,519.8		117,125.9	
2023년도 자본총계		63,399.9		62,791.3	

손익계산서(2024년)

(단위 : 억원)

계정과목 \ 회사	㈜신세계백화점		㈜현대백화점	
	금액	비율(%)	금액	비율(%)
매출액	65,704.1		41,876.1	
매출원가	25,177.0		17,222.0	
매출총이익	40,527.2		24,654.1	

계정과목 \ 회사		㈜신세계백화점		㈜현대백화점	
		금액	비율(%)	금액	비율(%)
	판매비와 관리비	35,756.9		21,813.7	
영업이익		4,770.2		2,840.4	
	이자비용	1,958.6		1,022	
법인세비용차감전 순손익		1,946.0		61.0	
법인세 비용 등		79.9		−68.5	
당기순손익		1,866.1		−7.5	
2023년도 매출액		63,570.9		42,074.5	
주가(원)		133,300		47,250	
유통발행주식수		9,645,181		22,628,813	
배당금		821.1		378.2	

재무비율 \ 회계연도		2024년	
		㈜신세계백화점	㈜현대백화점
유동성(%)	유동비율		
	당좌비율		
안정성(%)	부채비율		
	비유동장기적합률		
수익성(%)	총자산순이익률		
	자기자본순이익률		
	매출액영업이익률		
	매출액세전이익률		
	매출액당기순이익률		
활동성(회)	총자산회전율		
	재고자산회전율		
	매출채권회전율		
성장성(%)	총자산증가율		
	매출액증가율		
	자기자본증가율		
시장가치비율	주가수익비율		
	주가순자산비율		
	유보율		

03 다음 자료에 의하여 ㈜롯데칠성음료의 2023년과 2024년 지수형 재무제표를 작성하고 평가하시오.

(단위 : 억원)

계정 \ 연도	㈜롯데칠성음료					
	2022년	%	2023년	%	2024년	%
유동자산	10,199.9		11,495.8		11,725.3	
−매출채권	2,392.8		3,316.6		3,064.4	
−재고자산	4,842.3		4,842.3		5,348.0	
비유동자산	26,759.4		31,080.9		32,472.1	
−투자자산 등	5,001.6		5,787.0		5,463.1	
−유형자산	20,777.9		24,390.2		26,028.1	
−무형자산	979.9		903.7		980.9	
자산총계	36,959.4	100.0	42,576.7		43,725.3	
부　　채	22,837.7		27,208.3		27,941.3	
−유동부채	11,546.2		12,649.2		14,663.3	
−비유동부채	11,291.5		14,559.1		13,278.0	
자　　본	14,121.7		15,368.4		15,784.0	
−자본금	50.3		50.3		50.3	
−잉여금 등	14,071.4		15,318.1		15,733.7	

지수형 손익계산서

계정과목 \ 연도	2022년		2023년		2024년	
	금액 (억원)	지수 (%)	금액 (억원)	지수 (%)	금액 (억원)	지수 (%)
매출액	28,417.5		32,246.8		40,245.0	
매출원가	16,937.8		19,893.5		26,402.5	
매출총이익	11,479.7	100.0	12,353.3		13,842.5	
영업이익	2,228.6		2,106.7		1,849.3	
세전이익	964.5		2,073.6		964.5	
당기순이익	1,310.9		1,665.1		600.1	

04 다음 자료에 의하여 지수법으로 2024년의 ㈜한국콜마와 ㈜아모레퍼시픽의 재무상태를 분석하시오. 산업평균비율(2024년 기업경영분석, 한국은행 자료 참조)에 의한 지수법의 평점을 산정하여 비교하시오.

재무비율 \ 항목	회사명		산업 표준 비율	관계비율		가중치	점수	
	㈜한국 콜마	㈜아모레 퍼시픽		㈜한국 콜마	㈜아모레 퍼시픽		㈜한국 콜마	㈜아모레 퍼시픽
유동비율	70.67	158.33				10		
부채비율	107.65	27.37				10		
이자보상비율	417.00	782.00				10		
당기순이익률	5.11	15.49				10		
영업이익률	7.91	5.68				10		
총자산회전율(회)	0.80	0.61				15		
매출채권회전률(회)	8.14	11.44				10		
총자산증가율	3.90	15.24				10		
매출액증가율	13.75	5.75				15		
평 점	–	–	–	–	–	100		

메모

PaRt 02

경영분석의 확장

단원구성

C/H/A/P/T/E/R

05

재무제표의 한계와 질적 분석

재무제표에 의한 기업의 분석은 기업회계기준이라는 일반적으로 인정된 회계원칙에 기초하고 있다. 그러나 기업회계기준에 의한 재무제표는 문제점이 없을까?

회계처리의 목적이 궁극적으로 의사결정에 유용한 정보를 제공하는 것이라 할 때, 현행 기업회계기준을 다시 검토해 볼 필요가 있다. 왜냐하면 재무제표에 나타난 수치가 기업의 실태를 정확히 반영하지 못할 가능성이 있기 때문이다.

본 장에서는 기존의 기업회계기준에 의한 회계처리의 문제점과 현행 회계관행에 대하여 살펴보고, 선진국에서 사용하는 회계시스템과 비교하여 보다 개선된 재무제표 분석방안을 학습한다.

주요용어 : 다양한 회계처리, 물가변동, 희박화 현상, 재무제표의 분식, 일반물가수준회계, 현행원가, 가속상각법, 다각화기업

제01절 재무제표의 한계

재무비율에 의한 기업의 분석은 기존의 기업회계기준이라는 범주에서 회계처리 된 재무제표에 의하여 산출된다. 따라서 현행 기업회계기준이 한계점을 내포하고 있다면, 재무제표 그 자체도 한계점을 내포할 수밖에 없다. 일반적으로 현행 기업회계기준으로의 회계처리에는 다음과 같은 문제점이 지적된다.

1.1 추정의 개입

재무제표는 발생된 거래를 요약한 재무자료이지만, 실제로는 회계처리자의 **추정**(estimation)이 상당히 개입되고 있기 때문에 오류의 가능성이 있다. 즉 추정이 잘 못되면 재무제표 전반에 걸쳐 왜곡이 나타날 수 있기 때문이다. 재무제표에서 추정이 발생하는 경우는 다음과 같은 예를 찾을 수 있다.

- 대손예상액과 상각률
- 감가상각시 내용연수와 잔존가치
- 무형자산의 산정과 내용연수의 추정
- 재고자산의 평가손실 산정
- 사채할인발행차금의 할인률

1.2 비재무적 자료의 누락

재무제표는 계량화가 곤란하지만 매우 유용한 정보가 누락되어 있다. 예를 들면 인적자원에 관한 정보, 신제품 개발, 시장점유율, 중요 투자계획, 회사의 기술수준, 경영자의 능력 등이 있다. 이러한 **비 계량화 정보**(soft information)는 **완전공시의 원칙**이라는 차원에서는 문제가 될 수 있다. 그러나 다음과 같은 이유에서 비 계량화 정보를 회피하는 것이 일반적이다.

- 주관적인 성격이므로 객관적 검증 곤란
- 공시 될 경우 경쟁기업에 유리
- 경영자 및 외부감사인 등의 관련자에게 법적 책임이 부과될 가능성

1.3 다양한 회계처리 방법

미국공인회계사회의 재무회계기준심의회보고서(FASB statement No.2)가 주장하는 바와 같이 회계정보는 기업간 또는 동일 기업이라 할지라도 기간별로 **비교가능성**이 있어야 유용한 의사결정이 가능하다. 기업회계기준에서 2개 년도의 재무자료를 공시하게 하는 것도 같은 맥락이다. 그러나 회계처리는 하나의 회계처리 방법을 선택하면 계속해서 사용하는 **일관성**(consistency)이 있어야 비교가능성이 있으며, 기업 간에도 회계처리의 **통일성**(uniformity)이 있어야 재무자료의 비교가 가능하다. 기업회계기준에서도 한 번 설정된 회계처리 방법은 보다 정확하거나 합리적인 사유가 없는 한 변경이 불가능하도록 하고 있지만, 각 기업들이 처음부터 다른 회계처리 방법을 사용한다면 비교가능성이 저하된다.

다음의 예에서와 어떠한 회계처리 방법을 사용하는가에 따라 기업의 성과가 달리 평가되고, 기업 간의 비교를 불가능하게 하는 요인이 된다.

- 할부판매의 인도기준과 회수기준
- 감가상각의 정액법과 가속상각법 등
- 유가증권의 총평균법과 이동평균법
- 기말재고자산의 개별법, 총평균법, 이동평균법, 선입선출법, 후입선출법, 매출가격환원법 등
- 연구개발비의 당기비용처리와 자산으로의 처리
- 리스회계의 금융리스와 자본리스
- 합병시 지분법과 매입법
- 자본적 지출과 수익적지출

1.4 물가변동의 미 반영

물가가 상승할 경우 **역사적 원가**(historical cost)에 의한 재무제표는 기업의 경제적 실태를 정확하게 반영하지 못한다. 즉 다음과 같은 문제점이 있다.

첫째, 물가가 상승하는 경우 재무상태표의 자산 및 소유자 지분이 시장가치에 비하여 낮게 계상된다. 즉 비 화폐성 자산은 낮은 취득원가로 평가되는 형태가 된다.

둘째, 손익계산서의 경우 물가상승에 의한 **가공이익**이 형성된다. 즉 제조원가의 구입당시 물가보다 완제품의 판매당시 물가가 상승하였다면 물가상승에 의한 가공이익이 발생한다.

셋째, 물가상승 시 현금이나 매출채권과 같은 화폐성자산은 **구매력 손실**이 발생하고 매입채무, 사채 등의 화폐성 부채는 **구매력 이익**이 발생한다. 또한 토지 등과 같은 비 화폐성 자산은 **보유이익**이 발생하게 된다.

이러한 현상은 경제적 이익과 회계적 이익에 차이가 발생하기 때문이다. **회계적 이익**은 다소 문제가 있더라도 회계적 관습을 중시하고, 발생한 수익과 비용의 대응을 통하여 이익을 산출한다. 그러나 **경제적이익**은 기초와 기말 사이의 경제적 **부**(wealth)의 개념 차이를 이익으로 산정한다. 즉 기초의 유족한 상태를 그대로 유지하면서 기말에 분배 가능한 현금흐름을 이익으로 정의한다. 따라서 화폐의 시간적 가치를 고려하고 현행 시장가치를 중시한다. 경제적 부의 개념이 논리적으로 타당하나, 회계적 이익 개념이 사용되는 이유는 실무에서의 사용가능성이라는 차원에서 회계적 이익 산출이 보다 용이하기 때문이다.

1.5 다각화 기업

최근에 기업들은 위험의 분산 개념에서 서로 다른 이종의 제품을 다양하게 생산하는 포트폴리오 효과를 도모하는 추세이다. **다각화 기업**(diversified company)은 각 부문별로 성격이 다르기 때문에 부문을 통합한 재무제표를 산출한다 하여도, 비교 가능한 산업평균비율이 존재하지 않는다.

다각화된 기업을 산업평균비율과 비교하려면 각 부문별로 재무제표가 산출되어야 한다. 그렇게 하여야 기업 내의 부문별 성과분석이나 기업 간 비교분석이 가능하다. 그러나 다각화된 기업에서 각 부문별로 재무제표를 산출하려면 기업이 공통으로 사용하는 **공통비**를 각 사업부문에 어떻게 배분하여야 할 것인가의 문제가 발생한다. 예를 들면 광고비의 지출을 각 사업부문이 어떻게 부담할 것인가의 문제가 발생할 수 있다. 따라서 선택되는 공통비 배분의 방법에 따라 각 부문의 각 재무비율에 차이가 발생한다는 한계가 있다.

제02절 회계처리 방법의 다양성

현행 기업회계기준에서 인정하는 다양한 회계처리 방법은 회계처리자의 선택에 의하여 기간별 이익을 달리하게 된다. 이익을 달리하게 되면 기업 이해관계자의 의사결정을 오도할 가능성이 있다. 실제로 회계처리 방법의 다양성에 대한 실례를 살펴보자.

2.1 회계처리 방법의 다양성과 이익변화

기업에서 사용하는 회계처리는 기업회계기준 등 일반적으로 인정된 회계원칙에 준거하고 있지만, 이러한 규정들은 동일한 항목에 대하여 회계처리 방법을 선택할 수 있는 여지를 제공하고 있다. 따라서 서로 다른 회계처리를 하고 있는 기업은 동일한 현상에 대하여도 기업마다 다른 이익이 산정될 수 있다. 그것은 비교의 필요가 있는 기업이 서로 다른 회계처리 방법을 사용한다면 비교의 의미가 없다는 것을 의미한다. [표 5－1]에서 다양한 회계처리에 의한 이익의 변화 예를 살펴보자.

[표 5－1] 손익계산의 비교

계정과목 \ 기업	A 기업		B 기업	
매출액(1)	1,000	할부의 회수기준	1,500 ↑	할부의 인도기준
매출원가	750		700	
기초재고액	200		200	
당기매입액	700		700	
기말재고액(2)	150	후입선출법	200 ↑	선입선출법

계정과목 \ 기업	A 기업		B 기업	
매출총이익	250		800	
판매비와 관리비				
판매비	50		50	
감가상각비	30 ↑	가속상각법	20	정액법
경상연구비(3)	30 ↑	비용처리	–	무형자산 처리
영업이익	140		730	
영업외 비용	50		50	
연구개발비상각			6 ↑	무형자산 상각
세전이익	90		674	
법인세(30%)	27		202	
당기순이익	63		472	

2.1.1 할부판매의 회계처리

A기업은 할부판매액을 회수할 때 수익을 인식하는 회수기준을 사용하고 있다. 반면에 B기업은 할부판매 시 상품이 인도되면 즉시 수익을 인식하는 인도기준을 사용하고 있다. 따라서 회수기준은 인도기준에 비하여 매출인식이 늦어지는 현상을 나타내고 있어 인도 시에는 B기업의 매출이 크게 형성된다.

2.1.2 기말재고액의 평가

A기업은 후입선출법을 사용하고 있고, B기업은 선입선출법을 사용하고 있어 물가가 상승하고 있는 시기에는 선입선출법이 재고자산을 크게 산정한다(제3절에서 자세히 설명함). 이러한 재고자산의 확대는 재무상태표의 재고자산을 증가시켜 이익을 크게 한다. 따라서 선입선출법을 사용하는 B기업의 재고자산이 크게 나타나고, 결과적으로 매출원가를 작게 하여 매출총이익을 증가시킨다.

2.1.3 감가상각방법

A기업은 정률법이나 연수합계법과 같은 가속상각법을 사용하고 있다. 반면에 B기업은 매년 일정한 금액의 감가상각이 이루어지는 정액법을 채택하고 있다. 가속상각

법은 초기에 비용화가 크게 된다. 따라서 A기업은 초기에 비용이 크게 산정되어 이익을 축소시킨다.

2.1.4 연구비의 처리

A기업은 연구개발비를 경상연구개발비로 당년도에 모두 비용으로 처리한다. 반면에 B기업은 연구개발비라는 무형자산으로 처리하였다가 5년간 상각하는 방법을 채택하였다. 따라서 당년도에 모두 비용으로 처리하는 A기업은 이익이 축소된다.

현행 일반기업회계기준(제11장)은 무형자산인 연구개발비의 요건을 강화하고 있다. 즉 ① 제품 등이 명확히 정의되고 개발과 관련된 비용을 개별적으로 식별하여 측정가능한 경우, ② 제품 등의 생산이 기술적으로 실현 가능하다는 것을 입증할 수 있는 경우, ③ 제품을 생산하여 판매할 의도가 있는 경우, ④ 당해 제품의 시장이 존재하거나, 사용할 경우 유용성이 입증된 경우, ⑤ 개발, 생산, 판매에 필요한 기술 및 금전적 자원을 충분히 확보하고 있다는 입증이 가능한 경우에만 무형자산으로 계상하고 20년 이내에 합리적인 기간에 상각하도록 하고 있다.

전체적으로 위와 같은 현상은 해당 자산이나 수익 및 비용의 효력이 모두 소멸하는 시점에서는 두 기업 모두 손익이 동일하다. 단, 수익이나 비용을 보다 일찍 인식하는가 늦게 인식하는가의 차이이다. 따라서 장기적 관점에서는 두 기업에 이익의 차이가 나지 않는다. 단지 손익의 기간이전 효과가 나타나는 것이다. 그러나 이러한 손익의 기간 이전효과가 의사결정을 오도할 가능성이 있다는 것이 문제이다.

이러한 회계처리의 다양성은 국제간의 재무비율 비교에도 한계점을 발생시킬 수 있다. 그것은 국가별로 회계처리의 관습이나 문화의 차이가 있고, 각 정부가 추구하는 정책에 의하여 회계처리가 영향을 받기 때문이다. 최근 국제회계기준(IFRS)의 도입은 국제간의 회계처리에 통일을 기하여 비교가능성을 제고하기 위한 목적이다. 우리나라도 한국채택국제회계기준(K-IFRS)을 제정하여 회계처리의 국제적 통일을 도모하고 있다.

2.2 회계처리의 다양성과 자본시장의 효율성

실제로 회계처리 방법을 변경하여 기업의 이익이 변화하면, 그에 상응하여 투자자의 반응이 어떻게 나타나는가의 문제가 있다. 투자자는 자본시장에 참여하여 일정한 주식가격을 제시하고, 제시한 가격의 수요자가 나타나면 주식의 거래는 이루어진다.

주식이 거래되는 자본시장이 효율적으로 운용되고 있다면, 투자자는 회계처리 변경에 의한 이익의 변화를 인지하고, 주가에 영향을 미치려 하지 않는다. 왜냐하면 회계처리 방법의 변경이 기업 자체의 본질적 가치를 변화시키지 않기 때문이다. 따라서 자본시장이 효율적으로 운용되고 있다면, 회계처리 방법 변경에 의한 이익을 세련된 투자자들이 즉각 인지하고 주가변동을 초래하지 않는다.

그러나 자본시장이 효율적으로 운용되지 못하여 투자자들이 회계변경으로 인한 이익변경을 인지하지 못하고, 마치 기업의 본질적 가치가 상승하였다고 판단한다면 민감하게 반응하여 주가변동을 초래한다. 이러한 경우는 비효율적 자본시장의 운용이라 할 수 있다.

투자자가 어떠한 반응을 나타내는가는 자본시장이 얼마나 효율적으로 운용되고 있는가와 상관관계가 있다. 자본시장이 효율적으로 운용되고 있다면 투자자는 회계처리 방법의 차이를 식별하고 크게 반응하지 않는다. 따라서 주가는 별 변동이 없다. 실제로 자본시장이 효율적이라는 연구 뿐 아니라 비효율적이라는 연구 결과도 나타났다. 문제는 회계처리 방법의 변경에 대한 충분한 공시가 부족하다는 것과, 투자자가 회계처리 방법 변경에 대한 정보를 획득하기 위하여 많은 시간과 비용을 소모하여야 한다는 것이다. 이러한 차원에서 가능한 기업은 회계처리 방법에 일관성이 있어야 재무보고상의 **통일성**(uniformity)과 **비교가능성**(comparability) 요건을 갖출 수 있다.

제 03 절 물가수준 변동에 의한 회계자료의 수정

물가가 상승하는 시기에는 물가상승에 의한 가공이익이 나타난다. 왜냐하면 역사적 원가에 의한 회계처리는 '1.4'에서 살펴본 바와 같이 경제실체의 상황을 정확히 반영하지 못한다. 이러한 가공이익을 일시적으로 완화할 수 있는 회계처리 방법이 있다. 예를 들면 재고자산의 평가에 **후입선출법**을 사용하거나, 비유동자산의 감가상각에 **가속상각법**을 사용하는 것이다. 그러나 이러한 방법도 해당 자산의 용역잠재력이 모두 소멸하면 동일한 결과를 초래한다. 따라서 아래와 같은 방법은 일시적으로 이익을 축소시켜 주는 역할을 한다.

3.1 부분적 수정방법

기본적으로 회계는 비용은 조기 인식하고 수익은 완전할 경우 인식하는 **보수주의**(conservatism)를 표방하고 있기 때문에 가공이익에 의한 이익의 증대를 회피한다. 따라서 이익을 낮추기 위한 방법들이 제시되었는 바 이것은 일시적 현상이고, 영원히 이익을 낮추지는 못한다.

3.1.1 후입선출법의 사용

일반적으로 물가가 상승하는 경우 선입선출법을 사용하면 다른 방법에 비하여 이익이 과대 계상된다. 반대로 후입선출은 이익을 낮추는 작용을 한다. 그러나 이것은 일시적인 방법이다.

다음의 상품계정은 상품의 매입단가가 계속해서 상승하고 있음을 나타낸다. 상품의 매입가격이 계속 상승하고 있는 상황이다. 이렇게 상품의 매입가격이 계속 상승하는 경우에, 선입선출법과 후입선출법에 의한 회계처리는 이익의 차이는 [표 5－2]와 같이 차이를 발생시킨다.

상 품

전기이월 10/1 @100 × 100 단위 = ₩10,000	
10/3 @110 × 50 단위 = ₩5,500 10/10 @130 × 100 단위 = ₩13,000 10/18 @150 × 120 단위 = ₩18,000	370 단위
10/24 @180 × 150 단위 = ₩27,000	차기이월 150 단위
₩73,500	₩73,500

[표 5-2] 선입선출법과 후입선출법의 이익차이

항 목 \ 방 법	선입선출법	후입선출법	차이
수 익	111,000	111,000	-
비 용	46,500	58,000	11,500
이 익	64,500	53,000	11,500
기말재고	27,000	15,500	11,500

* 단위당 판매가격 ₩300

[표 5-2]에서 위의 방법에서 후입선출법은 기말 재고자산이 선입선출법보다 ₩11,500 낮게 산정되어 그 만큼의 이익이 낮게 나타났다. 그러나 이렇게 낮게 평가된 재고자산이 차기에 매각되면, 낮은 원가로 인하여 그만큼 이익이 다시 커지기 때문에 동일한 손익효과가 된다. 즉 후입선출법은 일시적으로 이익을 낮출 수 있을지 몰라도 장기적으로 이익을 낮추지는 못한다. 이러한 현상은 기말 재고의 **과대**평가는 매출원가의 과소로 계상되고, 그것은 차기 기초재고의 과대가 되어 차기 매출원가의 과대로 이어지기 때문에 결과적으로 동일한 결과를 나타낸다. 이러한 현상을 **자동조정적 오류**라고 한다. 자동조정적 오류는 기말 재고평가에서의 오류는 차기에 반드시 반대로 상계된다는 것이기 때문에, 기말의 경미한 오류는 크게 문제가 되지 않는다는 해석이 가능하다.

3.1.2 가속상각법의 사용

일반적으로 정률법, 연수합계법 등을 **가속상각법**(accelerated depreciation method)이라고 한다. 가속상가법은 시간이 경과할수록 상각액이 증가하는 의미이어야 하나, 실제로는 시간이 경과할수록 상각액이 감소한다. 즉 자산의 내용연수 중 초기에는 이익을 낮추지만 말기에는 이익을 높이는 작용하기 때문에 장기적으로는 동일한 결과를 초래한다. 전체적으로 사산의 내용연수가 종료하면 손익의 기간 이전효과만을 나타낼 뿐 이익의 변화에 영향을 미치지는 않는다. 따라서 가속상가법은 초기에만 이익의 제어효과가 있을 뿐이고, 시간이 경과할수록 반대현상이 나타난다.

예제 5-1

다음 자료에 의하여 정액법과 연수합계법으로 5년간의 감가상각 비용을 산정하고 비교하시오.

취득원가 ₩2,000,000　　잔존가치 ₩200,000　　내용연수 5년

정액법에 의한 연간 감가상각비

$$\frac{₩2,000,000 - 잔존가치\ ₩200,000}{5년} = ₩360,000$$

[표 5-3] 정액법에 의한 감가상각비

상각년도	감가상각비	감가상각누계액	잔존가치
1	360,000	360,000	1,640,000
2	360,000	720,000	1,280,000
3	360,000	1,080,000	920,000
4	360,000	1,440,000	560,000
5	360,000	1,800,000	200,000

[표 5-4] 연수합계법에 의한 감가상각비

상각년도	상각률	감가상각비	감가상각누계액	잔존가치
1	5/15	600,000	600,000	1,400,000
2	4/15	480,000	1,080,000	920,000
3	3/15	360,000	1,440,000	560,000
4	2/15	240,000	1,680,000	320,000
5	1/15	120,000	1,800,000	200,000

[표 5-3]의 정액법에 의하면 매년 일정하게 감가상각비가 형성되고 있다. 그러나 연수합계법을 사용하는 [표 5-4]에 의하면 초기에는 감가상각비는 크게 형성되지만, 연수가 경과할수록 감가상각비가 감소하고 있다. 해당 자산의 내용연수가 종료한 시점에서 감가상각비는 두 방법 모두 동일하다. 따라서 연수합계법과 같은 가속상각법은 초기에는 비용을 높여 이익을 줄일 수 있지만, 결과적으로는 동일한 결과를 나타낸다.

3.2 전반적 수정방법

물가상승에 의한 가공이익의 축소를 위하여 물가변동을 전반적으로 수정하는 방법은 크게 2가지로 분류된다. 이러한 방법은 일시적인 방법이 아니고 근본적으로 물가변동에 의한 부분을 고려하는 것이다. 대표적인 방법은 일반물가수준회계와 현행원가회계이다.

3.2.1 일반물가수준 회계

일반물가수준 회계는 재무제표의 항목을 물가수준이 상승한 만큼 조정하는 것이다. 즉 자산과 부채를 물가수준에 의한 **일반구매력**으로 평가하는 것이다. 취득원가인 역사적원가는 일반구매력을 나타내지 못하기 때문에, 계정과목을 역사적 원가에서 일반구매력 즉 물가로 수정하여 대비시키는 것이다. 이렇게 하면 현행수익에서 물가수준으로 조정된 비용이 차감되기 때문에, 역사적원가에 의한 이익보다 이익은 적게 계상된다. 따라서 재무상태표의 화폐성 항목에 구매력 손익이 파악된다. 물가수준 변동의 정도를 어떻게 구분하는가는 **소비자물가지수**(CPI : Consumer Price Index)를 적용하는 것이 미국의 예이나 해당 업종의 물가지수에 관한 자료가 있다면 그것을 적용하는 것이 타당하다.

이러한 주장은 미국의 공인회계사회(AICPA)를 중심으로 주장되고 있으며, 미국공인회계사회의 재무회계기준심의회(FASB)에서 제정되어 미국의 일반적으로 인정된 회계원칙이 되고 있다. 이러한 방법은 실무에 적용하기 수월한 장점이 있지만 일률적인 물가수준을 사용하는 것은 업종에 맞는 지수의 적용이 되지 않는다는 비논리적 단점이 있다.

[표 5-5] 물가수준 변동 처리의 예(정액법)

물가수준 항목	물가수순 100의 경우 감가상각비 (1차 년도)	물가수준 105인 경우 간가상각비 (2차 년도)
취득원가 1,000,000 잔존가치 ₩ 0 내용연수 10년인 경우의 상각액	₩1,000,000 / 10년 = ₩100,000	₩1,050,000 / 10년 = ₩105,000

3.2.2 현행원가회계

현행원가(current cost)는 기업이 보유한 동일한 내용연수 동일한 용역잠재력의 자산을 재구입할 경우의 가액을 의미하는 것으로 기업이 보유한 **중고자산의 시가**로 재무제표 계정과목을 조정하는 것이다. 따라서 감가상각도 시가에 의한 평가가 이루어진 후에 설정된다. 즉 개별자산 가액의 상승이 있는 경우 영업이익은 현행수익에서 물가에 의한 현행원가 상승분을 분리하여 나타내기 때문에 역사적 원가를 대비시키는 것보다 물가상승 시 이익이 적게 나타난다. 즉, 재무상태표의 자산은 보유에 의한 보유손익이 발생한다.

이러한 방법은 미국회계학회(AAA)를 중심으로 주장되고 있으며, 보다 정확한 계정과목의 평가에는 유용하다는 논리적 장점을 지니고 있지만, 현실적으로 중고가격을 조사하는 것이 쉽지 않다는 단점으로 실무의 한계점이 있다.

제 04절 이익의 희박화 현상

4.1 희박화 현상의 의미

오늘날 기업은 전환사채를 다수 발행하고 있으며, 전환사채의 주식으로의 전환은 기존주주의 이익청구권을 저하시키는 요인으로 작용할 수 있다. 즉 전환사채가 전환되기 전에 기존 주주의 **주당이익**(EPS)은 전환된 후에 낮게 나타날 수 있다. 그 이유는 기존의 전환사채 보유자가 전환사채를 주식으로 전환하면서 주주로 전환되고, 이어서 사채권자가 이익청구권자로 전환되어 기존 주주의 자본지배력을 침해하기 때문이다. 이렇게 전환사채의 전환 후 기존주주의 주당이익이 떨어지는 현상을 **희박화 현상**(dilution effect)이라 한다.

4.2 희박화 현상의 실례

다음 예제를 통하여 이익의 희박화 현상을 살펴보자.

예제 5-2

다음 조건에 의하여 전환전 주당순이익과 전환 후의 주당순이익을 계산하시오.

세후순이익 : 5억(세율 50%)	발행주식수 : 200,000주
전환사채 발행액 : 100억(이자율 6%)	전환비율 : 1백만원당 20주

1 전환 전 EPS

5억/200,000주 = 2,500원

2 전환 후 EPS

사채전환에 의하여 주식 200,000주 증가하여 총 400,000주가 된다.
세후순이익은 사채이자를 부담하지 않아도 되므로,
최초의 이익 5억+사채이자 6억(×세율 50%)=8억
8억/400,000주= 2,000원

4.3 희박화 현상의 문제점

희박화 현상은 기존주주의 **이익청구권**을 떨어뜨린다는 문제가 있다. 즉 새로운 사채권자의 주주전환으로 인하여 기존주주의 자본지배력이 저하된다는 것이다. 최근에 이러한 현상을 이용하여 재벌의 편법상속 등의 문제가 제기되고 있으나, 회계처리 등의 관련규정에는 문제가 없다는 모순이 발생한다.

제5절 재무제표의 분식

5.1 분식의 발생원인

어떤 특정한 의도나 목적 하에서, 정상적인 회계절차에 의하여 산출된 결과가 아닌 왜곡된 경영실적과 재무제표를 작성하고 보고하는 것을 **분식**(window-dressing)이라 한다. 분식은 이익을 과대계상 하여 기업의 이미지를 좋게 하려는 것도 있지만, 세금을 적게 납부할 목적으로 이익을 축소하는 역 분식을 하는 경우도 있다. 일반적으로 분식을 하는 원인은 외적 원인과 내적 원인으로 분류할 수 있다.

5.1.1 외적원인

① 경기악화, 정부의 정책변경, 원자재가격 상승, 주변 경쟁업체의 시장지배 증가, 환율불리, 유가 상승 등에 의한 경제환경의 변화 및 대응전략 결여와 같은 외적 요인
② 자사제품에 대한 소비자의 수요감소 및 기호변화, 사양산업으로의 전환, 경쟁기업 발생 등의 자사의 직접적 관련환경 요인 변화
③ 기타 거래처의 도산과 예상치 못한 재해

5.1.2 내적원인

① 인적자원의 수준저하, 시장상황 판단 불량 및 마케팅 조직구조 허약, 기술경쟁력 결여 및 신제품 개발 미흡, 체계적 자금관리 미비 등 내적 환경변화의 비효율적 대응
② 전략 실패, 과대 투자, 방만한 경영 등 최고경영자 및 관리자의 정책부재

5.2 분식의 방법

5.2.1 분식의 기본구조

분식의 방법은 가공의 내용을 표시하거나, 계상의 시기를 조작하여 이익의 변경을 유도하는 것이다. 분식은 경영자와 일선 담당자와의 합의하에 이루어진다는 점에서 사소한 회계부정과는 의미가 다르다. 분식의 기본구조는 크게 다음과 같이 2분류 된다.

(1) 가공의 내용 표시

① 발생하지 않은 매출의 기장
② 특정 계정과목의 금액 부풀리기 또는 축소
③ 실제 발생한 거래의 의도적 누락

(2) 계상의 시기조작

① 회계기간마다 감가상각비의 처리 방법을 달리하여 과대 또는 과소 계상

② 임의기준을 설정하여 준비금이나 충당금 설정

③ 매출, 매입의 계상시기 조정

(3) 부외의 분식

부외의 분식이란 거래사실을 기장하지 않고 장부 외에 별도로 기입하여, 비밀로 처리하는 방법이다. 부외의 분식은 다음과 같은 유형이 있다.

① 이익을 은폐할 목적으로 부외자산 보유

② 손실을 은폐하거나 이익을 과대표시할 목적으로 부외부채 보유

③ 일시적 자금여유를 고리의 사채(私債)에 활용하거나, 지나친 자금부족을 부외의 고리사채(私債)로 충당

5.2.2 우리나라 기업의 분식 유형

분식을 위한 회계구조는 이익의 과대계상한 경우와 과소계상하는 경우인데 재무제표 상의 영향은 [그림 5－1]과 같다.

[그림 5－1] 분식에 의한 재무제표 영향

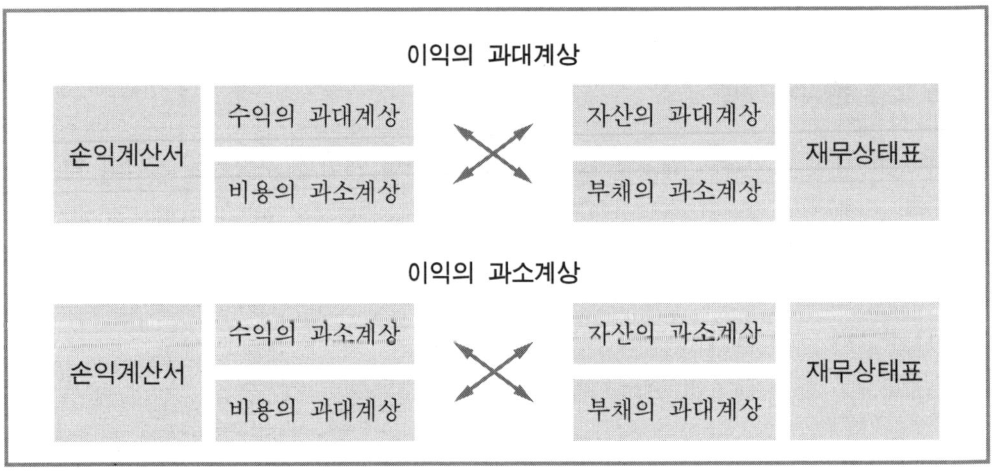

(1) 이익 부풀리기

① 매출액과 매출채권의 과대계상
② 자산가치의 과대계상
③ 감가상각비 또는 감가상각충당금의 과소계상
④ 퇴직급여충당금의 과소계상
⑤ 부실채권에 대한 대손상각 미계상 또는 대손충당금 과소계상
⑥ 재고자산 평가손실의 미계상
⑦ 투자유가증권평가손실의 미계상
⑧ 이연자산의 과소상각
⑨ 부채의 누락
⑩ 공사수익 또는 분양수익의 조기인식
⑪ 영업권의 미상각
⑫ 법인세 과소계상
⑬ 재고자산의 과대계상
⑭ 가수금의 매출액 계상
⑮ 단기차입금 미계상

(2) 이익 축소하기

① 세법상 준비금의 부채계상
② 퇴직급여충당금의 과대계상
③ 감가상각비의 과대계상
④ 매출원가의 과대계상

금융감독원의 조사에 의하면 대기업일수록 이익이 과대계상이 많은 것으로 나타나고 있다. 최근의 금융감독원 조사에 의하면 가공매출의 형성, 매출원가의 과도계상, 부(−)의 영업권 일시환입, 외부감사 방해 등을 통하여 분식회계가 성행하고 있음이 나타났다.

[표 5−6]에 의하면 우리나라의 대기업도 상당수의 기업이 분식을 하여 적발되고 있다. 매출과 매출원가를 분식하는 과거의 전통적 방법 뿐 아니라 부의 영업권에 이

르기 까지 분식의 예는 다양하게 나타나고 있다. 분식이 적발되면 대부분 금융감독위원회로부터 일정기간 유가증권의 발행을 제한받게 되는데, 이러한 조치는 비교적 경미한 편이어서 보다 근본적인 대책을 필요로 한다.

최근에는 감사법인에 대한 처벌을 강화하여 외부감사인인 공인회계사의 처벌이 증가하고 있다. 그러나 본질적으로 분식이 관행처럼 되어 있고, 분식에 대한 처벌이 경미한 상황이 계속적으로 발생하게 된다. 과거 대우그룹의 경우 주요 분식방법은 부채를 고의로 누락하는 경우가 가장 많고(약 15조원), 가공의 채권을 계상하는 경우, 가공 및 불용의 재고자산 계상하는 경우, 가공의 연구개발비를 설정하는 경우 등이었다.

[표 5-6] 분식회계 유형 적발내역

기 업	사 례
㈜M뉴엘	허위의 매출(가공의 수출 채권)에 의한 금융기관 담보 차입 1,058,056(백만)원
H공영㈜	분양사업(분양계약이 체결된 것만 수익 인식)을 도급사업공사진척도에 의하여 수익 인식) 위장하여 4개년의 순이익을 순손실로 전환
ENRON(미국)	자회사를 설립하고 모기업의 부채를 자회로 이관하여 모기업의 재무상태를 양호한 것으로 분식
H 엔지니어링㈜	해외사업장 비용의 일부만 반영하여 회계처리하고 이익을 과대계상
㈜D 조선	해외 인도선박 손실 368억을 영업외비용으로 처리하여 영업이익 과대계상
Z테크㈜	허위 해외사장 매출을 작성하여 감소하는 국내시장 매출을 보완하여 매출 과대 계상
N 세미테크㈜	홍콩과 대만에 페이퍼컴퍼니를 설립하고 가공의 해외수출을 담보로 자금 조달
S 글로벌㈜	해외금융기관에 자사주식을 제공하고 일정기간 후 약정된 가격으로 재매입하는 조건으로 자금 차입하며 부외 채무 누락

5.3 분식의 발견

분식을 발견하는 것은 매우 어렵다. 우선 기업의 내부 감사가 있지만, 내부 감사에 의한 분식의 발견은 매우 미미하다. 따라서 외부의 독립성 있는 주체로부터 감사를 받게 된다.

5.3.1 외부감사와 분식

우리나라는 **주식회사의 외부감사에 관한 법률**에 의하여 다음의 요건중 하나에 해당하는 회사는 **외부감사**를 받아야 한다.

1. 자산 100억원 미만, 부채 70억원 미만, 매출액 100억원 미만, 종업원 수 100인 미만 요건 중 3가지 이상 해당하지 않는 회사
2. 주권상장법인 또는 코스닥상장기업
3. 다음 연도 중 상장 예정법인

[표 5-7] 분식회계 유형 적발내역

구 분	적정의견	한정의견	부적정의견	의견거절
독립성결여 • 경미 • 중요 • 특히 중요	○	○		○
기업회계기준 위배 • 경미 • 중요 • 특히 중요	○	○	○	
계속기업의 존속가능성 의문 • 경미 • 중요 • 특히 중요	○		○	○

일반적으로 한정, 부적정, 의견거절 의견을 받게되면 반드시 형사적 처벌을 받는 것은 아니지만 자금의 금융기관으로부터의 조달은 어려워진다.

5.3.2 분식의 발견

최근 재무제표의 분식에 대한 개선필요성이 제기되고 있고, 기업의 재무제표 분식이 경제 및 사회적으로 중요한 사안이 되고 있다. 분식을 발견하기 위한 여러 가지 방법이 제시되었지만, 분식을 발견하기 위하여 모든 계정과목 및 기업환경을 모두 검토할 수는 없다. 단 다음과 같은 점을 점검하여 이상징후가 발견되면 분식을 의심하여야 한다.

- 전산회계 프로그램이 일반화 되어있는 현실에서 재무제표의 제출을 보류하거나, 최근자료가 입력되어 있지 않은 경우의 주기적 분식가능성
- 최근에 자산매각이 이루어진 경우 관계회사 또는 상당한 이해관계인과 거래가 이루어진 경우의 처분이익 분식가능성
- 기업회계기준이나 세법에서 설정하는 제반 충당금이 누락되고 있는 경우의 이익확대 가능성
- 주거래 은행이 돌연 변경된 경우의 불량 회계처리 가능성
- 채권 · 채무에 관계된 재무비율이 이전 회계기간보다 크게 변화된 경우의 매출 · 매입의 분식가능성
- 특정업종의 평균 재무비율에서 크게 벗어나는 경우의 해당 계정과목의 분식가능성
- 최근 경리팀 대폭 교체의 경우 기존의 회계분식에 의한 처벌 가능성 및 향후 분식의도에 의한 교체 가능성
- 손익계산서상의 이익이 증가하는데 현금흐름표 상의 현금은 유출되고 있는 경우 현금의 유용가능성

기업이 부실화되면 기업은 분식회계를 사용하여 부실화를 감추려하는 것이 일반적이다. 그동안 분식회계를 감별하는 다양한 방법이 개발되었다. 대체로 분식회계를 감별하는 사항은 다음과 같은 것들이 있다.

- 회계처리 기준을 자주 변경하는 기업
- 대규모 투자가 없고, 당기순이익이 계속 발생하여도 부채비율이 높아지는 기업
- 제2금융권 외의 금융기관에서 차입한 부채가 높은 기업
- 금융비용부담률이 계속 높아지는 기업
- 재고자산이나 매출채권이 증가하는 기업
- 당기순이익이 발생하였으나 현금흐름은 (−)인 기업
- 영업이익보다 영업외수익이 큰 기업
- 우발채무, 약정사항, 특기사항 등 주석의 표시가 분명하지 않은 기업

CHAPTER 05 연습문제

01 기업회계기준에 의한 회계처리 중 추정이 개입되는 경우의 예를 제시하시오.

02 기업의 비재무적 중요자료를 공시하지 않는 이유를 설명하시오.

03 다음 회계처리 방법의 내용과 장·단점을 나열하시오.

- 선입선출법과 후입선출법
- 정액법과 가속상각법
- 금융리스와 운용리스
- 연구개발비의 무형자산 처리와 당기 비용처리
- 할부판매의 인도기준과 회수기준
- 유가증권의 총평균법과 이동평균법
- 공사완성기준과 공사진행기준

04 자산의 평가에서 일반물가수준 회계와 현행원가의 차이를 설명하시오.

05 이익을 확대하기 위한 분식의 방법을 예를 들어 제시하시오.

06 이익을 축소하기 위한 회계처리 예를 들어 제시하시오.

07 공인회계사에 의한 외부감사의 감사의견 종류와 그 내용을 설명하시오.

08 다음 자료에 의하여 정액법과 연수합계법으로 각 연도별 감가상각액을 구하고, 각 연도별 상각액의 차이와 경영분석적 입장에서 각 년도의 이익효과를 설명하시오.

취득원가	₩1,000,000	잔존가치	₩100,000	내용연수	3년

09 다음 자료에 의하여 전환 전 EPS와 전환 후 EPS를 구하시오.

〈전환전〉
세후순이익 : 10억(세율 40%)
발행주식수 : 250,000주
전환사채 발행액 : 100억(이자율 8%)
전환비율 : 1백만원당 15주

메모

C/H/A/P/T/E/R 06

비용구조와 레버리지

기업의 미래 경영성과를 예측하려면, 기업이 갖고있는 고유의 재무상태와 비용구조의 특성을 파악하여야 한다. 특히 기업의 비용구조에 고정비와 변동비가 어느 정도 비중을 갖고 편성되어 있는가에 따라 손익의 변화형태는 다양하게 나타난다. 기업 고유의 주어진 환경에 의하여 손익의 변화형태가 큰 기업은 민감한 기업이라 할 수 있고, 자신의 기업이 환경의 변화에 얼마나 민감하게 반응하는지 알고 있다면 유용한 의사결정을 할 수 있다.

이러한 배경에서 최근에 기업의 자금조달 방안은 매우 중요한 의사결정 사안이다. 특히 부채를 조달 할 경우 당해 기업이 갖고 있는 비용구조의 특성을 감안하여 의사결정을 하여야 한다는 점을 고려하여야 한다.

본 장에서는 이러한 비용구조와 자본의 조달에 주안점을 두고, 당해 기업이 갖고 있는 환경에 대한 반응정도를 학습한다.

주요용어 : 고정비, 변동비, 기업위험, 손익의 확대효과, 레버리지 효과, 원가-조업도-이익분석, 공헌이익, 손익분기점, 영업레버리지, 재무레버리지, 자본분기점, 결합레버리지

제01절 레버리지 분석의 필요성

1.1 기업위험과 레버리지 효과

투자자는 자신이 투자한 기업의 미래의 경영성과를 예측하려 한다. 미래의 경영성과를 예측하려면 그 기업이 갖고 있는 **고유의 특성**을 파악하여야 한다. 특히 당해 기업 또는 기업이 속한 산업의 고유 위험을 인식하고 있다면 매우 유용한 정보가 될 수 있다. 우리는 기업이 속한 위험에 대하여 회계적 접근을 할 수 있다. 즉 재무제표를 분석하여 당해 기업이 갖고 있는 위험정도를 분석할 수 있다.

위험이란 '일정한 상황의 변화가 나타날 경우 기업이 그 영향에 민감한 반응을 보이고 있는 정도'를 의미한다. 따라서 여기에서 의미하는 위험이란 보수적 개념으로 기업이 부실화될 가능성을 의미하는 것이 아니다. 즉 만약 기업의 특정한 상황요인이 변화하는 경우, 기업의 다른 내부 요인이 크게 변화한다면 위험은 크다고 할 수 있다. 예를 들면 매출의 증가가 조금만 이루어져도 이익이 크게 증가하고, 매출의 감소가 조금만 이루어져도 이익이 크게 감소한다면 위험이 큰 기업이다. 본 장에서는 이와 같은 위험의 제반 상황변화에 대한 **손익의 확대효과**를 분석하게 하는데 이를 **레버리지 효과**(leverage effect)라고 한다.

1.2 위험의 분류

위험을 회계적으로 접근할 때 경영위험과 재무위험으로 분류한다. **경영위험**은 업종특성상 발생하는 위험이라 할 수 있다. 즉 업종 특성상 고유의 영업행위로 인한 위험이라 할 수 있다. 회계학적 접근에서는 손익계산서의 **매출액**에서 **영업이익**까지가 해당된다.

즉 매출의 변화가 영업이익의 변화에 큰 영향을 미친다면 경영위험이 높은 것이다. 이러한 경영위험을 **영업레버리지**(operating leverage)라 한다.

재무위험이란 자본의 조달에 대한 위험이다. 자본의 조달에 대한 위험은 타인자본을 사용하기 때문에 주로 발생한다. 즉 주주에 대한 배당금은 사전에 약속된 금액이 아니기 때문에 기업의 입장에서 큰 부담이 되지 않지만 타인자본의 사용은 **이자비용**을 부담하여야 하기 때문이다. 이러한 이자비용은 손익계산서에서 영업외비용의 한 항목인 이자비용을 의미한다. 따라서 먼저 매출액에서 영업이익까지의 경영위험을 분석한 다음, 손익계산서 상의 후반부를 분석하게 된다. 즉 **영업이익**의 변화가 이자비용에 의하여 **당기순이익**에 영향을 미친다면 재무위험이 높은 것이다. 이러한 재무위험 분석을 **재무레버리지**(financial leverage)라 한다.

전체적으로 레버리지 분석이란 이러한 위험에 대하여 기업이 얼마나 탄력적으로 반응하는가를 분석하는 것이다. 즉 위험에 대한 탄력성으로 기업의 **민감도**(sensitivity)를 분석하는 것이다. 이러한 경영위험과 재무위험의 개념을 요약하면 [표 6－1]과 같고, 분석을 위하여 손익계산서를 재분류하면 [표 6－2]와 같다.

[표 6－1] 위험의 분류

- 경영위험(business risk)
  - 기업이 속하는 업종과 일반 경제동향에 의하여 발생하는 위험
  - 영업레버리지에 의하여 분석
  - 손익계산서의 매출액에서 영업이익 까지 주로 해당
- 재무위험(financial risk)
  - 타인자본의 조달에 의하여 발생하는 위험
  - 재무레버리지에 의하여 분석
  - 손익계산서의 이자비용이 주로 해당

[표 6－2] 손익계산서의 재분류

매출액	
(－)매출원가	경영위험
매출총이익	경영위험
(－)판매비와관리비	경영위험
영업이익	경영위험 / 재무위험
(－)영업외비용	재무위험
이자비용	재무위험
당기순이익	재무위험

제02절 레버리지 분석을 위한 비용의 재분류

레버리지 분석을 위하여 손익계산서상의 모든 비용을 변동비와 고정비로 나누어야 한다. 즉 조업도의 증감에 비례하는 **변동비**(variable cost)와 조업도의 증감에 관계없이 일정하게 발생하는 **고정비**(fixed cost)로의 분류가 필요하다. 비용을 재분류하는데는 고저점법, 회귀분석법 등을 이용하면 가능하며, 구체적 비용의 분류방법은 [보론]을 참조하면 된다. 본 장에서는 먼저 레버리지 분석을 위한 고정비와 변동비의 개념에 대하여 학습한다.

2.1 고정비와 변동비

기업체에서 발생하는 제반 비용은 업무의 양과 관계없이 일정하게 발생하는 것이 있고, 업무의 양이 많아지면 비례하여 증가하는 것이 있다. 업무의 양은 기업체마다 다르게 측정할 수 있고, 동일 기업이라 하더라도 사업장마다 다른 단위의 업무 측정이 이루어질 수 있다. 예를 들면 영업부문에서는 매출액 또는 매출량이 사용될 수 있고, 제조현장에서는 기계가동시간, 노동시간 등이 사용될 수 있다. 이와 같이 '업무의 양을 나타내는 정도'를 조업도(operation volume)라 한다.

기업의 비용 중 조업도와 비례하여 비용이 발생하면 **변동비**(variable cost)라 한다. 반대로 조업도와 관계없이 발생하는 비용을 **고정비**(fixed cost)라 한다. 일반적으로 재료비, 소모품비, 직접노무비 등은 조업도가 많아질수록 투입이 증가된다. 이와 같은 비용들은 변동비이다. 그러나 공장의 감가상각비, 이자비용, 재산세 등은 일정한 시간만 경과하면 조업도 수준과 관계없이 일정하게 발생한다. 이러한 비용들은 고정비이다.

[표 6-3] 고정비와 변동비

조업도 수준
↗ 비례하여 발생 : **변동비** 예 재료비, 소모품비, 직접노무비, 판매수수료
↘ 관계없이 발생 : **고정비** 예 감가상각비, 이자비용, 재산세, 급료

예제 6-1

㈜우식모터스의 생산부장은 전기요금이 매우 많이 나오기 때문에 전기요금에 대한 고정비와 변동비를 분석하기로 하고 다음과 같은 자료를 수집하였다. 자료에 의하면 기계 1시간 가동 당 전기요금을 산출하고 그 의미를 파악하였다.

- 당 회계기간의 전기요금 ₩175,000
- 기본요금 : ₩100,000
- 기계 가동시간 750시간

- 고정비 : 기본요금 ₩100,000
  - 기계 가동에 관계없이 ₩100,000 발생
- 변동비 : 총변동비 ₩75,000/750시간=시간당 ₩100
  - 기계 1시간 가동 당 ₩100씩 전기요금 계산됨

당사는 기계가 가동을 전혀 아니하든, 많이 하든 기본적으로 ₩100,000의 고정비가 소요되고, 기계 1시간 가동 당 ₩100씩 비용이 추가된다. 즉 ₩100은 단위당 변동비가 된다.

휴대전화를 생각해 보자. 휴대전화는 전혀 사용하지 않아도 기본요금이 있다. 이것은 휴대전화 사용과 관계없이 일정하게 발생하는 고정비이다. 또한 휴대전화는 10초당 얼마하는 식으로 사용료가 가산된다. 예를 들어 10초당 ₩20이라면, 단위시간당 ₩20이 단위당 변동비가 된다. 마치 택시의 미터기 요금과 동일한 개념이다.

2.2 함수에 의한 고정비와 변동비

비용을 고정비와 변동비로 분류하면 하나의 함수에 의하여 표시할 수 있다. 함수는 일반적으로 **1차 함수**로 나타내는데, 수학의 기본적 개념을 활용하는 것이다. 즉 고정비는 조업도의 증감에 관계없이 일정액(a)이 되지만, 변동비는 일정도 조업도 수준(x)에 따라 일정액(b) 단위로 증가한다. 고정비와 변동비를 그래프에 나타내면 [그림 6-1]과 같이 그래프로 나타낼 수 있고, 그 식은 다음과 같다.

고정비 $y=a$
변동비 $y=b\chi$

전체적으로 원가는 $y = a + b\chi$로 표시될 수 있으며, 이러한 비용함수를 추출할 수 있다면 다양한 의사결정이 가능하여 진다. [예제 6−1]에서 비용함수는 다음과 같이 설정된다.

$$y = 100{,}000 + 100\chi$$

[그림 6−1] 고정비와 변동비의 그래프

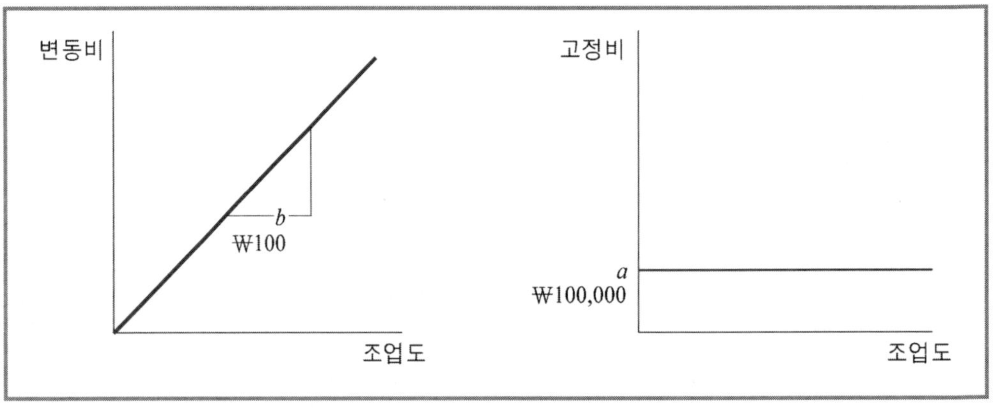

고정비와 변동비의 개념은 경영자가 의사결정을 하는데 매우 유용하다. 즉 고정비는 조업도 수준과 관계없이 발생하기 때문에 경영자의 입장에서는 **통제불가능 요인**으로 생각할 수 있고, 변동비는 조업도와 비례하기 때문에 **통제가능한 요인**이 될 수 있다.

이러한 비용함수와 그래프는 단기적으로 나타날 수 있는 현상이며, 장기적으로는 고정비도 조업도에 따라 변동할 수 있다. 즉 경영자는 매우 장기간의 시간 범위에서는 모든 비용을 통제하여 할 것이기 때문에 통제불가능 비용이란 없다.

공상기계의 삼가상각비는 기계가 많이 가동되든, 아니 되든 시간이 경과하면 일정하게 상각된다. 따라서 고정비이다. 그러나 장기적인 관점에서 경영자는 기계의 증설 또는 폐기 등 모든 가능성을 고려하기 때문에 고정비적 요인의 비용은 없다고 볼 수 있다.

전체적으로 고정비와 변동비를 합성한 총비용을 그래프로 나타내면, [그림 6-1]의 두 그래프를 합성한 [그림 6-2]가 된다. [예제 6-1]에서 고정비는 ₩100,000이고, 단위당 변동비는 ₩100이다. 따라서 [그림 6-2]와 같은 비용 그래프가 형성된다. 특히 변동비는 1시간당 전기요금이 ₩100씩 증가하기 때문에 그래프 상에서는 기울기가 된다.

[그림 6-2] 총비용의 그래프

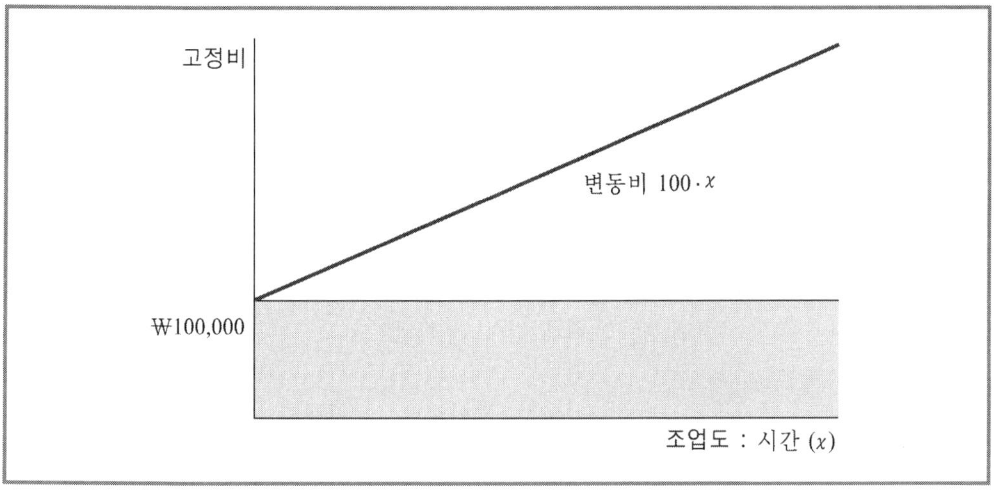

제 03절 원가-조업도-이익 분석 모형의 설정

레버리지 분석을 위하여 원가-조업도-이익 분석이라는 개념의 정리가 필요하다. 그 이유는 제품의 매출을 어느 정도까지 달성하여야 채산성이 달성되며, 매출의 변화에 따른 이익의 변화가 어느 정도인가를 분석하여야 한다. 이러한 분석을 위하여 고정비와 변동비를 중심으로 원가-조업도-이익 분석을 설명한다.

3.1 기본 가정

원가가 '기업의 목적을 위하여 희생되는 재화와 용역'이라는 관점에서 매우 폭 넓은 개념이라면, 본 장에서 원가란 일반적으로 '수익과 대응이 되는 **비용**'의 개념에 오히려 가깝다고 할 수 있다. 그러나 비용이라는 것도 손익계산서에서 매출원가, 판매비와 관리비, 영업외 비용 등 다양하게 고려될 수 있다. 본 장에서는 매출액에서 매출원가와 판매비와 관리비를 차감한 영업이익까지가 기업 고유의 영업활동으로 보기 때문에, 손익계산서에서 영업이익까지를 주요 분석 대상으로 본다. 또한 영업이익까지의 분석은 영업레버리지 분석 대상과 일치한다.

조업도라는 것은 쉽게 '일의 양'이라고 생각하면 이해가 용이하다. 일의 양이라는 것도 그 개념이 다양하게 정의될 수 있지만, 본 장에서는 **판매량**이 많으면 조업도가 높다고 이해하면 된다.

매출이라는 조업도가 증가할수록 비용이 증가하지만 이익도 증가한다. 따라서 조업도 변화에 따른 비용과 이익의 변화행태를 파악하는 것은 중요하다.

원가－조업도－이익 분석은 매출이라는 수익을 알아야 하고 매출액은 단위당 판매가격에서 판매수량을 곱하면 나오게 된다. 즉 제품 1단위당 가격(p)이 설정되고, 판매수량(q)이 진행되면, 수익(y)은 다음과 같이 정리된다.

수익(y) = 제품 단위당 판매가격(p) × 판매수량(q)

이러한 함수를 그래프로 표시하면 [그림 6－3]과 같다.

[그림 6－3] 수익함수

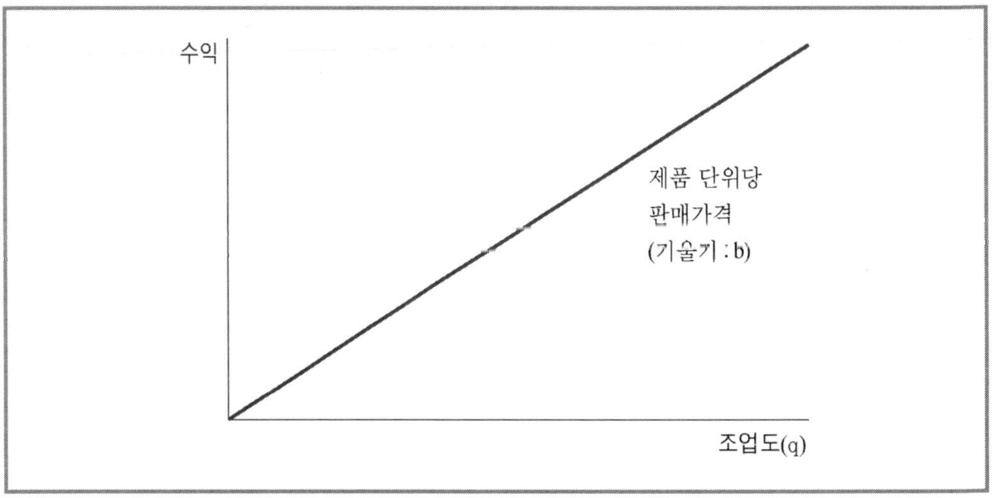

비용은 앞에서 분류한 바와 같이 고정비와 변동비로의 분류가 필요하다. 즉 조업도 수준과 관계없이 일정하게 발생하는 고정비와 조업도에 비례하여 발생하는 변동비의 그래프를 합성하면 총비용의 그래프가 형성된다. [그림 6-4]는 이와 같이 고정비와 변동비를 합성한 것으로 기업의 비용구조를 나타내고 있다.

[그림 6-4] 고정비와 변동비

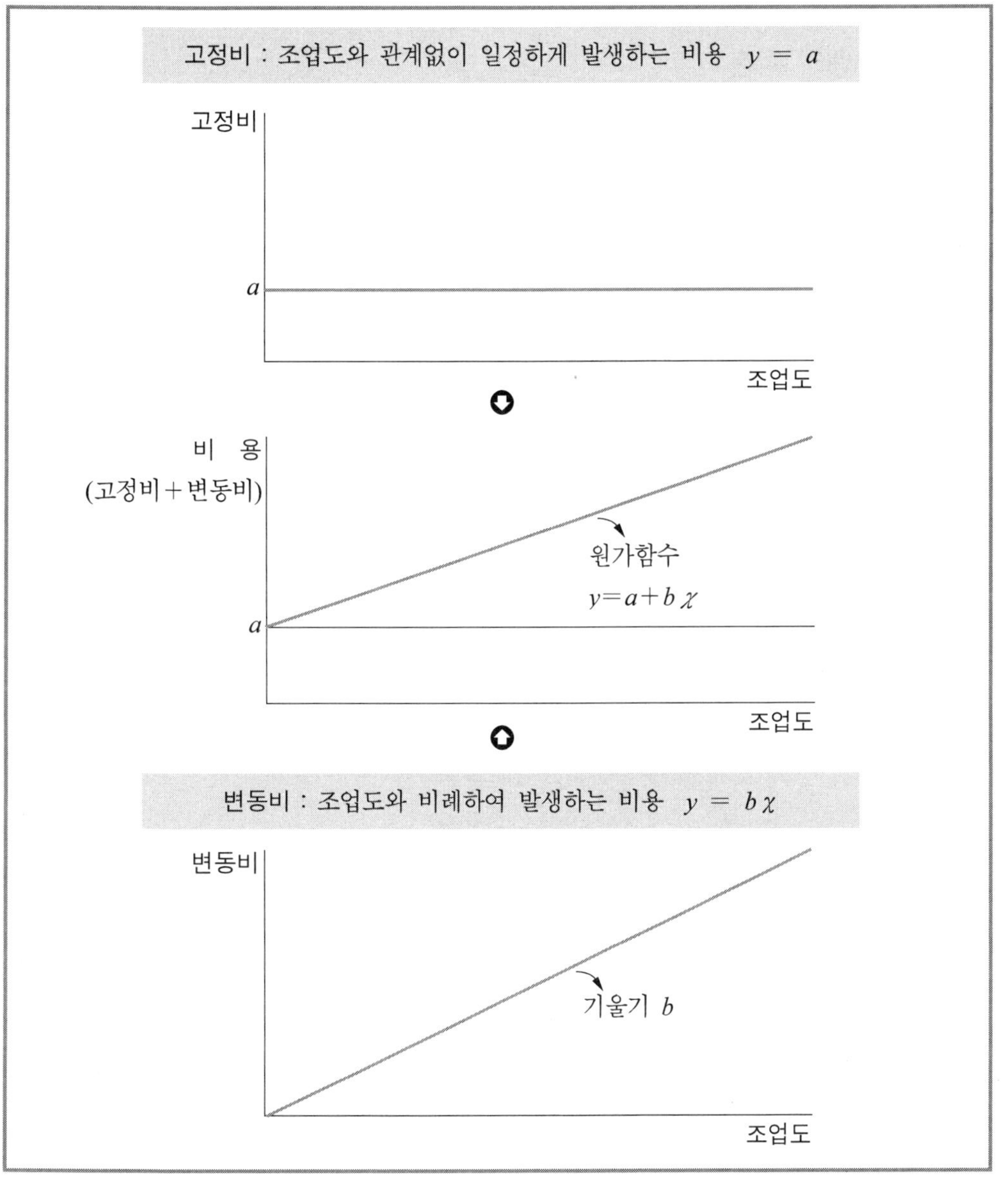

[그림 6－4]를 함수화하면 고정비와 변동비의 합계를 나타내는 것이기 때문에 다음과 같은 비용함수가 설정된다.

$$\begin{aligned}\text{비용(C)} &= \text{고정비(FC)} + \text{변동비(VC)}\\ &= \text{고정비(FC)} + \text{단위당변동비(vc)}\cdot\text{판매수량(q)}\\ &\quad (\ a \quad + \quad b\cdot\chi\ )\end{aligned}$$

3.2 분석모형의 설정

원가－조업도－이익 분석의 시작은 몇 개를 팔면 본전이 되는 것인가를 산정하는 것이다. 따라서 [그림 6－3]의 수익과 [그림 6－4]의 비용을 합성하면 수익과 비용이 같은 본전이 되는 점을 그래프 상으로 산출하게 되는데, 그 점을 **손익분기점**(break－even point)이라 하고 [그림 6－5]와 같이 된다.

[그림 6－5] 손익분기점

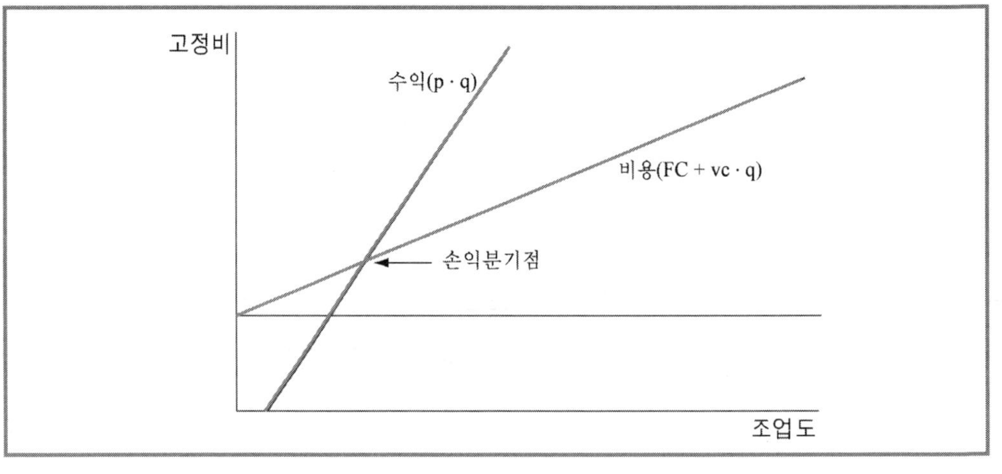

이러한 그래프는 육안으로 수익과 비용이 형성되는 형태를 파악할 수 있으나, 실제로 어느 정도의 수량 또는 금액이 판매되어야 하는지 계수적인 분석이 필요하다. 이러한 계수적 분석은 공식을 유도하여 산정하여야 한다. 따라서 [표 6－4]와 같은 함수의 유도가 가능해지는데, 이러한 함수의 유도는 손익분기점분석의 응용에 매우 중요하기 때문에 충분히 이해하여야 한다.

손익분기점의 산출공식은 원가－조업도－이익 분석에서 매우 중요하기 때문에 정확하게 숙지하여야 한다. 공식의 유도과정은 단순한 수학적 논리를 활용한 것이기 때문에 이해에 어려움이 없다.

[표 6－4]를 보면 원가－조업도－이익 분석은 일단, 수익과 비용이 같다면 본전이라는 사고에서 출발한다. 수익은 구체적으로 단위당 판매가격에서 판매수량을 곱하여 나타나는 것이고, 비용은 고정비와 변동비로 분류된다. 고정비는 조업도 수준과 관계없이 발생하기 때문에 일정하겠지만, 변동비는 조업도와 비례하여 나타나게 된다. 수익과 비용이 같다는 전제는 수익은 고정비와 변동비를 합한 것과 같다는 것이다. 변동비는 조업도의 증감에 비례하는 성격의 비용이기 때문에 매출의 증가는 변동비의 증가를 의미한다. 매출이라는 조업도의 개념을 매출수량으로 보는 것이 일반적이기 때문에 매출액과 변동비의 조업도 수준도 매출수량(q)이 적용된다.

[표 6－4] 손익분기점 공식의 유도

수 익	=	비 용
↓		↓
단위당판매가격(p)×판매수량(q)		고정비(FC)＋변동비(VC)
↓		↓
단위당판매가격(p)×판매수량(q)		고정비(FC)＋단위당변동비(vc)×판매수량(q)

$$p \cdot q = FC + vc \cdot q$$

$$q \cdot (p - vc) = FC$$

$$q(\text{손익분기점 판매수량}) = \frac{FC(\text{고정비})}{p(\text{단위당 판매가격}) - vc(\text{단위당 변동비})}$$

[표 6－4]에서 유도된 공식은 실제 사례를 가정하여 확인할 수 있다.

예제 6-2

주점 '인사불성'의 사장님은 최신 맥주전문점으로 가게를 새 단장하고 다음과 같은 미래를 예측하였다. 회계전문가 '윤'씨를 초빙하여 몇 테이블이나 팔면 본전이 되는가 의뢰하고, 기타 자문을 구하였다.

- 매출에 관계없이 일정하게 발생하는 웨이터 월급, 건물 임차료 등 ₩500,000
- 맥주 기본 1 테이블당 ₩60,000
- 맥주 기본 1 테이블 차리는데 필요한 원가 ₩10,000

손익분기점 공식에 의하여

$$q(\text{손익분기점 판매수량}) = \frac{FC(\text{고정비})}{p(\text{단위당 판매가격}) - vc(\text{단위당 변동비})}$$

$$= \frac{₩500,000}{₩60,000 - ₩10,000}$$

$$= 10 \text{ 테이블}$$

동점은 10 테이블을 팔면 손익분기점을 달성할 수 있다.

3.3 공헌이익의 유용성

'3.2'에서 우리는 중요한 하나의 법칙을 발견할 수 있다. [표 6-5]는 판매수량의 변동에 따른 손익의 산정을 공식으로 나타낸 경우이다. [표 6-5]에서 1 테이블의 판매가 증가하면서 이익이 ₩50,000씩 증가하고 있다는 것이다. 그렇다면 ₩50,000의 성격은 무엇인가? 그것은 제품 단위당 판매가격 ₩60,000에서 제품 단위당 변동비 ₩10,000을 차감한 것이다. 이렇게 제품 단위당 판매가격(p)에서 제품 단위당 변동비(vc)를 차감한 것을 **공헌이익**(contribution margin : CM)이라 한다. 실무에서 공헌이익을 파악하고 있다면 이익 예측을 할 수 있다는 데서 매우 유용하다. 즉 손익분기점을 초과하는 수량에 공헌이익만 곱하면 추정이익이 된다.

[표 6-5] 손익의 변화

항목 / 판매수량	비 용	수 익	손 익
9 테이블	₩500,000+₩10,000 · 9테이블 = ₩590,000	₩60,000 · 9테이블 = ₩540,000	₩50,000(손실)
10 테이블	₩500,000+₩10,000 · 10테이블 = ₩600,000	₩60,000 · 10테이블 = ₩600,000	본전
11 테이블	₩500,000+₩10,000 · 11테이블 = ₩610,000	₩60,000 · 11테이블 = ₩660,000	₩50,000(이익)

공헌이익을 사전에 인지하고 있다면 공헌이익에 매출수량을 곱하면 이익의 증가액을 즉시 인식할 수 있다.

> 공헌이익 = 단위당 판매가격(p) − 단위당 변동비(vc)
>
> 매출수량 증가에 따른 이익의 증가액 :
> 매출수량(q) − 공헌이익(CM) = q(p − vc)

예제 6-3

[예제 6-1]에서 '인사불성' 주점이 8 테이블 판매하는 경우와 15 테이블 판매하는 경우 및 20 테이블 판매하는 경우의 손익을 구하시오.

1 8 테이블 판매의 경우
손익분기점인 10 테이블에 2단위가 부족하므로
1 테이블당 공헌이익 ₩50,000×2 테이블=₩100,000(손실)

2 15 테이블 판매의 경우
손익분기점인 10 테이블에 5단위가 초과하므로
1 테이블당 공헌이익 ₩50,000×5 테이블=₩250,000(이익)

3 20 테이블 판매의 경우
손익분기점인 20 테이블에 10단위가 초과하므로
1 테이블당 공헌이익 ₩50,000×10 테이블=₩500,000(이익)

제04절 영업레버리지(DOL : Degree of Operating Leverage)

원가－조업도－이익 분석을 기초로 레버리지 분석을 실시할 수 있다. 레버리지 분석은 영업레버리지, 재무레버리지를 중심으로 산정되며 영업레버리지를 우선 분석한다.

4.1 레버리지 분석을 위한 손익계산서상 비용의 재분류

[표 6－6] 손익계산서 상의 비용 재분류

손익계산서		재분류
매출액	영업 레버리지 (operating leverage)	매출액
－ 매출원가 { 변동비, 고정비 }		－ 변동비
매출총이익		공헌이익
판매비와 관리비 { 변동비, 고정비 }		－ 고정비
영업이익(EBIT) － 이자(영업외 비용－고정비)	재무 레버리지 (financial leverage)	영업이익(EBIT) － 이자(영업외 비용－고정비)
법인세차감전순이익(EBT) － 법인세 비용		법인세차감전순이익(EBT) － 법인세 비용
당기순이익(EAT) ÷ 발행주식수 ＝ 주당순이익(EPS)		당기순이익 ÷ 발행주식수 ＝ 주당순이익(EPS)

레버리지 분석을 하려면 손익계산서상의 비용을 재분류할 뿐 아니라, 레버리지 분석을 위한 전체적 이해가 필요하다. 왜냐하면 기업회계기준에 의한 손익계산서에는 비용을 고정비와 변동비로 분류하지 않기 때문에, 레버리지 분석을 위하여 손익계산서 상의 비용을 고정비와 변동비로 분류한다.

레버리지 분석에 매출원가, 판매비와 관리비, 이자비용 등을 반드시 고정비와 변동비로 분류하여야 한다. 이자비용은 조업도에 관계없이 약정된 이자를 지급하기 때문에 고정비이다. 그러나 매출원가와 판매비와관리비는 고정비와 변동비로 분류하여야 한다. 손익계산서상의 비용을 해당 영역별로 재분류하면 [표 6－6]과 같다. [표 6－6]은 매출액에서 변동비를 차감하여 공헌이익을 산출하고, 공헌이익에서 고정비를 차감하면 영업이익이 산출된다.

4.2 영업레버리지의 의미

영업레버리지란 매출액(또는 매출수량)의 변화가 영업이익(EBIT)의 변화를 어느 정도 초래하고 있는지 분석하는 것이다. 즉 손익계산서의 첫 계정과목인 매출액에 의하여 고유 영업행위의 결과인 영업이익이 어떻게 변화하고 있는지 파악하는 것이다. 즉 [그림 6－6]과 같이 매출의 변화가 발생하면 영업이익의 변화가 어느 정도 민감하게 반응하는가를 분석하는 것이다. 일반적으로 매출의 변화는 매출수량으로 평가한다.

[그림 6－6] 영업레버리지 효과

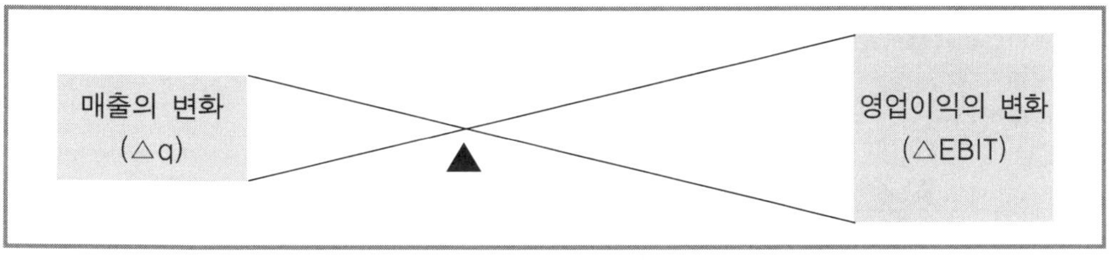

영업레버리지의 계수에 결정적으로 영향을 미치고 있는 것은 **고정비**이며 변동비는 영향을 미치지 못한다. 즉 급료, 시설보험료, 감가상각비 등은 영업레버리지에 커다란 영향을 미친다. 그 예를 보면 [표 6－7]과 같다.

[표 6-7] 매출의 변화와 영업레버리지

(금액 : 만원)

항 목	20% 감소		현 재		20% 증가
매 출	800		1,000		1,200
- 변 동 비(60%)	480		600		720
공헌이익	320(20% 감소)	←	400	→	480(20% 증가)
- 고 정 비	300		300		300
영업이익	20(80% 감소)	←	100	→	180(80% 증가)

[표 6-7]에 의하면 매출액이 20% 증감하면 변동비는 그에 상응하여 20% 증감한다. 따라서 공헌이익도 20% 증감한다. 그러나 고정비를 차감한 최종 영업이익은 80% 증감으로 나타난다. 그것은 고정비의 개입에 의하여 영업이익의 변화율이 크게 나타난다는 증거이다. 따라서 영업레버리지를 크게 발생시키는 원인으로 **고정비**가 작용하고 있음을 알 수 있다.

4.3 영업레버리지의 공식산출

영업레버리지는 매출수량의 변화에 의한 영업이익의 변화이다. 따라서 다음과 같은 공식이 설정된다.

영업레버리지

$$\frac{\text{영업이익의 변화율}}{\text{매출수량의 변화율}} = \frac{\text{영업이익증가분}(\Delta EBIT)\ /\ \text{영업이익}(\Delta EBIT)}{\text{매출수량 증가분}(\Delta q)\ /\ \text{매출수량}(q)}$$

영업레버리지를 분석하려면 앞에서 학습한 손익분기점의 원리를 파악하여야 한다. 영업이익이란 [표 6-6]에서와 같이 매출액에서 매출원가, 판매비와 관리비를 차감하여 산출한다. 매출원가, 판매비와 관리비는 고정비와 변동비로 분류하여 차감하면 다음과 같은 공식의 유도가 된다.

$$\begin{aligned} 영업이익 &= 매출액 - 변동비 - 고정비 \\ &= p \cdot q - vc \cdot q - FC \\ &= q(p - vc) - FC \end{aligned}$$

이익의 증가는 판매수량에 공헌이익을 곱한 것과 같다는 개념을 응용한다. 즉 매출수량이 1단위 증가할 때마다 단위당 공헌이익만큼 이익이 증가한다. 따라서 매출수량이 Δq 만큼 증가하면 이익의 증가분은 다음과 같다.

$$\Delta q \cdot (p - vc)$$

전체적으로 영업레버리지 공식을 다시 정리하면 다음과 같다.

$$\begin{aligned} \frac{영업이익의\ 변화율}{매출수량의\ 변화율} &= \frac{영업이익증가분(\Delta EBIT)\ /\ 영업이익(\Delta EBIT)}{매출수량\ 증가분(\Delta q)\ /\ 매출수량(q)} \\ &= \frac{\Delta q \cdot (p - vc) / q(p - vc) - Fc}{\Delta q / q} \\ &= \frac{q(p - vc)}{q(p - vc) - Fc} \end{aligned}$$

4.4 고정비와 영업레버리지

고정비가 큰 기업일수록 기업의 레버리지는 증가하게 된다. 그것은 고정비가 기업의 탄력성에 크게 개재되기 때문이다. 또한 기업의 매출이 증가하는 것은 기업의 규모가 증가하는 것이며 그것은 규모가 증가할수록 기업의 영업레버리지는 감소하게 된다. 즉 기업은 규모가 증가할수록 탄력성이 저하된다는 것이다. 공식에 대입하여 그 예를 살펴보자.

예제 6-4

매출량이 10,000 단위인 경우와 15,000 단위인 경우의, 다음 기업의 영업 레버리지를 구하고 레버리지 차이에 대한 설명을 하시오.

항목 \ 기업	A 기업	B 기업	C 기업
단위당 판매가격	₩100	₩100	₩100
단위당 변동비	₩60	₩50	₩40
총 고정비	₩20,000	₩40,000	₩60,000

A 기업 ; $\frac{10,000(100-60)}{10,000(100-60)-20,000}=1.05$

B 기업 ; $\frac{10,000(100-50)}{10,000(100-50)-40,000}=1.09$

C 기업 ; $\frac{10,000(100-40)}{10,000(100-40)-60,000}=1.11$

위의 예에서 고정비의 비중이 큰 기업일수록 영업레버리지가 커진다는 사실이 입증되었다. 그렇다면 매출량이 15,000 단위인 경우의 영업레버리지를 구하면 다음과 같다.

A 기업 ; $\frac{15,000(100-60)}{15,000(100-60)-20,000}$

B 기업 ; $\frac{15,000(100-50)}{15,000(100-50)-40,000}$

C 기업 ; $\frac{15,000(100-40)}{15,000(100-40)-60,000}$

매출규모가 증가할수록 레버리지 계수가 작아지는 것은 기업의 규모가 증가할수록 기업의 탄력성은 작아진다는 것이다. 따라서 대규모 기업의 1% 증가와 소규모 기업의 1% 증가는 그 변화정도에 상당한 차이가 있다는 것을 의미한다. 즉 기본규모가 큰 기업은 탄력성이 저하되어 레버리지 계수가 낮아지게 된다.

제 05절 재무레버리지(DFL : Degree of Financial Leverage)

5.1 재무레버리지의 의미

재무레버리지는 영업이익의 변화가 주당순이익의 변화를 어느 정도 초래하고 있는지 분석하는 것으로 손익계산서의 하단부를 집중 분석하는 것이다. [그림 6-7]과 같이 손익계산서에서 영업이익의 변화가 발생할 때, 최종 **주당순이익**이 어느 정도 민감하게 반응하는가를 분석하는 것이다.

[그림 6-7] 재무레버리지 효과

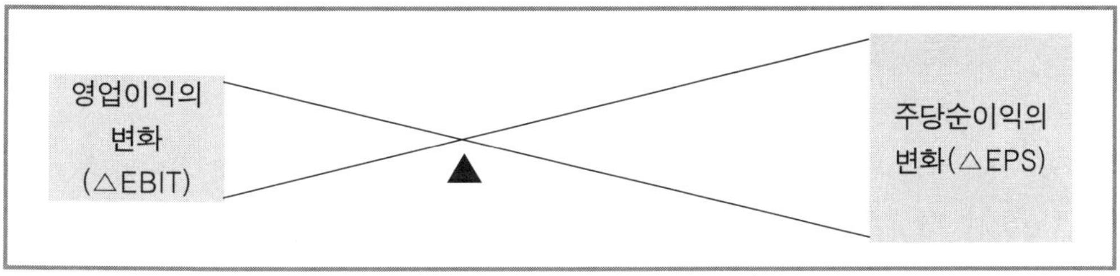

재무레버리지에서도 계수에 결정적으로 영향을 미치고 있는 것은 고정비인 이자비용이며 법인세비용은 변동비로서 이익의 변화율에 영향을 미치지 못한다. 따라서 타인자본에 많이 의존하는 기업은 재무레버리지가 크게 된다. 그 예를 보면 [표 6-8]과 같다.

[표 6-8] 영업이익 변화와 당기순이익

항 목	30% 감소	현 재	30% 증가
영업이익	350	500	650
− 이자비용	200	200	200
세전이익	150(50% 감소)	← 300 →	450(50% 증가)
− 법 인 세(20%)	30	60	90
세후이익	120(50% 감소)	← 240 →	360(50% 증가)

[표 6-8]에 의하면 영업이익의 30% 증감은 고정비인 이자의 변동에 의하여 세전이익을 크게 변동시킨다. 그러나 법인세의 증감 변동은 최종 세후이익 변동률을 변화시키지 못한다. 따라서 재무레버리지에 결정적인 영향을 미치는 것은 이자비용인 고정비이다.

5.2 재무레버리지 공식의 산출

재무레버리지는 영업이익의 증감에 따른 주당이익의 증감을 분석하는 것이다. 따라서 다음과 같은 재무레버리지 공식이 설정된다.

재무레버리지

$$\frac{\text{주당순이익의 변화}}{\text{영업이익의 변화}} = \frac{\text{주당순이익 증가분}(\Delta EPS) \ / \ \text{주당순이익}(EPS)}{\text{영업이익의 증가분}(\Delta EBIT) \ / \ \text{영업이익}(EBIT)}$$

재무레버리지 공식의 산출을 위하여는 **주당순이익**인 EPS에 대하여 정리가 필요하다. 영업이익에서 이자를 차감하고 남은 액수에 일정액의 세율을 공제하면 세후순이익이 된다. 즉 다음과 같은 개념이 정리된다.

$$\text{세 차감 전 이익} = \text{영업이익} - \text{이자비용}$$
$$\text{세 차감 후 이익} = (\text{영업이익} - \text{이자비용})(1 - \text{세율})$$

세후순이익을 발행주식수로 나누면 주당순이익이 된다. 그 내용을 공식으로 나타내면

$$EPS = \frac{(\text{영업이익} : EBIT - \text{이자} : I)\ (1 - \text{세율} : t)}{\text{발행주식수} : n}$$

영업이익이 증가한다면 주당이익은 증가하게 된다. 단 이자비용은 고정비이기 때문에 증가하지 않고, 증가된 영업이익에 일정률의 세율을 공제하고 나면 증가된 세후순

이익이 된다. 그 세후순이익을 발행주식수로 나누면 증가된 주당순이익(ΔEPS)가 된다.

$$\Delta EPS = \frac{\Delta EBIT(1-t)}{n}$$

전체적으로 재무레버리지의 공식을 정리하면,

$$\frac{\text{주당순이익의 변화}}{\text{영업이익의 변화}} = \frac{\text{주당순이익 증가분}(\Delta EPS)\ /\ \text{주당순이익}(EPS)}{\text{영업이익의 증가분}(\Delta EBIT)\ /\ \text{영업이익}(EBIT)}$$

$$= \frac{\dfrac{\Delta EBIT(1-t)}{n} \Big/ \dfrac{(EBIT-I)(1-t)}{n}}{\Delta EBIT / EBIT}$$

$$= \frac{EBIT}{EBIT - I}$$

제 6 절 자본분기점

재무레버리지의 개념을 이용하여 자본분기점이라는 모형을 이용하면 자본조달에 대한 유용한 의사결정을 할 수 있다. **자본분기점**(capital break－even－point)은 자금의 조달을 고려하는 경우에, 가능한 2개안의 선택에 결정적인 기준을 제공하여 준다. 즉 기업의 궁극적인 목적이 주당순이익(EPS)의 극대화에 있다면, 영업이익(EBIT)이 어느 수준 이상에서는 특정안을 택하여야 한다는 기준이 설정된다. [예제 6－5]에 의하여 자금조달방법을 가정하여 의사결정을 하여 보자.

예제 6-5

다음 2개의 자금조달방안에 대하여 자본분기점을 설정하시오.

필요자금액 : 5억 사채조달 시 : 연리 10% 이자를 지급함 1 주당 액면가액 : 5,000원 법인세율 : 40%	〈제1안〉 주식 3억 발행 : 60,000주 사채 2억 발행 : 이자 2,000만원
	〈제2안〉 주식 2억 발행 : 40,000주 사채 3억 발행 : 이자 3,000만원

<제1안>의 변화 상황 (단위 : 만원)

영업이익	2,000	3,000	4,000	5,000	6,000
(−)이자	2,000	2,000	2,000	2,000	2,000
세전이익	0	1,000	2,000	3,000	4,000
(−)세금(40%)	0	400	800	1,200	1,600
세후이익	0	600	1,200	1,800	2,400
주당이익(원)	0	100	200	300	400

<제2안>의 변화 상황 (단위 : 만원)

영업이익	2,000	3,000	4,000	5,000	6,000
(−)이자	3,000	3,000	3,000	3,000	3,000
세전이익	−1,000	0	1,000	2,000	3,000
(−)세금(40%)	0	0	400	800	1,200
세후이익	0	0	600	1,200	1,800
주당이익(원)	− 250	0	150	300	450

1안은 2안에 비하여 사채보다 주식을 더 많이 발행하여 부채의 부담을 적게 느끼는 상황이다. 즉 영업이익이 2,000(만원)에서 6,000(만원)까지 변동하면서 주당이익은 0에서 400까지 변동하고 있다. 제2안에 비하여 영업이익의 변동폭은 동일하나 주당이익의 변동폭은 작다. 즉 레버리지가 낮게 나타나고 있다.

2안은 1안에 비하여 주식보다 사채를 더 많이 발행하여 부채의 부담을 크게 느끼는 상황이다. 따라서 이자비용이 2안에 비하여 1,000(만원)이 많은 상황이다. 결과적으로 주당이익은 영업이익이 2,000(만원)에서 6,000(만원)까지 변동하면서 주당이익은 −250에서 450까지 크게 변동하고 있다.
앞의 상황을 그래프에 옮기면 ;

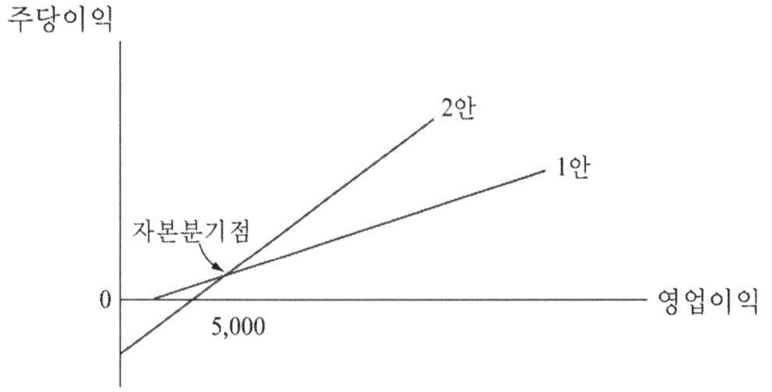

그래프에 의하면 자본분기점 이상에서 영업이익이 형성될 수 있다면 부채를 많이 조달하는 2안이 채택된다. 따라서 그 자본분기점을 알아야 한다. 자본분기점은 2개 안의 주당이익이과 영업이익이 같은 점이므로 다음과 같은 공식이 성립된다.

$$1안의\ EPS = 2안의\ EPS$$

$$\frac{(영업이익 : EBIT - 이자 : I_1)(1 - 세율 : t)}{발행주식수 : n_1} = \frac{(영업이익 : EBIT - 이자 : I_2)(1 - 세율 : t)}{발행주식수 : n_2}$$

$$\frac{(영업이익 : EBIT - 3{,}000만원)(1 - 0.4)}{40{,}000주} = \frac{(영업이익 : EBIT - 2{,}000만원)(1 - 0.4)}{60{,}000주}$$

∴ 영업이익은 5,000만원

당사는 영업이익 5,000만원 이상을 획득할 수 있다면 부채가 많은 2안을 채택하고, 영업이익 5,000만원 이상의 획득이 어렵다면 부채가 적은 1안을 채택하여야 한다. 이와 같이 자본분기점은 경영자에게 자본조달의 의사결정에 유용한 자료를 제공할 수 있다. 그러나 현실적으로 3개 이상의 다양한 복수안이 나타날 수 있다. 그러한 경우에는 컴퓨터를 이용하여 유용한 의사결정모델을 도출할 수 있다.

제07절 결합레버리지

결합레버리지(combined leverage)란 매출의 변화에 따른 주당이익의 변화를 의미하는 것으로, [그림 6-8]에서와 같이 손익계산서의 시작에서 끝까지를 대상으로 한 탄력성 분석이다. 이것은 손익의 궁극적 확대효과를 검증하여 보는 것이다. 그러나 이러한 분석은 구체적인 원인분석에 한계가 있기 때문에 종국적인 효과의 검증에 의의가 있다고 할 수 있다.

[그림 6-8] 결합레버리지 효과

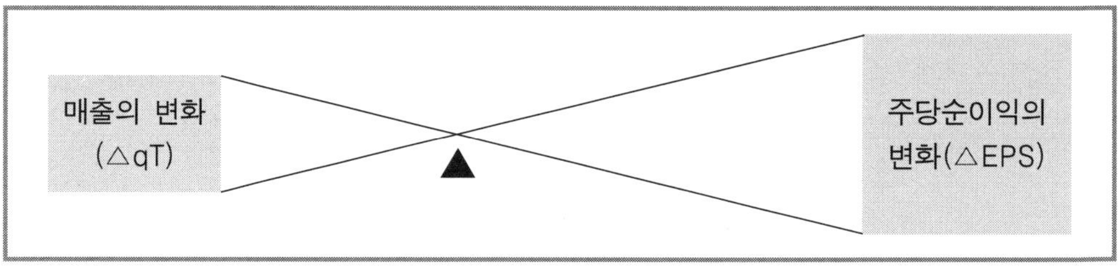

결합레버리지의 산출은 영업레버리지와 재무레버리지를 결합한 것이다. 결합레버리지를 공식화 하면 영업레버리지와 재무레버리지를 곱하여 다음과 같이 나타난다.

결합레버리지

$$\frac{\text{수당이익의 변화}}{\text{매출수량의 변화}} = \frac{\Delta EPS/EPS}{\Delta Q/Q}$$

$$= \text{영업레버리지} \times \text{재무레버리지}$$

$$= \frac{\Delta EBIT/EBIT}{\Delta Q/Q} \times \frac{\Delta EPS/EPS}{\Delta EBIT/EBIT}$$

보론 비용의 추정방법

변동비와 고정비를 실무에서 육안에 의하여 즉시 추정하는 것은 불가능하다. 특정 비용은 고정비 요인과 변동비 요인이 혼합되어 있기 때문이다. 관리회계를 실무에서 응용하려면 비용의 추정이 필요하고 그 방법은 다음과 같은 여러 가지 방법이 있고 각 방법마다 장점과 단점이 있다. 본 절에서는 [표 1]의 순서대로 각 방법의 내용과 장·단점을 파악한다.

[표 1] 비용의 추정방법

1. 산업공학적 방법	2. 계정분류법
3. 산포도법	4. 고저점법
5. 회귀분석법	6. 학습곡선에 의한 방법

1. 산업공학적 방법

산업공학적 방법(industrial engineering method)은 제조과정의 흐름을 산업공학전문가에 의하여 생산공정을 조사케 하여 분류하는 것이다. 예를 들면 용광로의 일정온도를 유지하기 위하여 일상적으로 투입되는 연료비는 고정비이고, 녹여지는 쇠의 양이 많을수록 용광로의 온도를 높이려 한다면 그 연료비는 변동비이다. 이러한 산업공학적 방법은 정확한 물리적 흐름을 공학전문가가 측정한다는 점에서 객관적이고 정확하다는 장점이 있다. 그러나 비용의 분류를 위한 전문가의 활용에 많은 시간과 비용이 발생할 수 있다는 단점이 있다.

[그림 1] 산업공학적 방법

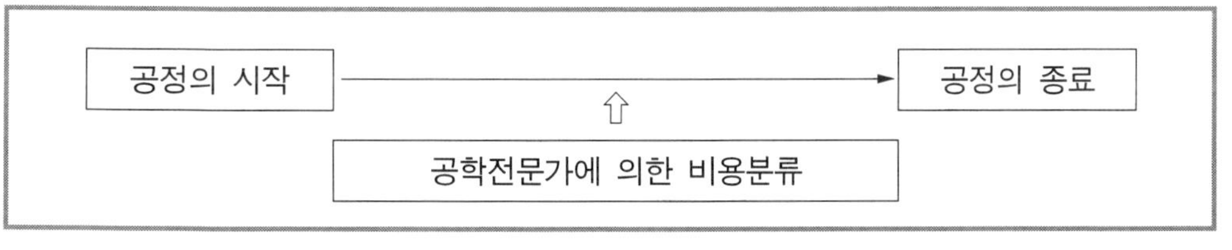

2. 계정분류법

계정분류법(account classification method)은 회계전문가에게 계정과목을 의뢰하여 분류케 하는 방법이다. 즉 회계전문가는 자신의 경험과 지식을 활용하여 비용을 분류하는 것이다. 이러한 방법은 전문가에게 의뢰하여 짧은 시간에 저렴한 비용으로 비용을 분류할 수 있다는 장점이 있으나, 전문가의 직관에는 한계가 있을 수 있다는 단점이 있다. 미국의 경우에는 관리회계사(CMA : Certified Management Accountant)라는 전문가가 있어 비용 분류에 대한 자문을 맡고 있다.

[그림 2] 계정분류법

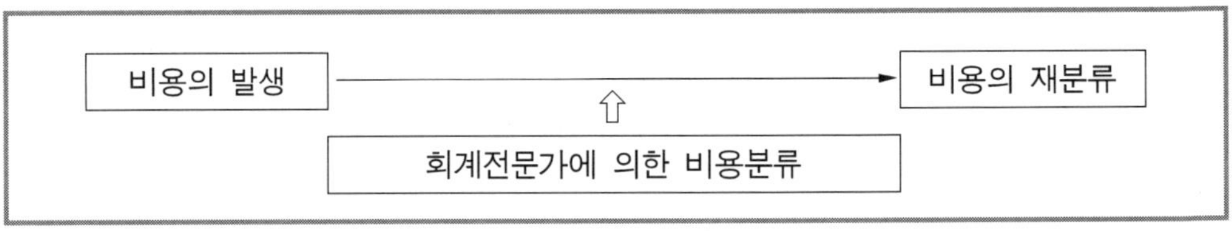

예제 1

㈜우식모터스는 2002년 총 제조간접비가 ₩14,800이었다. 관리회계의 도입을 위하여 제조간접비 계정을 전문가에 의뢰하여 다음의 자료를 얻었다면, 기계시간당 변동비와 고정비를 구하시오. 총 기계시간은 730시간이다.

계정과목	금 액	고정비	변동비
간접노무비	₩5,500	₩2,000	₩3,500
기계수선비	4,000	1,000	3,000
공장재산세	1,500	1,500	–
기계감가상각비	3,000	3,000	–
소 모 품 비	800		800
	₩14,800	₩7,500	₩7,300

전문가에 의한 계정의 분류는 조업도의 수준과 관계없이 ₩7,500이 발생하는 것으로 나타났다. 변동비는 총 기계시간 730시간에 ₩7,300으로 1시간당 10원의 비용이 발생한다. 따라서 고정비와 변동비의 함수는 다음과 같이 된다.

$$y = 7{,}500 + 10x$$

함수에서 당사는 조업도에 관계없이 ₩7,500의 비용이 발생하고, 기계가 1시간 가동될 때마다 ₩10의 비용이 증가된다. 위의 함수를 그래프로 나타내면 [그림 3]과 같다.

[그림 3] 계정분류법의 그래프 표시

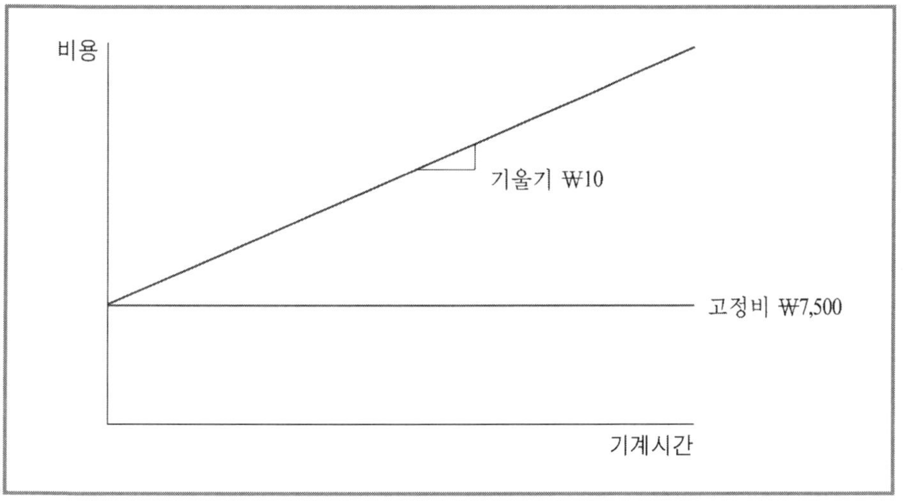

3. 산포도법

산포도법(scatter－diagram method)이란 비용의 발생행태를 그래프에 표시하고 그 추세를 눈대중으로 파악하는 것이다. [그림 4]에서와 같이 추정선이 주어진 좌표를 대표할 수 있도록 그리는 것이다. 즉 조업도 수준에 따라 발생하는 비용을 그래프에 좌표로 표시하고, 각 좌표가 모여있는 형태를 하나의 선이 대표할 수 있도록 그리는 것이다. 따라서 육안으로 추정선을 그리기 때문에 목측법이라고 하며 부정확하다는 단점이 있다. 단, 정교한 원가의 추정을 위한 예비적 분석단계로 다음의 경우에 유용하다.

① 원가함수의 선형성 여부
② 원가함수에 의하여 원가와 조업도 사이의 일반적 관계
③ 비정상적으로 발생하는 원가발생 경우의 존재여부 파악

[그림 4] 산포도법에 의한 추정

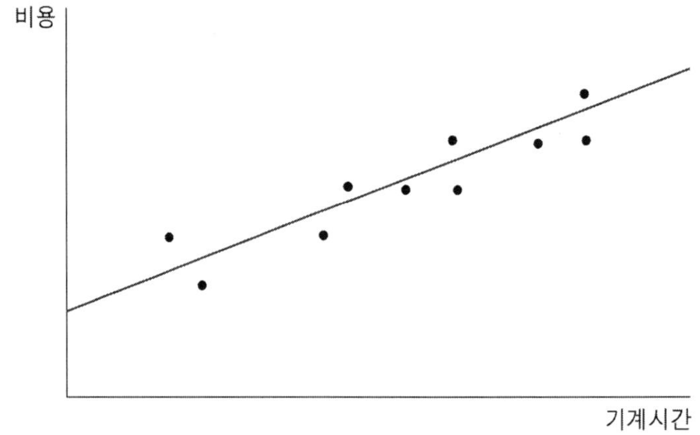

4. 고저점법

고저점법(high－low point method)은 보다 객관적인 방법에 의한 원가의 추정선을 모색하는 방법이다. 즉 가장 낮은 조업도와 가장 높은 조업도 사이의 변화를 변동비로 간주하여 처리하는 것이다. 고저점법의 적용은 [표 2]와 같은 순서에 의하여 산출한다.

[표 2] 고저점법의 순서

단계	내용
단계1	각 조업수준에 따른 비용을 조사하고 그래프에 표시
단계2	추정선의 기울기 산출
단계3	대입에 의한 비용함수의 산출

일반적으로 고정비와 변동비는 제조간접비에 다수 혼합되어 있다. [예제 2]에 의하여 고저점법을 이해하여 보자.

예제 2

㈜우식모터스는 제조간접비에 고정비와 변동비가 혼합되어 경영 의사결정을 하기가 어렵다고 판단하여 고저점법으로 비용을 분류하기로 하고, 다음과 같은 자료를 수집하였다.

	기계시간	제조간접비
1월	3,820	₩696,000
2월	4,640	735,000
3월	5,004	823,000
4월	5,730	898,000
5월	6,230	923,000
6월	6,660	974,000
7월	6,010	904,000
8월	5,420	872,000
9월	4,950	812,000
10월	4,780	743,000
11월	3,240	683,000
12월	3,130	621,000

(단계1) 각 조업수준에 따른 비용의 발생행태를 그래프에 표시한다.

[그림 5] 고저점법에 의한 비용의 그래프 표시

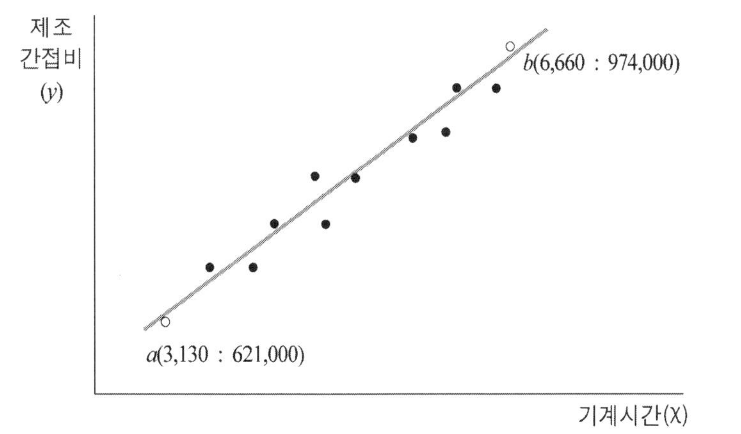

먼저 1개월마다 조사한 기계시간은 조업도가 된다. 각 조업수준별로 발생한 비용은 아직 고정비와 변동비의 분류가 되지 않고 있는 상태지만, 일단 그래프에 표시하여 비용의 발생행태를 점검한다. 일단 그래프에 표기하면, 가장 높은 조업도의 제조간접비와 가장 낮은 조업도의 제조간접비를 그래프에 표기하면 두 좌표간에 일직선을 긋고, 그 직선이 [그림 5]와 같은 비용의 **추정선**이 된다.

(단계2) 추정선의 기울기 산출

기울기의 추정은 **1차 함수**의 기본원리를 이용한다. 즉 χ좌표의 증가에 대하여 y좌표가 얼마나 증가하는가를 나타내는 것이 1차 함수에서 기울기를 나타내는 기본원리이기 때문에, 비용함수도 이러한 원리를 그대로 적용한다. 즉 1차 함수 $y=a+b\chi$에서 b는 기울기를 나타내는 것이고 기울기는 다음과 같이 산출한다.

$$\text{기울기} = \frac{y\text{좌표의 증가분}(\Delta y)}{\chi\text{좌표의 증가분}(\Delta \chi)}$$

$$= \frac{\text{최고 조업도의 원가} - \text{최저조업도의 원가}(\Delta y)}{\text{최고조업도} - \text{최저조업도 }(\Delta \chi)}$$

$$= \frac{₩974{,}000 - ₩621{,}000}{6{,}660\text{시간} - 3{,}130\text{시간}}$$

$$= ₩100/1\text{시간}$$

동사는 1 기계시간당 제조간접비가 ₩100씩 증가하는 기울기를 갖고 있다. 즉 1차 함수에선 a값이 100이라는 것이다. 이와 같은 내용을 정리하면 $y=100\chi+b$가 성립한다. 이러한 개념을 그래프로 나타내면 [그림 6]과 같다.

[그림 6] 고저점법에 의한 비용의 그래프 표시

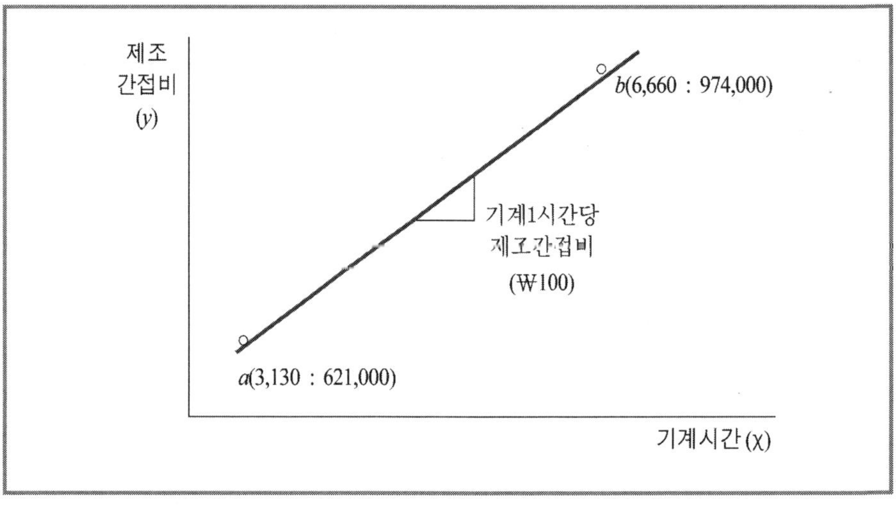

(단계3) 대입에 의한 비용함수의 산출

$y=a+100x$가 성립되어, 해당좌표를 입력하면 비용함수가 산출된다. 즉 최고조업도와 최저조업도 중 어느 하나의 좌표만 입력하면 해당 금액이 산출된다. 예를 들면 비용함수 $y=a+100x$에 최고조업도 6,660시간(x좌표)을 입력하면 제조간접비(y좌표)는 ₩974,000이 되어야 한다.

$$974{,}000=100\cdot 6{,}660+a$$
$$\therefore\ a=308{,}000$$

동일하게 최저조업도 3,130 시간도 대입하면 ₩621,000이 되어야 한다.

$$621{,}000=100\cdot 3{,}130+a$$
$$\therefore\ a=308{,}000$$

동사는 조업도의 수준과 관계없이 일정하게 발생하는 고정 제조간접비는 ₩308,000이며, 기계가 1시간 가동될 때 마다 시간당 ₩100씩 변동제조간접비가 증가한다. 즉 비용함수는 다음과 같다.

$$y=308{,}000+100x$$

고저점법은 쉽고도 객관적인 방법으로 사용될 수 있으나, 최고점과 최저점이 일정한 추세에서 벗어나면 부적절한 추정함수가 나타날 수 있다. 이에 대한 보완 방법으로 상위 25%와 하위 25%를 제거한 **4분위 검정**의 방법을 사용하면, 보다 대표성 있는 함수를 추출할 수 있다.

5. 회귀분석법

회귀분석법(regression analysis method)이란 $y=a+100x$의 비용함수를 회귀분석이라는 고차적 통계적 방법을 사용하여 보다 객관적인 추정치를 구하기 위한 것이다. 회귀분석법의 기본개념은 조업도에 따른 비용의 행태를 그래프에 표기하고 추정선을 그렸을 때, 추정선과 그래프에 표기된 실제값 조사된 값과의 차이가 가장 최소화될 수 있는 조건을 형성하는 것이다.

[그림 7]에서 보는 바와 같이 추정선과 실제값과의 차이는 (+)일수도 있고, (−)일수도 있다. 따라서 (+)와 (−)가 상계되면 추정선과 실제값의 차이가 발생하지 않는 것으로 보인다. 이러한 문제를 해결하기 위하여 추정선과 실제값의 차이에 제곱을 하면, 차이가 모두 (+)로 나타나고, 가능한 그 차이를 최소할 수 있을 때 최적이 된다.

이러한 방법을 **최소자승법**(least square method)이라 한다. [그림 7]을 중심으로 추정선의 함수를 식으로 나타내면 다음과 같다.

추정선의 함수 ;

$$ei = a + bx_i \qquad \text{(식 1)}$$

$$\text{최소화(Min.)} \quad \sum_{i=1}^{n}(y_i - e_i)^2 \qquad \text{(식 2)}$$

yi : 관찰조업도의 실제원가
ei : 추정선의 추정원가
n : 관찰회수

(식 2)의 e_i에 (식 1)에 대입하면

$$\text{최소화(Min.)} \quad \sum_{i=1}^{n}(y_i - a - bx_i)^2 \qquad \text{(식 3)}$$

여기에서 구하고자 하는 a와 b에 대하여 편미분을 하여야 한다. 편미분은 사회과학에서 어려운 개념이기 때문에 그 결과만 나타내면 다음의 방정식이 산출된다.

$$\Sigma y = na + b\Sigma x$$
$$\Sigma xy = a\Sigma x + b\Sigma x_2$$

위의 방정식에 x값(조업도)과 y값(비용)을 대입하면 a값과 b값을 구할 수 있다.

[그림 7] 추정선과 실제값의 편차

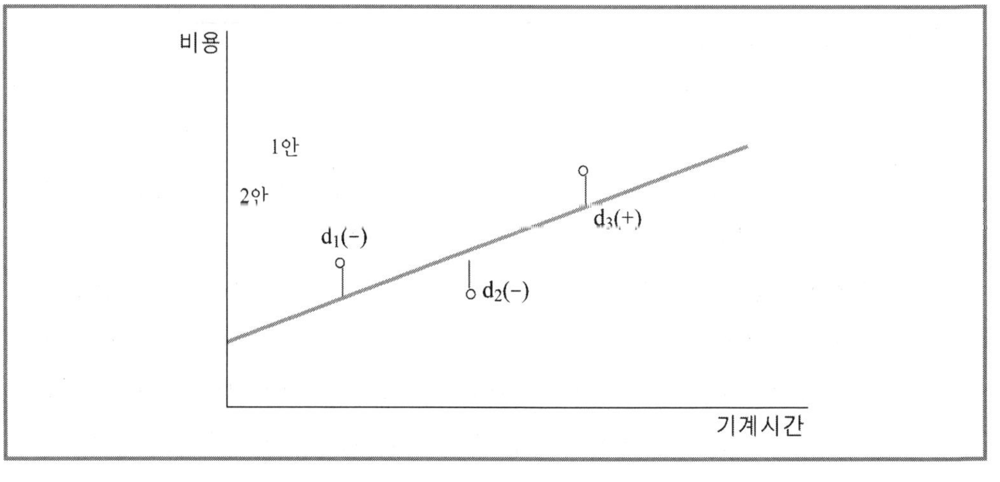

예제 3

[예제 2]의 ㈜우식모터스 자료를 회귀분석법으로 비용함수를 구하시오.

공식의 대입을 위하여 다음과 같은 계산이 필요하다.

월	기계시간(x)	제조간접비(y)	x^2	xy
1	3,820	696,000	14,592,400	2,658,720,000,000
2	4,640	735,000	21,529,600	3,410,400,000,000
3	5,004	823,000	25,040,016	4,118,292,000,000
4	5,730	898,000	32,832,900	5,145,540,000,000
5	6,230	923,000	38,812,900	5,750,290,000,000
6	6,660	974,000	44,355,600	6,486,840,000,000
7	6,010	904,000	36,120,100	5,433,040,000,000
8	5,420	872,000	29,376,400	4,726,240,000,000
9	4,950	812,000	24,502,500	4,019,400,000,000
10	4,780	743,000	22,848,400	3,551,540,000,000
11	3,240	683,000	10,497,600	2,212,920,000,000
12	3,130	621,000	9,796,900	1,943,730,000,000
	59,614	9,684,000	310,305,316	49,456,952,000,000

다음의 회귀분석에 대입하면

$$\Sigma y = na + b\Sigma x$$
$$\Sigma xy = a\Sigma x + b\Sigma x_2$$

$$9{,}684{,}000 = 12 \cdot a + b \cdot 59{,}614$$
$$49{,}456{,}952{,}000{,}000 = a \cdot 59{,}614 + b \cdot 310{,}305{,}316$$

위의 방정식은 실제로 수작업으로 푼다는 것이 시간의 문제도 있거니와, 정확성에도 문제가 된다. 따라서 컴퓨터 프로그램을 통하여 산출하는 것이 바람직하다. 위의 방정식의 풀면 다음과 같다.

$$y = 333{,}677 + 95.28x$$

회귀분석의 방법에 의하여 산출된 비용함수는 고저점법에 의하여 산출된 비용함수 $y=100x+308{,}000$와는 다소 차이가 있다. 그러나 회귀분석에 의한 방법이 보다 정확한 방법이다. 따라서 회귀분석에 의한 방법은 정확하다는 장점이 있긴 하지만, 수작업으로는 곤란하다는 단점이 있다.

6. 학습곡선에 의한 방법

앞의 예는 원가함수가 1차 함수 즉 선형(linear)을 가정하고 있다. 그러나 작업을 할수록 작업자의 숙련도는 높아지기 때문에 누적된 원가는 체감적 증가를 한다. 즉 **학습곡선**(learning curve)이라는 개념이 도입된다. 즉 작업은 진행될수록 숙련된다는 것이다. 그러나 숙련의 개선도는 초기에는 크게 개선되지만, 점차 숙련의 개선도는 작아진다.

학습곡선의 개념은 "누적생산량이 2배로 될 때마다 누적평균 단위원가는 일정 % 감소한다는 것"이다. 그러한 일정 %는 **학습률**이라는 개념으로 대별된다. 예를들면 학습률(learning ratio)이 80%이면, 한단위 생산에 ₩100의 원가가 2단의 생산에 단위당 ₩80이 되어 총원가는 ₩160이 된다는 것이다. 이러한 개념은 [표 3]과 같이 전개된다.

이러한 현상은 초기에는 학습효과가 크게 나타나지만 누적생산량이 증가할수록 누적평균 단위원가의 감소액은 점차 작아진다. 즉 생산량이 늘어날수록 학습효과는 점점 떨어진다는 것이다.

학습곡선은 숙련을 필요로 하는 복잡한 작업에서 나타날 수 있고, 일정한 학습곡선이 경험에 의하여 파악된다면 미래의 원가를 예측하는데 유용한 정보가 될 수 있다.

[표 3] 학습률에 의한 단위원가의 산정

누적생산량	누적평균단위원가	누적총원가	누적평균단위원가 감소액
1	₩100	₩100	−
2	80(80%)	160	20
4	64(80%)	256	16
8	51.20(80%)	409.6	12.8

예제 4

㈜우식항공은 B777－700의 비행기 제작에 착수하고 처음으로 1대 제작에 노무비 100억을 사용하였다. 차후 작업자의 작업능률이 개선되어 90%의 학습률이 적용되었다. 4대의 비행기 제작에 필요한 노무비는 얼마인가?

누적생산량	누적평균단위원가	누적총원가	누적평균단위원가 감소액
1	₩100억	₩100억	－
2	90(90%)	180	10
4	81(90%)	324	9

CHAPTER 06 연습문제

01 경영위험과 재무위험의 차이를 설명하시오.

02 기업 현장에서 고정비와 변동비의 사례를 제시하고 설명하시오.

03 영업레버리지와 재무레버리지가 의미하는 바를 설명하고, 손익계산서에서 분석의 접근방법에 대한 비교를 하시오.

04 다음 자료에 의하여 영업레버리지를 구하시오.

매출수량	1,000단위	영업이익	₩5,000,000
매출수량 증가	200단위	영업이익의 증가	₩1,250,000

05 다음 자료에 의하여 영업레버리지를 구하시오.

총 고정비	₩300,000	매출수량	10,000단위
단위당 판매가격	₩100	단위당 변동비	₩60

06 다음 자료에 주당이익(EPS)를 구하시오.

영업이익	₩30,000,000	발행사채의 액면가	₩200,000,000
사채의 이자율	10%	세 율	40%
발행주식수	500주		

07 다음 자료에 의하여 재무레버리지를 구하시오.

영업이익	₩4,000,000	주당이익	₩1,000
영업이익의 증가액	₩1,000,000	주당이익의 증가액	₩ 250

08 다음 영업이익이 ₩20,000,000 이고 이자비용이 ₩5,000,000인 경우 재무레버리지를 구하시오.

09 다음 자료에 의하여 재무레버리지를 구하시오.

매출수량	1,000 단위	영업이익	₩5,000,000
매출수량 증가	200 단위	영업이익의 증가	₩1,250,000
주당이익	₩1,000	주당이익의 증가	₩250

10 다음 2개안의 자본분기점을 구하시오.

필요자금	5,000만원	1주당액	5,000원
법인세율	40%	부채이자	10%
<1안> 자본금 2,000만원		부채 3,000만원	
<2안> 자본금 4,000만원		부채 1,000만원	

11 다음 기업의 영업레버리지와 재무레버리지 및 결합레버리지를 구하시오.

매출수량	1,000 단위	고정비	₩20,000
단위당 판매가격	₩100	단위당변동비	₩60
영업이익	₩50,000		

12 다음 자료에 의하여 물음에 답하시오.

손익계산서

매출액		₩1,100,000(10,000 단위)
변동비	800,000	
공헌이익	300,000	
고정비	100,000	
이자비용	50,000	
세전이익	150,000	
법인세(40%)	60,000	
당기순이익	90,000	
주당순이익(발행주식수 1,000주)	₩90	

(1) 단위당 판매가격을 구하시오.
(2) 단위당 변동비를 구하시오.
(3) 총고정비를 구하시오.
(4) 손익분기점의 수량을 구하시오.
(5) 12,000 판매의 경우, 예상이익을 구하시오.
(6) 12,000 단위 판매의 경우 영업레버리지를 구하시오.
(7) 14,000 단위 판매의 경우 영업레버리지를 구하고 레버리지 계수가 감소하는 이유를 설명하시오.
(8) 12,000 단위 판매의 경우 재무레버리지를 구하시오.

C/H/A/P/T/E/R

07

부실기업의 관리와 예측

기업이 부실화되어 도산하는 사례는 빈번하다. 기업이 부실화되는 이유는 매우 다양하겠지만, 사전에 기업의 부실화 정도를 파악하여 대비할 수 있다면 매우 유용하다.

그동안 재무제표를 기업의 부실화 예측에 유용하게 사용할 수 있는 방법이 다양하게 개발되었고, 재무비율의 연구는 기업의 부실화 예측에 매우 유용하다는 결과를 나타냈다. 최근에는 고차적인 통계분석과 컴퓨터 기능의 발전에 의하여 부실기업의 예측을 보다 쉽게 할 수 있다.

본 장에서는 기업의 부실에 대한 개념정리와 부실화에 대한 처리 및 재무비율을 이용하여 부실기업을 예측하는 방법을 학습한다. 고차적인 통계방법인 판별분석의 내용이 이해에 어려움이 있지만 판별분석의 개념만 이해할 수 있다면 통계학의 이해가 적은 사람도 쉽게 활용할 수 있다.

주요용어 : 경영부실, 지급불능, 파산, 법정관리, 화의, 기업 구조조정, 은행관리, 절사점, 프로화일 분석, 다변량분석, 판별분석

회계학에서 기업은 계속해서 존재한다는 계속기업의 공준을 설정하고 있다. 일반적으로 기업은 창업 후 3년 이내에 10개중 6개가 폐업하고, 5년이 되면 30% 정도만 생존한다. 미국기업의 경우 2011년 평균수명이 18년이고 2020년에는 11년으로 줄어들 것으로 예측하고 있다(S&P 조사자료). 한국기업도 1995년의 100대 기업 중 현재까지 생존한 기업은 7개에 불과하다. 578년에 설립된 세계 최장수기업인 일본의 곤고구미도 2006년 문을 닫았다.

실제로 우리나라 기업의 경우 1970년대 후반의 무리한 중화학공업 투자가 상당한 기업부실을 초래하였으며, 세계경기의 부진에 의하여 80년대 초 해운, 건설 등의 업종에 부실이 초래되었다. 특히 1997년 말 외환위기사태 이후 상당한 대기업이 도산하였으며, 최근에 현대그룹 계열사의 부실화 및 대우그룹의 도산이 사회에 커다란 충격을 주고 있다. 따라서 부실기업을 사전에 예측하고 관리할 수 있는 방법의 개발이 필요한 현실이다.

제01절 기업부실의 개요

기업부실을 하나로 정의하기란 어렵다. 기업부실을 경영상태의 악화에서 파산에 이르기까지 다양하게 정의하고 있지만, 일반적으로 [표 7-1]과 같이 경영부실과 지급불능으로 대별된다.

[표 7-1] 기업부실의 유형

- 경영부실
  - 총수익 < 총비용
  - 투자수익률 < 자본조달비용
  - 기업의 실현수익률 < 업종평균투자수익률
- 지급불능
  - 기술적 지급불능
  - 실질적 지급불능
- 파산(기업도산)

1.1 경영부실

경영부실(business failure)이란 기업이 즉시 도산하는 것은 아니지만, 향후 도산의 가능성을 갖고 있는 상태이다. 일반적으로 경영부실의 징후는 다음과 같다.

1.1.1 총수익보다 총비용이 큰 경우

기업이 획득하는 총수익이란 대표적으로 매출액, 영업외수익 등이 손익계산서에서 분류된다. 총비용이란 매출원가, 판매비와 관리비, 영업외비용 등이 손익계산서에서 분류된다. 총수익보다 총비용이 큰 경우 기업은 일단 당기순손실에 직면한다. 이러한 경우 적자의 누적은 기업의 부실화를 초래한다.

1.1.2 투자수익률보다 자본조달비용이 큰 경우

투자수익률이란 기업이 투자한 액수에 대하여 획득하는 이익의 비중이 얼마나 되는가를 의미한다. ROI(Return On Investment)라고도 하는 투자수익률을 높이려면 투하되는 자본과 이익창출이 필요하다. 자본의 조달 시 타인자본에 의한 조달은 이자비용의 부담을 안게 되는데 이러한 이자비용은 **자본조달비용**이라 할 수 있다. 따라서 자본조달비용에 못 미치는 투자수익률은 이자비용의 부담을 해결하지 못하여 기업의 부실화를 초래한다.

1.1.3 실현수익률보다 업종평균 투자수익률이 큰 경우

기업에서 실현하는 수익률이 순이익으로 나타난다 하여도, 그 업체가 속한 업종의 **평균투자수익률**에 미달한다면 채산성이 낮은 기업이다. 실제로 업종에 따라 수익률은 다양하게 나타나고 있다. 따라서 업종간의 비교보다 업종 내에서 타 기업에 비하여 수익률이 낮다는 것은 경쟁에서 뒤지고 있다는 것을 의미하고, 향후 시장지배력을 잃게 될 가능성이 있다.

1.2 지급불능

지급불능은 **기술적 지급불능**과 **실질적 지급불능**으로 분류할 수 있다. 기술적 지급불능은 일시적일 수 있으나, 실질적 지급불능은 근본적인 부실의 문제가 된다.

1.2.1 기술적 지급불능

기술적 지급불능이란 일시적으로 유동성이 부족하여 만기가 된 채무를 상환할 수 없는 경우를 의미한다. 기업의 회계책임자는 단기적으로 만기가 되는 채무에 항상 주의를 기울이지만, 단기적으로 회수되는 현금이 단기채무를 감당하지 못하게 되면 **기술적 지급불능**(technical insolvency)에 이르게 된다.

복식부기 형태의 회계시스템에서는 유동비율과 당좌비율에 대한 관리가 필요하고, 나아가 현금흐름 및 단기적 현금예산에 대한 중점관리가 기술적 지급불능의 대처를 가능하게 한다. 기술적 지급불능은 도산의 직접적 원인이지만 기업에 따라 일시적 현상일수 있고 개선작업을 통하여 우량기업으로 성장하는 사례도 나타나고 있다.

1.2.2 실질적 지급불능

총부채 가치가 총자산가치를 넘어 실질순자산가치가 (−)가 되는 경우에는 **실질적 지급불능**(real insolvency)이 된다. 즉 기업의 자산을 모두 처분하여 부채를 해결할 수 없는 경우에는 자본의 잠식이 발생하게 된다. 이러한 경우는 만성적 결손누적에 의하여 나타나기 때문에 파산에 의한 처리가능성이 높다.

실질적 지급불능은 **자본의 잠식**이 발생하였기 때문에 단기간에 회복되기 어렵다. 즉 도산의 상태에 이르렀기 때문에 파산적 지급불능이라고도 한다. 실질적 지급불능 상태에 빠진 기업은 근본적인 대책의 강구가 필요하다.

1.3 파산

파산(bankruptcy)이란 법원에 의하여 공식적으로 파산선고가 내려진 경우를 의미한다. '파산법'은 기업의 자산가치가 부채가치에 미치지 못하는 채무초과의 상태에 이르면 파산원인이 발생한 것으로 보고 있다. 이러한 경우 채권자나 채무자는 법원에 파산신청을 할 수 있고, 법원의 파산선고에 의하여 기업은 청산절차에 들어가게 된다.

파산 전에 기업은 법원에 화의, 법정관리 등을 신청하여 구제방안을 강구할 수 있다. 실제로 정부의 정책적 결정에 의하여 구제가 다르게 나타나는 경우가 있다.

즉 구제금융 등의 지원에 의하여 기업의 존속이 유지되는 경우가 있다. 한편 금융기관에서는 기업에 대한 여신의 안정성 확보와 채권보전을 위하여 다음과 같은 경우를 기업부실로 정의하고 있다.

- 회사정리법이나 화의법에 의한 회사정리 또는 화의절차가 진행 중인 기업
- 청산절차가 진행 중인 기업
- 금융기관의 신용정보 교환 및 관리규약에 의해 불량거래처리 규제 중인 기업
- 기업구조조정 촉진을 위한 금융기관 협약에 의해 워크아웃으로 선정된 기업
- 기타 재무상태 악화 등으로 채권확보를 위 채권회수 및 특별관리가 필요하다고 금융기관에서 판단한 경우의 기업

제 2절 기업부실의 부작용과 원인

2.1 기업부실의 부작용

자본주의 사회에서 기업은 국민경제에 중요한 영향을 미치는 존재이다. 따라서 기업의 부실은 기업 자신 뿐 아니라 사회 전체에 미치는 영향이 크다. 기업의 부실에 의하여 나타나는 부작용을 주체별로 정리하면 다음과 같다.

2.1.1 당해기업

기업이 파산하면 파산처리를 위한 비용이 소요된다. 즉 청산을 위한 변호사, 회계사, 법정관리를 위한 관재인 등에 대한 보수가 필요하다. 또한 청산에 의한 자산의 매각은 정상가격보다 낮게 처분되는 것이 일반적이다. 만일 기업이 회생된다하여도 신용도 하락으로 인한 원자재 매입의 불리, 거래처 축소, 자금 차입비용 증가, 인재퇴사 등의 기회비용 상실이 뒤따른다.

2.1.2 채권자

기업에 자금을 대여한 채권자는 원금과 이자를 받을 수 없게 되고, 채권의 보전을 위하여 법적 절차를 따라야 하기 때문에 비용이 필요하다. 법정관리나 화의에 의하여 채권의 보전을 달성한다 하더라도 회수에 대한 기간 연장으로 시간상의 피해와 이자

수익 미회수에 대한 피해를 감수하여야 한다. 최근에 채권자를 주주로 전환하는 자본 전환이 있으나, 기업이 회생하지 못하면 결국 채권자의 피해가 된다.

2.1.3 정부 및 국가신인도

기업의 부실화는 국민경제의 부실화에 영향을 미치게 되어, 국민경제의 수준저하는 물론 대외적으로 국가의 신인도를 떨어뜨려, 향후 기업의 자금조달에 불리한 금리차입이 이루어지게 된다. 1997년말 외환위기 사태 이후 우리나라의 정부와 기업은 신인도 하락에 의한 불리한 조건의 자금조달을 감수하여야 했다. 특히 기업의 수익성 감소로 인한 세수의 확보의 어려움은 국가재정을 악화시킨다.

2.1.4 주주

기업의 부실화는 배당금의 감소는 물론, 주가의 하락을 초래하게 된다. 따라서 주주는 종국적인 기업부실의 부담자이며 재산상의 피해를 입게 된다. 최근에 손실 누적으로 인하여 자본잠식이 된 기업의 주주는 주식의 보유가 전혀 가치 없는 현상으로 나타나는 경우가 있다.

2.1.5 종업원

급료의 축소와 퇴직금의 축소 및 불가가 나타나 재산상의 피해를 보게 된다. 또한 이직을 위한 시간과 비용의 문제가 발생하고, 향후 나타날 불안감에 대한 심리적 고통을 유발한다.

2.1.6 거래처

특정 기업의 부실화는 거래처에 대한 신용이 감소한다. 특히 대기업에 납품하는 중소기업이 다수인 우리나라의 현실에서 대기업이 부실은 중소기업에 커다란 피해를 보게 하여 연쇄적인 도산으로 이어지는 경우가 많다. 또한 거래처간의 상호보증에 의하여 연쇄적 도산과 피해를 보는 경우가 빈번하고, 거래대금의 회수 불가로 인하여 동반부실을 초래하게 된다.

기존의 연구에 의하면 기업의 청산 또는 회생과정에서 실제로 지출된 직접비용보다, 신용하락 등에 따른 매출감소, 차입비용 증가 등의 간접비용이 훨씬 큰 것으로 나타나고 있다.

2.2 기업의 부실화 과정

기업이 부실화되는 것은 일순간에 발생하기보다 [그림 7-1]에서와 같이 일정한 과정을 지나면서 나타난다. 근본적으로 부실의 원인은 수익성의 저하에 있기 때문에 영리를 목적으로 하는 사기업은 수익성의 확보가 부실화의 가장 큰 관건이다.

[그림 7-1] 기업의 부실화 과정

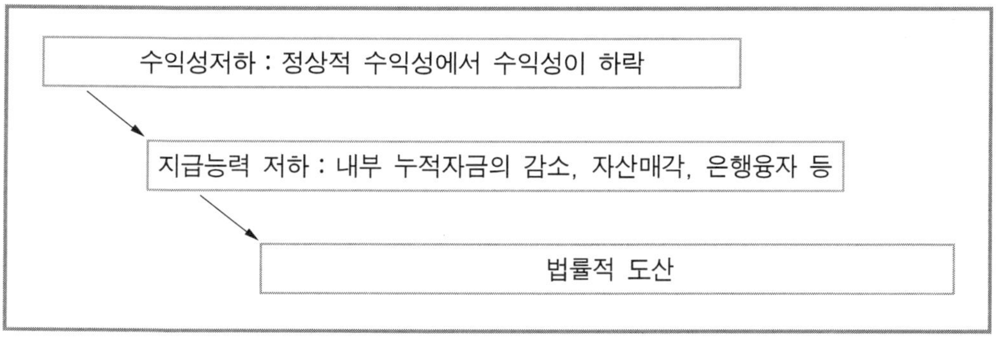

[그림 7-1]과 같은 부실화 과정을 점검하는 방법은 여러 가지가 있다. 일반적으로 부실화의 징후는 다음과 같은 예에서 나타난다.

① 융통어음의 이용
② 어음결제기간의 연장
③ 최근 중요자산의 매각
④ 주거래은행과의 거래 중단 또는 변경
⑤ 최고경영자의 신용 및 평판 악화
⑥ 파벌 조성
⑦ 핵심인물 퇴사
⑧ 종업원에 대한 강요 및 출혈 판매
⑨ 종업원의 사기저하

⑩ 노사간의 대립

⑪ 대주주의 지분 매각

구체적으로 재무제표에서 찾아볼 수 있는 기업의 부실화 징후는 [표 7-2]와 같다. 재무상태표는 일정시점 기업의 재무상태를 나타내는 것이기 때문에 비유동자산이나 비유동부채가 직접적인 부실의 원인이 될 가능성은 낮다. 그러나 유동자산과 유동부채와의 관계는 단기채무의 대처라는 차원에서 부실가능성과 높은 관계가 있다. 손익계산서의 경우에도 한 회계기간의 손실이 도산의 직접적 원인은 아니다. 그러나 누적된 손실이나, 영업이익의 부진은 부실의 징후라 할 수 있다. 또한 돌발적으로 발생하는 손익항목은 주의를 기울여 분석하여야 한다.

현금흐름표는 가장 유동성이 높은 항목의 집약이다. 기업의 도산이 결과적으로는 다가오는 채무를 해결하지 못하는 데서 나타나기 때문에, (-)현금흐름은 단기적으로 도산의 가능성을 예상하게 된다.

[표 7-2] 재무제표상 부실의 징후

재무상태표	손익계산서	현금흐름표
• 현금의 감소 • 재고자산의 증대 • 단기차입금 등 유동부채의 증가 • 부채의 증가 • 이익잉여금 감소와 결손금 누적 • 자본잠식	• 매출의 계속적 감소 • 영업이익의 감소 • 매출원가의 증가 • 돌발적 특별손실 발생 • 결손의 지속 • 이자비용의 증가 • 대규모 처분손실 • 급여의 감소	• (-)의 현금 흐름 • 현금 및 예금의 감소 • 영업활동으로 인한 현금흐름 감소 • 단기차입금 조달로 장기부채 상환 • 이자비용 지급 증가 • 단기자금 조달 증가

2.3 각국의 기업부실 원인

기업의 부실원인은 각 나라마다 처한 환경의 변화에 따라 다르게 나타날 수 있다. 즉 선진국과 후진국, 대기업과 중소기업은 각각 다른 요인이 부실발생을 초래할 수 있다. 제반연구에서 나타난 미국, 일본, 한국의 기업부실 원인은 [표 7-3]과 같다.

[표 7－3] 각국의 기업부실 원인

국가 / 부실원인	미국	일본	한국	
			대기업	중소기업
순 위	① 무능력 ② 경험의 불균형 ③ 관리경험의 부족	① 경기변동에 의한 판매부진 ② 방만한 경영 ③ 경영계획	① 과시욕에 따른 사업확장 ② 방만한 자금 관리 ③ 최고경영자의 독단적 기업경영	① 거래기업의 부진 ② 판매대금의 회수부진 ③ 경영자의 자질 부족
자 료	The Failure Record	현대기업평가론	한국기업의 성공과 실패(신유근)	중소기업은행 조사부

[표 7－3]에 의하면 미국기업은 무능력, 경험의 불균형, 관리경험의 부족이라는 경영자의 자질 즉, 기업의 내부적 요인에 의하여 부실화가 나타난다. 그러나 일본기업은 경기변동에 의한 판매부진이라는 외적요인이 가장 강하게 나타난다. 한국기업의 경우 대기업과 중소기업의 부실원인이 차이가 있다. 한국 대기업의 도산 원인은 다음과 같이 정리된다.

첫째, 방만한 경영에 의한 사업의 확장이다. 1980년대 경제성장에 의한 기업의 규모증가는 다양한 사업에의 다각화를 추진하였다. [표 7－4]는 우리나라 기업의 방만한 확장사례를 나타내고 있다. 이러한 방만한 확장은 계열사간에 지급보증을 하게되고, 계열사의 부도는 그룹사 전체의 부도로 이어지는 부작용을 초래한다. 예를 들면 N그룹의 경우에도 5개 계열사의 지급보증에 의하여 도산되었으며, H합섬㈜도 1조원을 상회하는 계열사 지급보증이 도산을 초래하였다.

둘째, 과다한 차입위주의 경영이 수지악화를 초래하는 경우이다. 지나친 부채의 증가는 자기자본비율을 약화시켜, 1996년 말 K특수강㈜의 자기 자본비율이 3.5%였고 N백화점㈜는 6.0%에 불과하였다. H그룹의 경우 1996년 부도 직전 부채비율이 2,067%이었고, H철강㈜도 COREX 공법의 도입에 의한 6조원 이상의 무리한 설비를 부채로 조달하는 부작용을 초래하였다. 이러한 차입위주의 경영은 IMF사태 이전에 한국기업의 평균 부채비율을 400%대로 악화시켰으며, 구조조정의 기회를 놓치게 되어 IMF사태를 초래하게 되었다. 이러한 현상은 사전에 신용평가의 엄격함이 부족하여 미리 대비하지 못한 데에도 원인이 있다.

셋째, 비유동장기적합률의 불량이 발생하는 경우이다. 장기성자산 즉 비유동자산은 장기자금 즉 비유동부채나 자본으로 충당하여야 한다. 예를 들면 N백화점, S개발, J맥주 등은 단기차입금이 연 매출액을 초과하는 불균형으로 도산하고 말았다.

넷째, 최고경영자의 독단적 결정이다. 우리나라 대부분의 그룹사는 최고경영자의 의사결정에 의하여 중요사항이 실행된다. S자동차의 무리한 설립은 S자동차의 부실화 뿐 아니라 자동차의 과잉공급으로 K자동차의 도산을 야기시켰다. 또한 D자동차의 S자동차 인수 또한 타당성 없는 방만한 경영확장을 위한 의사결정이다.

중소기업의 경우에는 대부분이 대기업에 납품하는 형태가 많다. 따라서 주 거래선이 대기업인 것을 감안할 때, 대기업의 부실이 중소기업의 부실로 이어진다는 것을 의미한다.

[표 7-4] 우리나라 기업의 방만한 확장 사례

업체명	도 산 사 유
K자동차㈜	금속 및 특수강 진출
S특수강㈜	섬유 및 배터리사 인수
㈜S	계열사 17개 확장
T정밀㈜	종합금융과 방송 진출
H제과㈜	전자, 유통, 상사, 중공업 등 계열사 14개
H시멘트㈜	제지, 자원, 자동차공조부품, 해운, 창투, 호텔 등 진출
㈜K	항공기, 건설, 여객운송 등으로 확장

제 03절 부실기업의 처리방법

부실화된 기업을 어떻게 처리할 것인가? 부실화된 기업의 회생가능성은 관련기관이나 주 채권자들의 의사결정에 크게 영향을 받는다. 부실기업의 처리절차는 [표 7−5]에서와 같이 법적 절차에 의한 처리와 금융기관에 의한 처리로 분류할 수 있다.

[표 7−5] 부실기업의 처리방법

- 법적절차에 의한 처리
  - 법정관리
  - 화의
  - 파산
- 금융기관에 의한 처리
  - 기업구조조정
  - 은행관리

3.1 법정관리에 의한 처리

3.1.1 법정관리

부실화된 기업 중 갱생의 가능성이 있는 기업은 **'회사정리법'**에 따라 주주, 채권자 등의 이해관계자에게 법원에 의하여 이해관계가 조정되는 제도이다. 일반적으로 공익성이 높고 제조업으로서 회생가능성이 높다고 법원이 판단하면 법정관리를 실시한다.

법정관리 실시업체는 상당기간 채무가 동결되거나 상환기간이 연장 또는 개선된다. 이렇게 함으로써 법정관리 기업에 회생가능성을 부여하게 된다. 또한 주주의 권리를 절반 이상 감소시키기 때문에 강력한 규모의 축소를 요구하고 있다. 그러나 대부분의 경영자는 **경영권을 상실**하고 법원이 선임한 관리인이 경영권을 행사한다.

법정관리는 1997년 말 외환위기사태(IMF사태)를 전후하여 다수 발생하였으며, 기업이 사회에 미치는 악영향을 축소한다는 긍정적 측면도 있지만, 다수의 문제점도 갖고 있다. 예를 들면 주주가 법정관리의 보호 아래 부당이득을 추구하는 현상이 발생하여 선의의 채권자가 발생하기도 한다. 현실적으로 법정관리 기업이 회생한 비율은 불과 30%에 불과하다. 최근에는 법정관리에 의한 기업의 운영기준을 강화하는 추세이다.

법정관리를 받게되는 기업은 채권상환기간이 최장 10년까지 가능하여, 워크아웃이 대부분 채권의 상환기간으로 5년으로 하고있는 상황에서 기업의 채권에 대한 부담을 감소시키는데 유리한 방법이다.

3.1.2 화의(和議)

화의란 법정관리와 유사한 제도이다. 단 법정관리가 공익성이 높고 사회에 큰 영향을 미치는 주식회사가 다수인 반면에 화의는 일반적으로 업종과 규모에 제한이 없고 개인채무자도 가능하다. 또한 감자 등의 절차 없이도 주주의 권리를 유지한다는 데서 법정관리와 차이가 있다. 특히 법정관리는 기존의 경영자가 교체되는데 반하여 화의는 기존의 **경영권이 유지**되기 때문에 기업 본래의 상태를 비교적 유지하는 상황이 된다.

화의는 법원, 정리위원, 화의관재인의 감독 하에 채권자와 채무자 사이에 협정을 체결하고, 채권에 관한 변제방법을 완화하여 파산선고를 면하게 하는 것이다. 화의가 성립되려면 해당기업(채무자)이 일시적 어려움만 벗어나면 정상화될 수 있다는 합리적인 근거가 있어야 한다.

화의의 경우에도 법정관리 수준의 채권상환기간 연장이 가능하기 때문에 채권의 연장에는 유리한 방법이다.

3.1.3 파산

파산(bankruptcy)이란 법정관리, 화의 또는 제3자 인수에 의하여 기업의 갱생가능성이 없는 경우, 최종적으로 회사를 청산하는 것이다. 파산은 **'파산법'**에 의하여 채무자의 파산신청과 법원의 직원에 의한 파산선고에 의하여 이루어진다.

[표 7-6] 워크아웃, 법정관리, 화의의 비교

부실기업 처리 항목	워크아웃	법정관리	화의
대상/신청권자	주식회사/당해기업 및 주관은행	주식회사/당해기업, 채권자 및 주주	개인 및 법인/채무자
유예대상 채권	협약가입채권 전액	상거래채권 포함한 모든 채권	화의채권(무담보채권)
주주권리	실사결과에 따라 감자채권단 출자전환 실행	1/2 이상 소각(특수관계인 소유주식의 2/3 이상 추가소각 가능)	감자 등의 절차없이 주주권리 유지
경영권	협의회 결의로 구 경영진의 경영권 박탈가능	구 경영진 경영권 소멸	구 경영진 유지
중요사항 결정	채권 금융기관협의회 4분의 3 이상 결의로 결정	채권액 3/4(무담보의 경우 2/3) 이상 결의로 결정 후 법원인가	출석채권 과반수 및 총 채권액의 3/4 이상 결의
채권상환 기간	제한 없으나 대부분 5년	최장 10년	제한 없으나 법정관리 수준에서 결정

3.2 금융기관에 의한 처리

3.2.1 기업구조조정

기업구조조정이란 '**워크아웃**(workout)'이라고도 하며, 1997년 외환위기사태(IMF사태) 이후 한시적으로 시행되는 제도였다. 왜냐하면 국내 기업들의 부실한 경영으로 인하여 많은 기업이 도산의 위기에 처하게 되어 사회적으로 커다란 문제가 되었다. 이에 금융기관이 주도가 되어 1998년 6월 25일부터 1999년 12월까지 한시적으로 '기업구조조정을 위한 금융기관간 협약'을 체결하고, 부실화 가능성이 있거나 부실화된 기업을 워크아웃 대상으로 선정한다. 후에 2002년 8월 **기업구조조정촉진법**이 제정되면서 법률적 체계를 갖추고 시행 중이다.

구조조정 기업으로 선정되면, 채권금융기관의 대출채권을 출자로 전환, 단기대출을 중장기로 전환, 대출원리금의 상환유예, 이자감면, 채무면제 등 재무구조조정 뿐 아니라, 신규의 자금지원, 상호지급보증 해소, 주력사업 선정, 외자유치 등을 주선하여 준다.

3.2.2 은행관리

은행관리란 부실기업의 경영정상화를 위하여 채권은행이 해당기업을 직접 관리하는 것이다. 은행관리는 해당기업과 주거래은행을 비롯한 채권은행간에 관리계약을 체결하고, 계약에 따라 관리가 이루어진다.

관리는 임의관리계약에 따라 은행이 기업을 관리하는 임의관리, 은행직원이 해당기업에 파견되는 직원상주파견이 있다. 회사정리절차가 개시된 업체에 대하여 법원이 채권은행 관계자를 관리인으로 선임한 경우를 은행법정관리라 한다.

제04절 단일변량에 의한 부실예측

부실의 징후를 사전에 파악하기 위하여 재무자료 뿐 아니라 비재무적 자료를 검토하여야 한다. 일반적으로 다음과 같은 자료를 부실징후의 포착에 사용한다.

① **재무제표** : 재무상태표, 손익계산서를 중심으로 한 유동성, 안정성, 수익성 등을 분석하는 것으로 부실징후의 파악에 가장 기본이 되는 방법이다.

② **현금흐름** : 기업의 도산은 채무불이행이기 때문에 단기채무의 대처를 위한 현금의 유입과 유출을 비교 분석하는 것이다.

③ **시장정보분석** : 부실화되는 기업은 자본시장의 투자자 또는 채권자에게 즉시 영향을 미치기 때문에, 이를 반영하는 주가의 추이를 분석하는 방법이다.

④ **경영전략분석** : 경영자의 능력이나 경험 및 환경 등이 변화하면, 이에 대응하기 위한 경영전략이 나타나는데 이러한 경영전략의 우수성을 분석하는 방법이다.

부실기업을 계량적으로 예측하는 방법을 찾아낼 수 있다면 보다 명확한 의사결정의 기준을 설정할 수 있다. 이러한 계량적 방법은 하나의 변수에 의하여 부실기업을 예측하는 방법과, 복수의 변수에 의하여 부실기업을 예측하는 방법이 있다.

단일변량이란 하나의 변수로 기업의 부실화 정도를 예측할 수 있는 방법을 개발한 것이다. 변수란 재무비율을 의미한다. 문제는 우선 어떠한 재무비율을 선택하여야 부실기업의 예측가능성을 높일 수 있는가 이다. 또 하나의 재무비율을 선택한다 하더라도 어느 수준을 기준으로 부실기업을 분류할 것인가의 문제가 발생한다. 이러한 문제를 해결하기 위한 단일변량의 기업 부실화 예측은 다음의 순서에 의하여 한다.

4.1 프로화일 분석

하나의 재무비율을 선정하여 각 비율이 **건전기업**과 **부실기업** 간에 차이가 발생하는가를 분석하는 방법은 여러 가지가 있다. 1966년 비버(W.H. Beaver)는 79개의 정상기업과 79개의 부실기업을 선정하여 1954년부터 1964년까지 재무비율을 비교하였다. 그 결과 부실기업과 건전기업 간에는 재무비율에 차이가 있는 것을 발견하였다.

이렇게 두 집단 간에 재무비율의 차이가 있는 지 과거 수년(일반적으로 5년 간을 비교)간의 비교를 통한 분석을 **프로화일 분석**(profile analysis)이란 한다. 2009년 한국은행의 분석에 의하면 매출액순이익률, 금융비용부담률, 이자보상비율이 건전기업과 부실기업간에 큰 차이가 있는 것으로 나타났다. 따라서 수년간의 재무비율 추이 즉 프로화일 분석에 의하여 특정비율의 부실기업 예측가능성을 파악할 수 있다. [그림 7-2]에서와 같이 프로화일 분석을 하면 건전기업과 부실기업 간에 차이가 있다는 검증을 한다. 건전기업의 경우 매출액순이익률이 10% 내외를 보이고 있지만 부실기업의 경우 0% 대 내외를 보이고 있어 두 집단 간에 차이가 있다는 것을 보이고 있다. 그러나 두 기업집단의 재무비율을 나타내는 선이 상호 교차한다면 해석의 어려움이 있다. 또한 상호간의 격차가 의미있는 차이인가를 객관적으로 증명할 수 있어야 한다.

[그림 7-2] 프로화일 분석의 예(매출액순이익률)

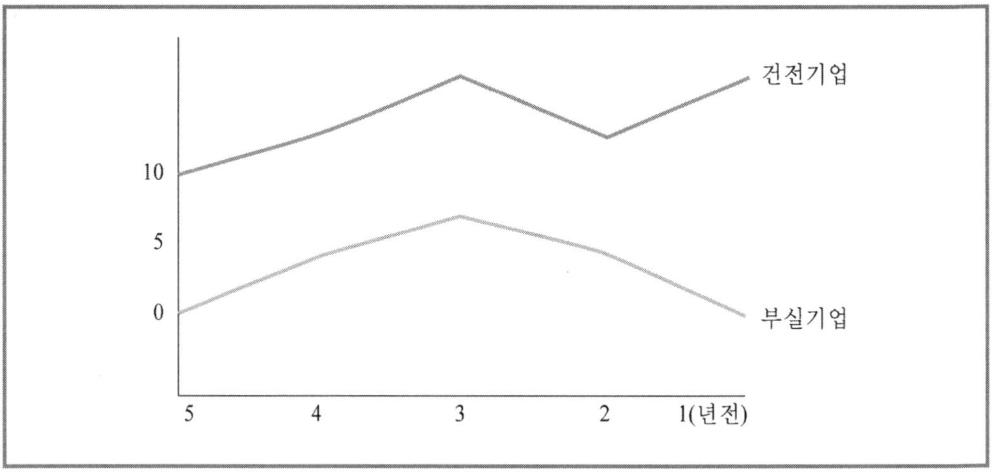

4.2 절사점에 의한 부실기업의 예측

프로화일 분석은 육안에 의한 확인이 되긴 하지만 실제로 부실기업과 건전기업 간의 재무비율 차이가 의미있는 차이인가를 검증할 수 없다. 이러한 문제점을 해결하기 위한 방법이 **절사점**(cut-off point)에 의한 방법으로 다음과 같은 순서에 의한다.

4.2.1 부실기업과 건전기업의 짝짓기 선정

부실기업과 건전기업을 분류하는 **짝짓기**(paired-sampling)은 다음 순서에 의하여 한다.

① 최근에 기업부실로 말미암아 상장이 폐지되었거나 소유권이 넘어간 기업, 또는 금융기관으로부터 대출중단 내지 축소결정을 받은 기업을 관리기업이라 하여 별도로 분리한다. 우리나라의 경우 한국은행의 **한은정보**에서 정상기업과 관리기업을 매년 발표하고 있다.

② 부실기업으로 선정된 기업에 상응하는 동일업종의 동일규모 기업으로 건전한 정상기업을 선정한다.

③ 건전과 부실기업의 판정이 곤란하면 지수법에 의하여 동일업종 동일규모 중 최고점수 기업과 최저점수 기업을 건전기업과 부실기업으로 선정할 수 있다.

④ 건전기업과 부실기업이 선정되면 사용하고자 하는 하나의 재무비율을 산출한다. 예를 들면 매출액순이익률을 기업판정의 지표로 이용하고자 한다면 [표 7-7]과 같이 정리한다.

[표 7-7] 건전기업과 부실기업의 매출액순이익률 정리

기 업 \ 재무비율	매출액순이익률
부실기업	
망신 주조	11.0
유치 섬유	-4.0
허술 건설	-1.0
따운 컴퓨터	2.0
즉사 제약	2.4
건전기업	
쌈박 주조	6.0
고상 섬유	4.4
탄탄 건설	8.0
팍팍 컴퓨터	14.4
회춘 제약	12.0

가장 기본적인 방법으로 두 기업집단간의 평균에 차이가 발생하고 있는지 분석할 수 있다. 예를 들면 건전기업의 매출액순이익률 평균은 8.96이고, 부실기업의 매출액순이익률 평균은 2.08이다. 일단 육안으로도 건전기업과 부실기업의 매출액순이익률 평균에는 차이가 있다. 그러나 이러한 차이가 실제로 의미있는 차이인지 분석하려면 통계적 방법을 사용한다. 통계적 방법으로 두 집단간에 의미있는(통계학에서는 유의적이라고 함) 차이가 발생하는지 **t-검정**(t-test)을 사용한다.

4.2.2 사용하는 재무비율의 순위별 배열

사용하고자 하는 재무비율에 의하여 선정된 기업의 순위를 산정하면 [표 7-8]과 같다. 본 예에서는 매출액순이익률의 순서로 기업을 배열하였다.

[표 7-8] 매출액순이익률 순위별 기업배열

순위	회사명	매출액순이익률	실제상태
1	팍팍컴퓨터	14.4	건전
2	회춘제약	12.0	건전
3	망신주조	11.0	부실
4	탄탄건설	8.0	건전
5	쌈박주조	6.0	건전
6	고상섬유	4.4	건전
7	즉사제약	2.4	부실
8	따운 컴퓨터	2.0	부실
9	허술건설	−1.0	부실
10	유치섬유	−4.0	부실

[표 7-8]에서 매출액순이익률로 순위를 나열하면 일부 기업은 건전하면서도 하위권에 있고, 일부 기업은 부실하면서도 상위권에 있다. 따라서 가장 오류를 최소화 할 수 있는 적절한 구분점을 찾아야 한다. 이렇게 일정한 구분점을 **절사점**(cut-off point)이라 한다.

4.3 각 절사점에 의한 오류갯수의 산정

4.3.1 오류개념의 정의

하나의 재무비율만으로 기업의 건전과 부실을 판정하는 것은 오류가 발생할 가능성이 있다. 오류란 건전기업을 부실기업으로 판정하거나, 부실기업을 건전기업으로 판정하는 경우이다. 기능한 오류를 최소화 할 수 있는 기준을 설정하여야 가장 최적의 의사결정을 할 수 있다. 오류의 유형은 [표 7-9]와 같이 분류할 수 있다.

[표 7-9] 오류의 유형

구분		실제상태	
		건전기업	부실기업
절사점에 의한 분류(예측)	건전기업	정확한 분류	제1종 오류
	부실기업	제2종 오류	정확한 분류

[표 7−9]에 의하면 오류가 발생하는 것이 문제이다. 즉 실제는 부실하나 재무비율에 의한 예측이 건전한 것으로 평가되면 **제1종 오류**라 한다. 또한 실제는 건전하나 재무비율에 의한 예측이 부실한 것으로 나타나면 **제2종 오류**라 한다. 재무비율에 의한 예측은 가능한 이러한 오류를 최소화하여야 한다는 것이다.

일반적으로 회계적 사고가 **보수주의**적 사고방식을 채택하고 있기 때문에, 부실기업을 건전기업으로 판정하는 것을 보다 위험한 오류로 인식하는 경향이 있다. 그것은 건전기업의 부실판정에 대한 성장기회 박탈보다, 부실기업의 건전판정에 대한 부작용을 보다 크게 인식하고 있기 때문이다.

4.3.2 오류갯수의 산정

[표 7−8]에서 부실기업의 예측기준을 찾아내는데 가장 오류를 적게 하려면 모든 경우의 수를 모두 계산해 보아야 한다. 예를 들면 1순위 팍팍컴퓨터의 매출액순이익률 14.4와 2순위 회춘제약의 매출액순이익률 12.0의 사이의 중간점인 13.2를 부실기업 기준으로 하는 경우를 살펴보자. 13.2 이상은 건전기업이고 13.2 미만은 부실기업이라 할 때, 건전기업은 그대로 건전기업으로 평가되나 회춘제약, 탄탄건설, 쌈박주조, 고상섬유는 실제로 건전기업이면서 부실기업으로 분류된다. 이렇게 되면 제 2종 오류 4개가 발생한다. 이러한 방법을 모든 중간점 설정에 의하여 건전기업과 부실기업을 분류할 경우에 나타나는 오류는 [표 7−10]과 같다. 결과적으로 절사점에 의한 분류는 건전기업과 부실기업을 분류하는데 오류를 최소화하고자 하는 목적이 있다.

[표 7−10] 분류오류의 수

절사점	제1종 오류	제2종 오류	전체 오류
13.2	0	4	4
11.5	0	3	3
9.5	1	3	4
7.0	1	2	3
5.2	1	1	2
3.4	1	0	1
2.2	2	0	2
0.5	3	0	3
−2.5	4	0	4

4.3.3 최종 절사점의 결정

[표 7－10]에서 절사점이 3.4인 경우에 오류의 수가 가장 적었다. 따라서 매출액순이익률 3.4를 기준으로 그 이상을 건전기업으로, 그 미만을 부실기업으로 판정하면 하나의 오류만이 발생한다. 따라서 3.4가 최종 절사점으로 결정된다.

3.4에서 최종절사점으로 기업의 평가가 이루어진다는 것은 10개의 기업의 표본으로 선정할 경우 1개의 오류가 발생한다는 것으로 3.4가 부실기업을 설명할 능력은 90%(0.9)가 된다.

제 05절 다변량에 의한 부실예측

단일변량에 의한 부실예측 모형은 어떤 재무비율을 선택하는냐 하는 문제와 함께 하나의 재무비율로 기업의 부실화 정도를 예측하는 것이 한계가 있다는 것이다. 따라서 하나의 재무비율보다는 복수의 재무비율을 선정하고 각 재무비율의 중요도에 따라 가중치를 부여한 평가방법으로 기업부실을 예측한다면 보다 개선된 의사결정이 가능하다.

이러한 문제점을 해결하기 위한 것이 **판별분석**(discriminant analysis)이다. 판별분석이란 매우 고차적인 통계방법으로 관찰치의 특성을 나타내는 변수에 기초하여 관찰집단을 대조적인 집단으로 분류하는데 유용한 방법이다. 즉 복수의 재무비율을 선정하여 기업을 평가하되 건전기업과 부실기업을 분류할 수 있는 일정한 기준점을 찾아내는 것이다.

5.1 판별분석의 개념

[그림 7－3]을 통하여 판별분석의 기본적 개념을 정리하여 보자. [그림 7－3]에 의하면 건전기업과 부실기업을 분류하는데 총자산순이익률과 재고자산회전율의 조합인 (a)는 유용하지 못하다. 그러나 매출액영업이익률과 부채비율의 조합인 (b)는 비교적 용이하다. 즉 (b)와 같이 매출액영업이익률과 유동비율을 조합하면 건전기업과 부실

기업을 분류하는데 보다 유용할 수 있다. 문제는 이렇게 구분할 수 있는 판별함수를 유도하는 것이다. 따라서 판별분석을 실행하기 위하여 다음과 같은 점이 고려되어야 한다.

- 중요한 재무비율이 무엇인가?
- 선정된 재무비율에 가중치를 어느 정도 부여하는가?
- 객관적인 방법에 의한 가중치 선정 방법이 무엇인가?

[그림 7－3] 판별분석의 기본개념

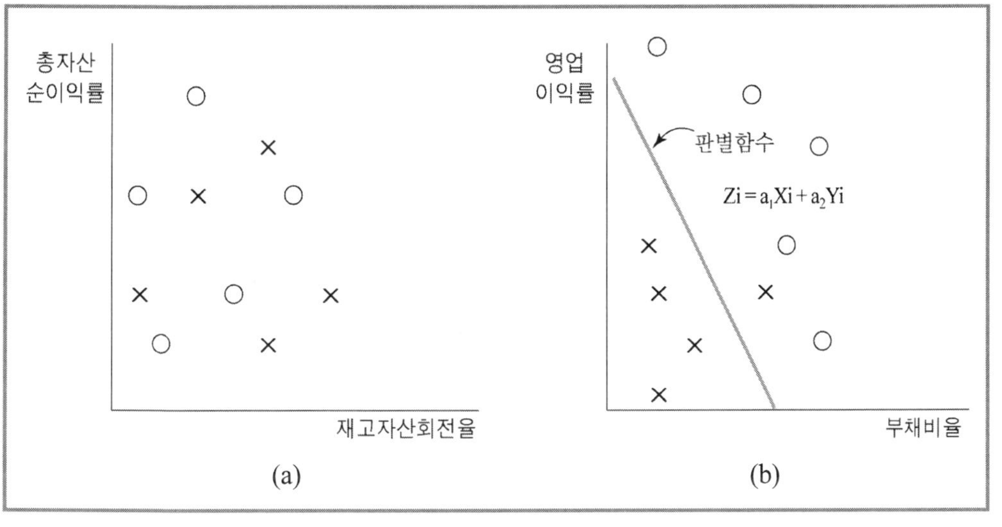

5.2 판별함수의 설정

다변량에 의한 분석을 하려면 **선형**(linear)에 의한 판별함수를 설정하여야 한다. 예를들면 매출액영업이익률과 부채비율을 중요비율로 선정하였다면 다음과 같은 판별함수가 설정된다. 부채비율의 계수가 (－)인 것은 부채비율은 높을수록 불량한 것이기 때문이다.

$$Zi = a_1Xi - a_2Yi$$

Zi : 기업 I의 판별점수(Z－score)	Xi : 매출액영업이익률의 독립변수
Yi : 부채비율의 독립변수	a_1, a_2 : 판별함수의 계수

판별함수의 계수는 통계에서 **공분산**의 개념을 이용하여 설정한다. 공분산이란 건전기업과 부실기업 두 집단간에 공유하는 영역의 범위를 의미하는 것으로 가능한 공유하는 영역이 적어야 두 집단간의 분리에 의미가 있다. 즉 특정 재무비율이 건전기업과 부실기업을 보다 분명하게 나눌 수 있는 능력이 있는 경우 보다 높은 가중치의 계수가 부여된다. 그 계수는 다음과 같이 결정되지만 매우 복잡하여 컴퓨터를 활용한다.

$$a_1 = \frac{Sy^2 \cdot dx - Sxy \cdot dy}{Sx^2 \cdot Sy^2 - (Sxy)^2}$$

$$a_2 = \frac{Sx^2 \cdot dy - Sxy \cdot dy}{Sx^2 \cdot Sy^2 - (Sxy)^2}$$

Sx^2 : Xi의 분산
Sy^2 : Yi의 분산
Sxy : Xi와 Yi의 공분산
dx : Xi변수의 건전기업과 부실기업 평균의 차이
dy : Yi변수의 건전기업과 부실기업 평균의 차이

각 기업을 판별함수에 의하여 Z 값을 산출하면 부실기업과 건전기업의 구분을 어느 **절사점**으로 결정할 것인가의 문제가 있다. 그것은 통계적으로 두 기업집단 간의 Zi 값이 [그림 7－4]와 같이 분류되어야 한다는 것을 의미한다. [그림 7－4]에 의하면 부실기업군과 건전기업군 간에는 공유의 면적이 적어야 판별력이 높다. 통계의 공분산 영역을 최소화하여 부실기업과 건전기업을 판별할 수 있는 재무비율을 선정하고, 판별력이 높은 재무비율일수록 계수가 크다.

복수의 재무비율 선정에는 2개를 초과하는 다수의 비율을 선정할 수 있다. 이렇게 되면 보다 복잡한 분석이 필요하다. 즉 각 비율간의 조합을 모두 고려하여야 한다. 따라서 다수의 재무비율과 많은 기업을 분석하려면 수작업에 한계가 있기 때문에 컴퓨터 프로그램을 응용하여 각 구간을 설정할 수 있다.

[그림 7-4] 부실기업과 건전기업간의 분류

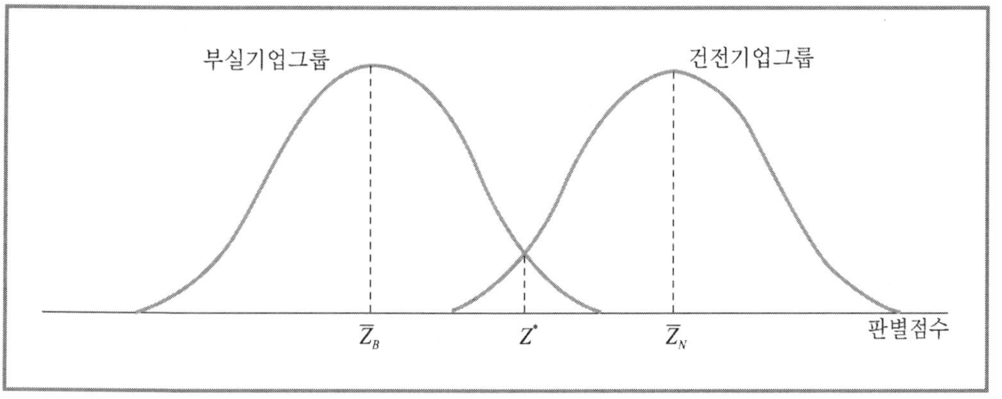

5.3 판별분석의 응용

판별분석이 기업의 부실예측에 본격적으로 활용된 계기는 E. I. Altman의 연구에서 비롯된다. Altman은 Z-score을 개발한 이후 ZETA Model 등을 개발하였고, 우리나라에서도 한국은행의 판별모형 및 K-score Madel 등이 개발되었다.

Altman의 Z-score Model의 예

$$Z = 0.7X_1 + 0.8X_2 + 3.1X_3 + 0.4X_4 + 1.0X_5$$

X_1 : 순운전자본/총자산
X_2 : 이익잉여금/총자산
X_3 : 영업이익/총자산
X_4 : 보통주지분(장부가치)/총부채
X_5 : 매출액/총자산

부실의 판정기준

$Z < 1.23$: 부실판정
$1.23 < Z < 2.90$: 판정보류
$Z > 2.9$: 건전판정

이러한 구간에 의한 판정은 각 기업별 Z 값의 상호 차이를 모두 계산하여 고려하여야 하기 때문에 컴퓨터를 활용하여 산출한다. 판별분석에 주로 사용하는 재무비율은 [표 7-11]과 같다.

[표 7-11]에 의하면 구미의 연구자들이 유동성, 레버리지, 수익성에 중점을 두고 있는 반면, 일본의 매일경제신문에서 사용하는 일경모델이 다소 특수하다. 즉 다른 분석자에 비하여 유동성이나 수익성 보다는 레버리지, 활동성, 생산성, 성장성을 보다 중시하고 있다.

[표 7-11] 판별분석에 주로 사용되는 재무변수

분석자 / 재무항목	Altman	Ohlson	Bathory	일경모델
유동성	운전자본/총자산	유동비율 : 운전자본/총자산	현금흐름/유동부채, 순운전자본/총자산	
레버리지	자기자본/부채	부채비율 : 현금흐름/총부채	자기자본/유동부채, 유형순자산/총부채	차입금의존도
수익성	총자산영업이익률 : 유보이익/총자산	총자산영업이익률, 순이익변화율	세전이익/자기자본	
활동성	총자산회전율			매출액/총자산
생산성				부가가치/매출액
성장성				매출액증가율

5.4 판별분석의 유용성과 한계

판별분석은 복수의 재무비율을 사용하여 분석한다는 장점이 있지만 그 한계점도 있다. 판별분석의 유용성과 한계는 다음과 같다.

5.4.1 유용성

판별분석에 의한 다변량 분석은 다음과 같은 유용성을 정리할 수 있다.

① 종합적 경영분석 기법으로 활용될 수 있다. 다양한 재무비율을 사용하기 때문에 종합적으로 기업을 분석할 수 있다.

② 고차적인 통계적 방법을 사용하기 때문에 객관적 분석을 가능하게 한다. 즉 분류기준의 설정이 검증가능하다.

③ 부실발생 가능성이 있는 기업에 사전에 유용한 정보가 된다. 기업의 정밀 진단이전에 판별분석을 통하여 예비분석을 실시한다면 매우 유용한 자료가 된다.

④ 자금을 대여하여 주고 있는 금융기관의 조기경보 시스템으로 가능하다. 기업에 자금을 제공하고 있는 금융기관 등의 채권자 집단은 기업의 부실화를 사전에 감지하는데 매우 유용하다.

5.4.2 한계

판별분석으로 기본적으로 재무비율을 이용하기 때문에 재무비율 분석의 한계를 그대로 갖고 있다.

① 과거의 자료를 이용하고 있기 때문에 미래를 예측하는 데는 한계가 있다. 즉 재무자료는 과거의 추세가 미래에도 계속될 수 없기 때문에 판별분석의 자료가 절대적일 순 없다.

② 재무비율의 선정에 객관성이 결여될 가능성이 있다. 중요 재무비율은 조사자의 자의에 의하여 선정에 누락되는 비율이 발생할 수 있다.

③ 기업마다 회계처리 기준이 다르면 비교의 한계가 있다. 기업회계기준상 기업마다 회계처리 방법의 선택이 다르기 때문에 기업 간 비교에는 한계가 있다.

④ 중요한 비 회계자료가 누락된다. 즉 경영자의 능력, 시장점유율, 자금시장 현황 등 기업의 중요한 영향을 미치는 자료가 반영되지 않는다.

CHAPTER 07 연습문제

01 부실의 개념을 경제적 부실, 지급불능, 파산의 개념에서 설명하시오.

02 도산의 일반적 징후를 설명하고, 재무제표 상에 나타나는 도산의 징후를 예를 들어 설명하시오.

03 기술적 지급불능과 실질적 지급불능의 차이를 기술하시오.

04 금융기관에서 정의하는 기업부실의 유형을 예를 들어 나열하시오.

05 법정관리와 화의 및 워크아웃의 차이를 설명하시오.

06 부실징후 파악을 위한 비재무적 자료를 예를 들어 설명하시오.

07 단일변량 분석에서 부실기업과 건전기업의 판정 오류 개념과 오류의 종류를 설명하시오.

08 재무상태표, 손익계산서, 현금흐름표에서 기업의 부실징후를 파악할 수 있는 사례를 제시하시오.

09 단일변량과 다변량에 의한 기업의 부실예측의 차이를 설명하고, 단일변량의 한계점을 제시하시오.

10 프로화일 분석의 개념과 한계점을 기술하시오.

11 판별분석에 의한 다변량분석의 유용성과 한계를 설명하시오.

12 다음 자료에 의하여 2분류 검정에 의한 오류의 수와 최종 절사점을 산출하시오.

회사명	매출액 순이익률	실제상태	절사점	1종 오류	2종오류	총 오류
경상	12	건전	11			
을릉	10	부실	9			
남면	8	건전	7			
도동	6	건전	5			
일번	4	부실	3			
독도	2	부실	1			
우리	0	부실				

13 다음 자료에 의하여 각 오류의 갯수를 산정하고 결정된 절사점을 기입하시오.

항목 회사명	부채비율	실제상태	절사점	1종오류	2종오류	오류합계
충북	100%	건전				
청원	150%	부실				
강내	200%	건전				
월곡	250%	건전				
충청	300%	부실				
회계	350%	부실				
정보	400%	부실				

메모

C/H/A/P/T/E/R

08

신용분석에 의한 여신과 채권

금융기관에서 대출을 결정할 때는 대출 대상기업의 신용을 평가한다. 신용의 평가는 기업체에 제공되는 자금의 위험도를 고려한다. 그렇다면 금융기관은 어떠한 기준으로 신용을 평가할까?

기업체가 금융기관 또는 신용평가기관으로부터 받는 신용등급은 기업의 발전은 물론, 국가의 경제에 중요한 영향을 미친다. 특히 오늘날 경영분석의 핵심자료인 재무제표는 신용분석에 매우 중요한 요소이다. 최근에 채권의 발행에 의하여 자금을 조달하는 기업이 증가하고 있고, 보다 낮은 금리로 자금을 조달하려는 기업은 높은 등급을 받아야 한다. 이러한 차원에서 사채도 높은 신용등급을 필요로 한다.

본 장에서는 이러한 신용등급에 의하여 결정되는 여신과 채권의 조건을 학습한다.

주요용어 : 신용분석, 여신결정, 신용평가와 대출이자율, 종합평점제도, 5C, 중소기업 신용평가항목, 수익률차, 채무불이행위험에 대한 프리미엄, 유동성위험에 대한 프리미엄, 보증사채와 무보증사채, 전환사채와 신주인수권부사채, 유효이자율법, 현재가치, 미래가치, 채권등급평가, 신용평가기관

제01절 신용분석의 의의와 기능

1.1 신용분석의 의의

신용분석(credit analysis)이란 금융기관에서 여신을 결정할 때 여신에 대한 위험도와 원리금 상환능력을 평가하는 것이다. 신용분석에서 담보에 의한 여신의 결정도 중요하지만 무담보에 의한 여신에는 신용의 분석이 더욱 중요하다. 오늘날에는 기업에서 발행하는 채권도 신용등급에 의하여 이자율이 결정되는 현실이다. 그러나 아직 정책금융 또는 관치금융의 현실을 벗어나지 못하는 현실에서는 신용분석의 중요성이 대두되고 있다.

지금까지 우리나라는 대부분의 대출의사결정이 부동산 담보상태나 지급보증 여부를 중심으로 신용평가가 이루어졌다. 담보위주의 여신결정은 부동산 가격의 변화 또는 유가증권의 가격변동에 따라 금융기관의 수익성 변동에 영향을 미쳐왔다. 이러한 관행이 금융기관의 수익성을 크게 악화시켰으며, 국민 경제적으로도 바람직하지 못한 현상을 초래하였다. 1997년말 외환위기 사태 이후 금융환경이 크게 변화함에 따라 **신용도**를 정확하게 평가하려는 신용분석의 중요성이 높아지고 있다. 따라서 자금 수요업체의 신용도에 따라 대출금리가 결정되어야 하는 현실이다.

1.2 신용분석의 기능

신용분석은 단순한 대출의 의사결정 뿐 아니라 체계적인 채권관리를 위하여 필요하다. 또한 향후 자금제공에 대한 잠재수요자의 신용상태를 분석함으로써 발생 가능한 위험으로부터 회피할 수 있는 지침이 된다. 따라서 신용분석은 다음과 같은 다면적 기능이 있다.

- 금융기관의 대출에 대한 위험감소를 유도하고 불실채권을 감소시켜 금융기관의 건전경영을 유도한다.
- 업체의 신용도에 따라 차등금리를 적용하여 대출 포트폴리오를 실현한다.

- 투자자에게 투자에 대한 위험정보를 제공하여 투자자의 정보부족으로 인한 손실을 방지할 수 있다.
- 기업의 입장에서 우량한 기업은 낮은 금리를 적용받아 자금조달 비용을 절감한다.

1.3 신용분석과 여신 결정과정

신용분석에 의한 정보에 의하여 여신 즉 대출이 결정되는 과정은 [표 8-1]과 같다. [표 8-1]에 의하면, 대출승인과정, 대출 후 감독과정, 대출종결과정의 순서에 의하여 여신이 결정된다. 금융기관은 여신의 결정에 다양한 부문의 신용분석을 실시하여 여신을 승인한다. 기본적으로 재무제표 뿐 아니라 경영자의 능력과 기업환경 등을 평가한다. 이러한 평가에 의하여 대출금액, 금리, 담보조건, 만기 등이 결정된다.

[표 8-1] 여신결정과정

대 출 과 정	관 련 항 목	가 능 성
대출 승인과정	승인기준 1. 고객과의 관계가치 2. 재무제표 3. 여신포트폴리오의 전략성 4. 경영의 질 5. 신용위험 6. 산업과 경제에 대한 전망	
	⇩	대출기각
	대출승인 1. 대출금액 2. 이자율 3. 담보율 4. 대출약관 5. 기타조건	

⬇

<table>
<tr><td rowspan="3">대출 후
감독과정</td><td>변수
1. 이자와 원금상환의 시기
2. 담보로 잡힌 자산가치
3. 약관의 준수</td><td></td></tr>
<tr><td>⇩</td><td></td></tr>
<tr><td>대출분류
1. 정상여신　　　　2. 요주의 여신
3. 고정여신　　　　4. 회수의문여신
5. 추정손실여신</td><td>대출 재구성의
결정</td></tr>
</table>

⬇

<table>
<tr><td rowspan="3">대출종결과정</td><td>대출에 대한 회계처리
1. 완전상환
2. 원리금 일부 또는 전부 상각</td><td></td></tr>
<tr><td>⇩</td><td></td></tr>
<tr><td>고객과의 관계
1. 관계유지　　　　2. 대출연장
3. 거래중단</td><td></td></tr>
</table>

1.4 대출 후 감독과정

대출이 이루어지고 난 후, 대출 대상기업에 대한 사후 관리가 없다면 원활한 원리금의 회수가 불가능하다. 따라서 대출액에 대한 회수의 수준을 파악해 가면서 대출 후의 감독과정이 필요하다. 특히 문제가 되는 대출대상은 거래의 중단을 검토하여야 한다.

대출 후 여신의 분류는 미국을 중심으로 한 선진국에서 다수 사용하고 있다. [표 8-2]는 대출 후의 여신등급을 분류하고 있다. 우리나라는 **정상여신, 요주의 여신**을 제외한 나머지 여신을 **부실채권**으로 분류하고 있으며, 국제통화기금(IMF)의 요구에 의하여 1998년 7월부터 국제기준에 의한 적용이 이루어지고 있다.

[표 8-2] 대출 후 감독과정의 분류

구 분	내 용	우리나라의 규정
정상여신	약관에 의하여 채무준수	
요주의여신	차입자의 원리금 지불에 불확실한 증거가 나타나 주의를 요하는 대출	최근 1~3개월 미만 이자가 연체된 여신
고정여신	차입자의 재무상태가 악화되어 조속한 시정이 요구되는 대출	담보가액의 범위에 있으나 3개월 이상 이자연체
회수의문여신	대출의 대손가능성이 큰 대출	손실 미확정이나 담보부족
추정손실여신	회수불가능으로 판단되는 대출	손실이 확정되고 담보부족

제02절 신용평가와 대출이자율

2.1 신용평가 요인

신용평가를 하는데는 다양한 요인이 평가된다. 일반적으로 5C에 해당되는 영역의 평가가 이루어진다. 이와 같은 요인은 크게 재무적 요인과 비재무적 요인으로 구분할 수 있으며, 결과적으로 신용평가자는 이러한 요인을 객관적으로 계량화하여야 각 등급에 의한 신용평가가 가능하다. 그 내용은 [그림 8-1]과 같다.

[그림 8-1] 신용평가요인

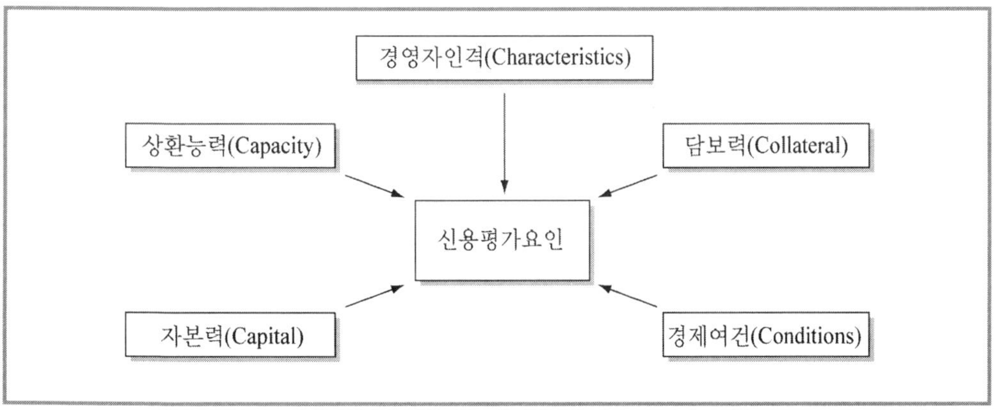

2.2 신용평가와 대출이자율

금융기관 등과 같은 자금의 제공자는 자금의 수요자 조건에 따라 일정한 금리의 이자율을 부여한다. 특히 금리자유화가 시행됨에 따라 대출이자율은 자금수요자의 조건에 따라 다음과 같은 이자율의 설정이 이루어진다고 신키(J. F. Sinkey)는 설명하였다. 이렇게 채무불이행 확률과 무위험 운전자금 대출이자율(담보가능 이자율)은 신용도 평가에 중요한 기준이 되었다.

$$\text{대출이자율} = \frac{1+\text{무위험 운전자금 대출이자율}}{1-\text{채무불이행 확률}} - 1$$

예제 8-1

무위험 운전자금 대출이자율 10%인 경우, 채무불이행 확률 7%인 경우와 10%인 경우의 대출이자율을 구하시오.

- **채무불이행 확률이 7%인 경우**

$$\text{대출이자율} = \frac{1+0.1}{1-0.07} - 1 = 18.33\%$$

- **채무불이행 확률이 10%인 경우**

$$\text{대출이자율} = \frac{1+0.1}{1-0.1} - 1 = 22.22\%$$

제3절 신용평가와 종합평점제도

기업의 신용평가를 위하여 사용되는 척도는 다양하다. 그동안 앞에서 학습한 재무제표에 의한 재무비율은 기업의 신용평가에서 매우 중요하다. 그러나 재무제표에 의한 신용평가로 기업 전체의 신용을 평가할 수 없다. 따라서 재무제표를 기본으로 하되 기타 영역에 대한 평가가 이루어져야 한다.

3.1 재무제표에 의한 신용평가

객관적인 증거에 의하여 대출의사결정을 하려면 재무제표를 활용하는 것이 가장 타당하다. 그러나 어떠한 재무제표의 항목 또는 재무비율이 사용되어져야 하는가는 의사결정자의 판단에 따라 다르다. 1983년 깁슨(C. Gibson)은 미국 100대 은행의 상업대출 담당자들에게 59개의 재무비율을 제시하여 결정과정에서 중요시되는 비율을 조사하였다. 조사 결과 [표 8－3]에서와 같이 부채비율, 유동비율, 현금흐름 등이 여신결정과정에 매우 중요한 비율이라는 것이 나타났다.

[표 8－3] 대출담당자들이 중요시하는 재무비율

재 무 비 율	평균점수(만점 9점)
1. 부채비율	8.71
2. 유동비율	8.25
3. 현금흐름/유동성 장기부채	8.08
4. 고정비용부담율	7.58
5. 법인세차감후 순이익	7.56
6. 이자비용－수입이자	7.50
7. 법인세차감전이익	7.43
8. 재무레버리지도	7.33
9. 재고자산 일일회전율	7.25
10. 외상매출금 일일 회전율	7.08

[표 8－4] 대출계약서에 포함되는 빈도

재 무 비 율	평균점수(만점 100점)
1. 부채비율	96.5
2. 유동비율	90.0
3. 배당/순이익	70.0
4. 현금흐름/유동성 장기부채	60.3
5. 고정비용부담율	55.2
6. 이자보상비율	52.6
7. 재무레버리지도	44.7
8. 자기자본/총자산	41.0
9. 현금흐름/총부채	36.1
10. 당좌비율	33.3

실제로 대출계약서에 사용되는 재무비율의 빈도는 [표 8−4]와 같이 부채비율, 유동비율, 배당금 순으로 나타나, 부채비율과 유동비율은 여신에 의한 자금조달을 희망하는 기업이 가장 주의를 기울여야 할 재무비율이다.

3.2 종합평점제도의 의의

신용평가에서 **종합평점제도**는 차입자의 신용수준을 계수화하여 일정기준 이상을 대출 적격자로 결정하는 방법이다. 각 평가항목에는 중요도에 따라 가중치를 부여하여 종합점수를 산정하게 된다.

종합평점제도는 선진국의 금융기관 뿐 아니라 우리나라에서도 사용되고 있다. 일반적으로 종합평점제도는 다음과 같이 [표 8−5]의 절차에 의하여 이루어진다. [표 8−5]에 의하면 중요변수를 선정하고, 선정된 변수의 중요도에 따라 가중치를 선정하며, 선정된 변수의 배정점수에 의하여 평가대상에 점수를 부여한다. 이러한 순서에 의하여 산출된 점수에 의하여 대출여부를 결정한다.

종합평점제도는 기업을 전반적으로 평가한다는 점에서 의의가 있으나, 평가요인의 선정에 객관성을 확보하기가 어렵다. 또한 중요요인을 선정한다 하여도 요인별로 가중치를 부여하기 때문에, 가중치 부여에 주관성이 개입될 여지가 있다. 또한 비재무적 요인의 평가에 평가자의 주관성이 개재될 가능성이 있다.

[표 8−5] 종합평점절차

1. 중요변수의 선정
2. 선정된 변수에 대한 가중치 선정
3. 선정된 변수에 대한 점수배정 등급구간 설정
4. 평가대상자에 대한 점수 부여
5. 대출여부의 결정

3.3 우리나라의 종합 평점제도

우리나라는 과거에 **기업체종합평가표**를 금융기관에서 사용하였다. 이것은 한국은행이 1979년부터 상업어음의 재할인업체를 선정하기 위하여 제정한 것이었으나 대출 여부의 결정에도 사용되었다. 그러나 1995년 7월 **기업체종합평가표**의 작성의무가 폐지되고 금융기관별로 독자적인 모델을 사용하고 있다. 한국은행과 은행연합회는 **중소기업신용평가표**를 개발하여 사용하고 있다.

신용평가표에 의하면 평가항목을 **재무항목**과 **비 재무항목**으로 분류하고 있다. [표 8-6]에서와 같이 재무항목은 일반적인 재무비율을 적용하고 있다. 비 재무 항목으로는 사업장, 거래신뢰도, 경영능력 등을 평가하고 있다.

평가의 비중은 기업의 규모가 클수록 재무항목의 비중이 높고, 비 재무항목의 비중이 낮다. 즉 외부감사 대상기업은 재무항목의 비중을 65%로 하여, 자산 5억 이하의 소규모 기업이 재무항목을 35% 반영하는 것과 대조를 이룬다.

[표 8-6] 중소기업 신용평가표(재무항목)

구분		중소기업 신용평가표: 평가항목	자산 5억 이하	외감대상외 기업: 광업 제조 건설	외감대상외 기업: 도소매 서비스	외감대상기업: 광업 제조 건설	외감대상기업: 도소매 서비스	기업체 종합평가표: 평가항목	배점
재무상태	안전성	자기자본비율	5	6	6	6	6	자기자본비율	15
		당좌비율	4	6		6			
		유동비율		–	6	–	6	유동비율	15
		비유동장기적합률	–	4	–	4	–	비유동장기적합률	5
		현금흐름/총부채	–	–	4	–	4		
		차입금의존도	5	4	4	4	4		
	수익성	매출액경상이익률	–	4	4	6	6	매출액경상이익률	5
		매출액영업이익률	5	–	–	–	–		
		총자본순이익률	–	7	7	9	9	총자본순이익률	10
		총자본경상이익률	5	–	–	–	–		
	활동성	총자본회전율	4	4	4	5	5	총자본회전율	5/2
		영업자산회전율	4	4	4	5	5	매출채권회전율	5/2
	생산성	총자본투자효율	–	4	4	5	5	총자본투자효율	10/3
		부가가치율	–	4	4	5	5	부가가치율	10/3
								노동생산성증가율	10/3
	성장성	총자본증가율	–	4	4	5	5	총자본증가율	5/2
		매출액증가율	3	4	4	5	5	매출액증가율	5/2
재무항목 합계			**35**	**55**	**55**	**65**	**65**		**70**

주 : 차입금의존도=(장·단기 차입금+회사채)/총자본
현금흐름/총부채=영업활동으로 인한 현금흐름/총부채
영업자산회전율=매출액/(총자산–건설중인 자산–투자와 기타자산–이연자산)
자료 : 한국은행 및 은행연합회

[표 8-7] 중소기업 신용평가표(비재무항목)

구 분		중소기업 신용평가표						기업체 종합평가표	
		평가항목	자산 5억 이하	외감대상외 기업		외감 대상기업		평가항목	배점
				광업 제조 건설	도소매 서비스	광업 제조 건설	도소매 서비스		
사업장	성장전망	추정매출액이익률	4	2	2	2	2	추정매출액증가율	10/4
	수익전망	추정매출액영업이익률	–	2	2	2	2	추정매출액순이익률	10/4
	시장성	거래조건 판매안정도 업종의 유망성	8 4	4 4	4 4	4 2	4 2	거래조건 판매전망	10/4
	경쟁력	인력개발 품질 및 기술수준 입지조건 서비스수준	– 9 (9)	4 4 –	4 – 4	2 3 –	2 – 3	품질 및 기술개발상태	10/4
	소 계		25	20	20	15	15		10
거래신뢰도	은행거래 상황	여신거래기간 연체여부 규제사실여부	6	3	3	2	2	연체및대지급발생여부 부도발생여부 상환력수준 경영상담 정도	10/4 10/4 10/4 10/4
	사업 안정성	사업장 및 주택보유 권리침해여부	6	3	3	2	2		27
	업력	기업체 업력	5	2	2	2	2	기업체 업력	5/2
	세평	동업계 세평	3	2	2	2	2		
	소계		20	10	10	8	8		12.5
경영능력	경영성과	흑자경영기간 및 경상이익 추세	5	5	5	2	2	경영성과	5/2
	경영자 능력	경영형태 경영전략 경영자 능력	3 4 4	2 2 2	2 2 2	2 2 2	2 2 2	경영자 업체상벌여부 경영자 업력	5/4 5/4
	노사관계 근로조건	노사관계 근로조건	4	2 2	2 2	2 2	2 2	노사관계 근로조건	5/4
	소계		20	15	15	12	12		7.5
비재무항목 합계			65	45	45	35	35		30
총 계			100	100	100	100	100		100

[표 8-8] 비계량항목 평가기준

구분		평가항목	등급별 평가기준				
			A	B	C	D	E
거래신뢰도	은행거래상황	여신거래기간 연체여부	• 여신거래 5년 이상	• 여신거래 3년 이상	• 여신거래 1년 이상		• 그 외 기업 ※0점 처리
		규제사실여부	• 최근 5년 이내 불량 거래처 무 • 최근 1년내 당좌부도 사실 무 • 최근 3개월 이내 15일 이상 연체 사실 무	• 최근 3년 이내 불량 거래처 무 • 최근 1년내 당좌부도 사실 무 • 최근 3개월 이내 15일 이상 연체 사실 무	• 최근 3년 이내 불량 거래처 무 • 최근 1년내 당좌부도 사실 무 • 최근 3개월 이내 15일 이상 연체 사실 무	• 최근 1년 이내 불량 거래처 무 • 최근 6개월 내 당좌 부도 사실 무 • 최근 3개월 이내 15일 이상 연체 사실 무	• 연체빈발 기업
	사업안정성	사업장 및 주택보유	• 자기사업장 보유 • 대표자 또는 경영실권자 자가주택	• 자기사업장 보유 • 대표자 또는 경영실권자 자가주택 (배우자 명의 포함)	• 임차사업장 • 대표자 또는 경영실권자 자가주택 (배우자 명의 포함) 보유	• 자기 사업장 보유 또는 대표자나 경영자가 주택(배우자 명의 포함) 보유	• 임차사업장 • 대표자 또는 경영실권자 자가주택
		권리침해여부	• 최근 1년 이내 업장 및 소유주택에 대한 권리 침해 사실 무	• 최근 1년 이내 사업장에 대한 권리침해 사실 무	• 최근 1년 이내 소유 주택에 대한 권리침해 사실 무	• 최근 1년 이내 사업장 또는 소유 주택에 대한 권리침해 사실 무	
	업력		설립후 10년 이상	설립후 7년 이상	설립후 5년 이상	설립후 3년 이상	그 외 기업
	세평	기업체 업력	매우양호	양호	보통	미흡	불량
	경영성과	동업계 세평 등 흑자경영 및 경상 이익추세	최근 3년 흑자경영 최근 2년 경상이익 증가추세	최근 3년 흑자경영 최근 1년 경상이익 증가추세	최근 3년 흑자경영	최근 2년 흑자경영	그 외 기업

<table>
<tr><th colspan="2" rowspan="2">구분</th><th rowspan="2">평가항목</th><th colspan="5">등급별 평가기준</th></tr>
<tr><th>A</th><th>B</th><th>C</th><th>D</th><th>E</th></tr>
<tr><td rowspan="4">경영능력</td><td rowspan="2">경영자능력</td><td>경영형태
경영전략</td><td>매우 양호
매우 양호</td><td>양호
양호</td><td>보통
보통</td><td>미흡
미흡</td><td>불량
불량</td></tr>
<tr><td>경영자능력</td><td>대표자로서
동업계 종사
7년 이상</td><td>대표자로서
동업계 종사
5년 이상</td><td>대표자로서
동업계 종사
3년 이상</td><td>대표자로서
동업계종사
1년 이상</td><td>그 외 기업</td></tr>
<tr><td rowspan="2">노사관계 및 근로조건</td><td>노사관계</td><td>매우양호</td><td>양호</td><td>보통</td><td>미흡</td><td>불량</td></tr>
<tr><td>근로조건</td><td>매우양호</td><td>양호</td><td>보통</td><td>미흡</td><td>불량</td></tr>
</table>

[표 8－8]에서 총자산 5억원 이하, 5억 이상 외부감사대상 이하(재무항목이 55%임), 외부감사대상으로 구분하였다. 각 규모별로 재무항목과 비 재무항목의 배점은 각각 달리 배정하여 규모가 클수록 재무항목의 중요도를 높게 부여하는 정책을 취하고 있다. 이러한 기준에 의하여 산정된 점수는 [표 8－9]에 의하여 신용한도를 설정하고 여신을 결정한다.

[표 8－9] 평점수준에 따른 신용대출 기준

<table>
<tr><th>신용평점</th><th>대 상 여 신</th><th>신 용 한 도</th></tr>
<tr><td>85점 이상</td><td>모든 여신(시설자금 포함)</td><td>소요자금 전액</td></tr>
<tr><td rowspan="2">75～84점</td><td>상업어음할인, 신용카드대출, 무역금융, 수입신용장 발행, 외화관련 여신</td><td>소요자금 전액</td></tr>
<tr><td>일반자금대출, 당좌대출, 적금대출 등</td><td>1 회전 소요자금 범위 내</td></tr>
<tr><td rowspan="2">65～74점</td><td>상업어음할인, 팩터링대출, 무역금융, 수입신용장발행, 외환관련여신</td><td>소요자금 전액</td></tr>
<tr><td>일반자금대출, 당좌대출, 적금대출 등</td><td>1 회전 소요자금 1/2 범위 내</td></tr>
</table>

3.4 종합평점제도의 유용성과 한계점

종합평점제도는 재무항목 뿐 아니라 비 재무항목을 모두 포괄하여 평가하기 때문에 기업에 대한 여신결정에 매우 유용하다. 그러나 종합평가에 대한 한계점도 있기 때문에 다음과 같이 정리된다.

3.4.1 종합평점제도의 유용성

첫째, 신용위험의 계량화를 통하여 객관적이고 일관성 있는 평가를 가능하게 한다.
둘째, 정밀분석을 위한 예비자료로 사용될 수 있다.
셋째, 대출업체의 사후관리 방편으로 사용할 수 있다.

3.4.2 종합평점제도의 한계점

첫째, 항목의 선정과 가중치에 주관성이 개재될 수 있다.
둘째, 평가의 절사점(cut-off point)이 과거의 자료, 경험, 주관적 판단에 의하여 이루어지기 때문에 오차가 발생할 수 있다.
셋째, 과거의 자료이기 때문에 미래에 대한 예측에 한계가 있다.
넷째, 차입자의 현금조달능력 등 현금흐름에 대한 사항이 고려되지 않고 있다.

제04절 채권의 의의와 종류

4.1 채권의 의의

채권(bond)이란 기업이 장기적 자금의 조달을 위하여 일정기간 동안 일정률의 **이자**를 약속하고 발행하는 채무증권이다. 채권의 발행은 주식과 함께 기업의 자금조달 방법으로 가장 대표적인 방법이다. 우리나라의 경우 채권은 주식시장에 비하여 발행규모는 적지 않으나, 거래가 비교적 빈약하고 채권에 대한 정보의 전달도 매우 미약한 현실이다. 채권의 만기도 대부분 5년 미만의 중·단기형이다. 특히 거래소와 장외시장의 개념이 희박하고, 전문 채권 딜러가 부족한 현실이다. 그러나 기업의 자본조달 활성화라는 차원에서 채권거래의 발전이 불가피하다.

4.2 채권의 종류

채권의 가장 대표적 유형은 **사채(社債)**이다. 사채란 목적에 따라 다양한 형태로 발행되고 있다. 최근에 무보증 사채의 증가는 기업에 대한 신용도의 중요성을 부각시키고 있다.

4.2.1 보증사채와 무보증사채

① 보증사채(guaranteed bonds)

금융기관 등 제3자의 보증으로 발행된 채권

② 무보증사채(unguaranteed bonds)

발행기업의 신용에 의하여 채권을 공모하여 제3자에 의한 보증이 없이 발행된 채권

③ 담보부사채(mortgage bonds)

발행기업의 자산 등을 담보로 하여 발행된 채권으로 청산 시 우선순위가 높은 상위채와 순위가 낮은 하위채로 구분

우리나라의 경우 1990년에 보증사채의 비중이 전체 채권시장의 83%에 불과하였지만, 최근에는 반대로 무보증 사채의 비중이 절대 다수를 차지하고 있다. 이것은 기업의 투자자에 대한 신뢰성이 자금조달에 매우 중요하다는 것을 의미한다.

4.2.2 전환사채와 신주인수권부 사채

① 전환사채(convertible bonds)

발행된 후 일정기간이 경과하면 사채권자의 요구에 의하여 보통주로 전환되는 것이다. 사채권자는 보통주로 전환되기 전에는 사채에 대한 안정적인 이자수익을 얻을 수 있고, 경영성과가 높아지면 보통주로 전환하여 배당수익을 얻을 수 있다.

반면에 기업입장에서도 일반사채보다 낮은 이자율로 사채를 발행할 수 있고, 보통주로 전환되면 이자부담을 면한다는 장점이 있어 투자자와 기업 간의 판단에 의한 위험회피효과를 노릴 수 있다. 또한 전환사채의 전환은 부채가 자본으로 전환하는 효과가 있다.

② 신주인수권부사채(bonds with stock option)

일정한 권리행사기간 동안에 미리 약정된 가격으로 일정한 수의 주식을 구입할 수 있는 권리를 부여하는 사채이다. 당 신주인수권의 양도시 사채와 함께 양도하여야 하는 비 분리형(non－detachable style)과 양도 시 분리하여 양도가 가능한 분리형(detachable style)이 있다.

신주인수권부사채도 전환사채와 동일하게 투자자와 기업간의 위험회피효과를 얻을 수 있다는 장점이 있다. 단 전환사채는 사채권자가 주주로 변화하지만, 신주인수권부사채는 동일인이 사채권자와 주주로서 존재할 수 있다는 것이다.

제 05절 채권의 가격과 수익률

5.1 유효이자율법에 의한 회계처리

일반적으로 사채는 액면에 의한 발행이 되지 않는다. 기업의 상황에 따라 액면보다 낮거나 높은 발행이 이루어진다. 그동안 거의 모든 사채가 액면보다 낮은 할인발행이 이루어졌다. 이러한 할인발행은 자본시장의 실세금리에 의하여 결정된다. 이러한 실세금리를 **유효이자율**(effective interest rate)이라 한다.

유효이자율에 의한 사채의 발행은 발행가액의 결정 뿐 아니라 회계처리에 주의를 기울여야 한다. 기업회계기준의 개정은 **정액법**에 의한 사채의 상각에서 시장이자율에 의한 유효이자율법으로 회계처리를 변경시켰다. 유효이자율법이란 자본시장의 실세금리를 반영하는 것으로 사채의 할인 또는 할증발행 및 사채의 위험을 내포하는 논리적 개념이다.

대부분 사채의 발행은 할인발행으로 이루어지며 그것은 [표 8－10]에서와 같이 시중의 실세금리와의 비교에서 이루어진다. 실세금리란 실제 금융시장에서 이루어지는 거래로 정기예금 금리가 자주 사용된다.

[표 8-10] 금리차이와 사채발행

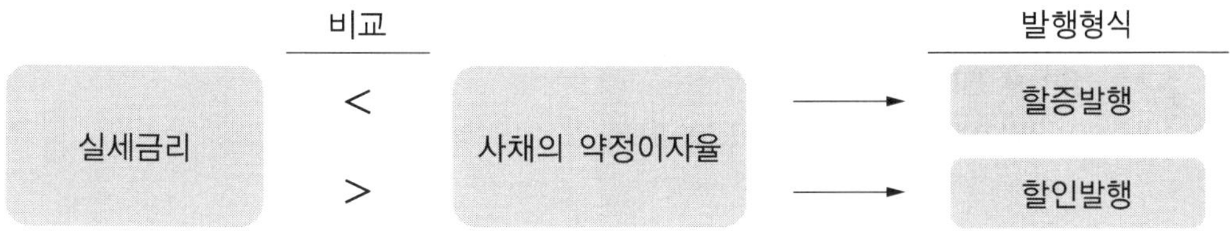

5.2 미래가치와 현재가치에 의한 채권평가

유효이자율법에 의한 채권의 평가는 미래의 시간가치를 고려하여 결정된다. 이러한 개념은 화폐라는 것이 시간의 흐름에 따라 이자율에 의하여 가치가 변동한다는 것이다. 즉 현재의 일정 금액은 일정기간이 경과하면 일정한 이자율만큼 이자가 증식되어 간다는 것이다. 이자율에 의하여 증식된 일정액은 일정한 기간이 경과하면 다시 일정한 이자율에 의하여 금액이 증식되어 진다. 이러한 개념을 **복리**라고 하며, 복리에 의하여 일정금액의 미래가치가 형성된다.

5.2.1 복리에 의한 미래가치

복리에 의한 **미래가치**는 다음 공식에 의하여 산출된다.

$$P_0(1+r)=P_1$$

P_0 : 원금
r : 이자율
P_1 : 원리금

예제 8-2

다음 자료에 의하여 복리에 의한 각 연도별 원리금을 계산하시오.

이자율 10%(년), 정기예금액 ₩1,000,000인 경우

1년 후 원리금(P_1)

₩1,000,000(1+0.1)=₩1,100,000

$$P_0(1+r) = P_1$$

2년 후 원리금(P_2)

₩1,100,000(1+0.1)=₩1,210,000

$$P_1(1+r) = P_2$$

$$P_0(1+r)(1+r) = P_2$$

$$P_0(1+r)^2 = P_2$$

3년 후 원리금(P_3)

₩1,210,000(1+0.1)=₩1,331,000

$$P_2(1+r) = P_3$$

$$P_0(1+r)(1+r)(1+r) = P_3$$

$$P_0(1+r)^3 = P_3$$

원금 ₩1,000,000은 연 10%의 이자율이 적용될 경우 3년 후에 ₩1,331,000이 된다.

5.2.2 현재가치로의 환산

[예제 8－2]에서 2년 후의 원리금 ₩1,210,000은 현재가치로 ₩1,000,000이며, 마찬가지로 3년 후의 ₩1,331,000은 현재가치로 ₩1,000,000이다. 그것은 3년 후의 ₩1,331,000은 현재의 ₩1,000,000과 동일한 가치를 갖게 된다. 따라서 다음과 같은 산식이 형성된다.

n년 후의 원리금 합계는,

$$P_n = P_0(1+r)^n$$

P_n : n년 후의 원리금
P_0 : 현재의 원금
r : 이자율

n년 후의 원리금 합계를 **현재가치(P_0)**로 환산하면,

$$P_0 = \frac{P_n}{(1+r)^n}$$

이러한 경우에 r은 이자율이 아니라 **할인률**(discount rate)로 작용하게 된다. 현재가치의 공식을 설정하는 이유는 미래에 약속한 일정한 금액이 현재가치로는 얼마나 되는지 평가하기에 적합하기 때문이다. 즉 사채의 이자가 매년 일정하게 약속되어 있다 해도, 1년 후의 이자액과 2년 후의 이자액은 현재가치로 비교할 때 차이가 있다. 즉 1년 후의 이자가 2년 후의 이자보다 가치가 높다.

5.2.3 사채의 현재가치

사채가 발행되면 매년 발생되는 이자 뿐 아니라, 만기 후에 지급하여야 하는 원금이 있다. 이자와 원금은 시장의 실세금리인 할인율을 적용하여 산출한다. 할인율에 의하여 이자와 원금을 현재가치로 전환하게 되면 사채의 현재가치가 된다.

예제 8-3

다음 자료에 의하여 사채의 현재가치를 구하시오.

사채액면가(F) ₩100,000　　액면이자율 10%　　만기 3년　　할인률(r) 12%

사채의 현재가치는 [표 8－11]과 같다. [표 8－11]은 1년 후 ₩10,000의 이자는 현재가치로 ₩8,929, 2년 후의 ₩10,000의 이자는 현재가치로 ₩8,000, 3년 후의 ₩10,000의 이자는 현재가치로 ₩7,143과 동일하다는 것을 나타내고 있다. 또한 3년 후에 지급하여야 하는 원금 ₩100,000은 현재가치로 ₩71,429과 동일한 가치이다. 따라서 액면가 ₩100,000에 연 유효이자율 12%인 사채의 경우 현재의 발행가치는 ₩95,501이 된다.

[표 8－11] 사채의 현재가치

연도 / 현재가치	1년 후 이자	2년 후 이자	3년 후 이자	3년 후 원금상환
공식에의 대입	$\frac{₩10,000}{(1+0.12)^1}$	$\frac{₩10,000}{(1+0.12)^2}$	$\frac{₩10,000}{(1+0.12)^3}$	$\frac{₩100,000}{(1+0.12)^3}$
₩8,929				
₩8,000				
₩7,143				
₩71,429				
₩95,501				

[표 8－11]에서 사채의 현재가치는 ₩95,501으로 발행가액이 된다. 즉 발행가액의 결정은 다음과 같은 공식으로 정리된다.

$$P=\sum_{t=0}^{n}\frac{I(\text{이자액})}{(1+r)^t}+\frac{F(\text{액면가})}{(1+r)^n}$$

P : 발행가액
n : 만기

r은 **할인율**이며, **실질적 만기수익률**(yield to maturity)이 된다. 현재가치에 의한 이자와 액면가액의 합계가 사채의 발행가액이 되며, 할인율이 높을수록 사채의 발행가액은 낮아지게 된다.

제06절 만기수익률의 결정요인

만기수익률은 **내적요인**과 **외적요인**에 의하여 결정된다. 시중의 실세금리나 물가상승률등은 사채를 발행하는 기업의 입장에서는 고려의 대상은 되지만 직접 통제할 수 있는 요인은 아니다. 그러나 사채의 만기나 위험은 사채를 발행하는 기업에 상황에 의하여 조정될 수 있는 요인이다. 내적요인과 외적요인은 다음과 같다.

- 내적요인 : 채권의 만기, 채권의 위험 등
- 외적요인 : 실질이자율(실세금리), 인플레이션율, 경제정책, 산업의 동향 등

사채를 발행할 때 사채의 실질적 만기수익률을 얼마로 할 것인가는 내적요인과 외적요인에 의하여 타 기업에 비하여 높거나 낮게 된다. 특히 기업의 내적요인은 과거의 신용도가 낮을수록 채권의 위험이 높기 때문에, 높은 실질적 만기수익률을 감수하여야 한다. 그것은 신용도가 낮을수록 기업의 자금조달비용이 높아진다는 것을 의미한다.

6.1 수익률차

기업마다 발행하는 채권의 위험은 각기 다르다. 국가가 발행하는 국채는 정부가 보증하는 것이기 때문에 위험이 없는 **무위험채권**이다. 일반적으로 위험이 낮은 채권은 실질적 만기수익률이 낮다. 기업에서 발행하는 채권은 국가 발행하는 채권보다 위험하기 때문에 보다 높은 실질적 만기수익률을 제시하여야 투자자에게 유인이 된다.

국가 발행 국채인 무위험채권의 이자율과 기업이 발행하는 채권의 이자율과의 차이를 **수익률차(yield spread : ys)**라 한다. 위험이 높은 기업일수록 **약속수익률(promised yield : r)**을 높여야 한다는 원리가 작용한다. 따라서 수익률차는 다음과 같이 정의된다.

수익률차(ys) = 약속수익률(r) − 무위험채권의 수익률(rf)

6.2 수익률차의 결정요인

수익률차는 채권이 갖고있는 위험이 개재된 이유에서 발생한다. 수익률차를 결정하는 요인은 다음의 두 가지로 집약된다.

- 채무불이행위험에 대한 프리미엄(drp : default risk premium)
- 유동성위험에 대한 프리미엄(lrp : liquidity risk premium)

6.2.1 채무불이행위험에 대한 위험

채무불이행위험에 대한 위험은 약속수익률과 기대수익률과의 차이이다. 약속수익률은 채권발행 당시에 실질적으로 약정한 이자율이며, 기대수익률이란 과거에 기업이 사채에 대한 원리금상환을 어느 정도 지켰는가에 대한 이행률로 산정한다. 즉 약속수익률이 15%이고 과거에 사채발행으로 인한 원리금 상환액의 정도가 90%라면 기대수익률은 다음과 같다.

약속수익률(15%) · 이행확률(0.9) + 약속수익률(0%) · 미이행확률(0.1) = 13.5%

따라서 채무불이행위험에 대한 프리미엄은 기대수익률과 약속수익률과의 차이인 1.5%가 된다. 그것은 지급불능의 가능성이 높을수록 채무불이행위험에 대한 프리미엄도 높아진다는 것이다.

6.2.2 유동성위험에 대한 위험

유동성위험에 대한 위험은 당해 채권이 채권시장에서 매각될 수 있는 매각성취율과 채권시장에서의 모든 채권의 평균매각성취율의 차이를 나타내는 것이다. 위의 예에서 약속수익률이 15%이고 무위험 채권 수익률이 10%라면, 채무불이행위험에 대한 위험요인으로 1.5%, 유동성위험에 대한 위험으로 3.5%가 된다.

제07절 채권의 등급평가

7.1 채권등급평가의 의의

채권의 **등급평가**(bond rating)란 채권등급평가기관이 특정채권의 원금과 이자가 약속대로 상환될 수 있는 정도를 판정하여 일정한 등급을 공시하는 것이다. 즉 투자자에게 특정채권의 위험정도를 파악하여 투자자에게 전달하는 것일 뿐, 특정채권을 추천하거나 채권가격의 결정을 내리는 것이 아니다. 즉 채권평가의 목적은 다음과 같다.

① 채권투자자에 유용한 정보 제공
② 행정기관의 지도지침 제공
③ 증권인수업자에 유용한 정보 제공
④ 채권발행자에게 높은 등급을 받도록 하여 자본비용 절감
⑤ 효율적 자원배분 차원에서 국민경제에 기여

7.2 채권의 등급평가표

채권의 등급평가는 세계적인 신용평가기관에서 이루어지고 있는 상황이 우리나라에도 유사하게 적용되고 있다. 세계적 신용평가기관의 신용등급표는 [표 8-12]와 같으며 Moody's와 Standard & Poor의 기준으로 BBB 이상은 되어야 투자의 적격대상이 된다.

우리나라의 경우에도 채권의 평가는 국제 기준에 맞추어 평가하고 있으며, 한국신용평가㈜, 한국기업평가㈜, 한국신용정보㈜에서는 A급 이상의 법인에 대하여 일반사채, 신주인수권부사채, 전환사채의 발행을 가능하게 하고 있다.

[표 8-12] 회사채 및 장기채권의 등급구분

S&P	Fitch	Moody's	평 점 기 준
AAA	AAA	Aaa	원리금 지급능력이 최고수준 (최상의 신용상태 : extremely strong)
AA	AA+ AA AA-	Aa1 Aa2 Aa3	원리금 지급확실성이 매우 높지만 AAA증권에 비해 다소 열등함(신용상태 우수 : very strong)
A	A+ A A-	A1 A2 A3	원리금 지급확실성은 높지만 장래 환경변화에 따라 다소 영향을 받기 쉬운 면이 있음(신용상태 양호 : strong)
BBB	BBB+ BBB BBB-	Baa1 Baa2 Baa3	원리금 지급확실성은 인정되지만 장래 환경변화에 따라 저하될 가능성을 내포하고 있음(신용상태 적절 : adequate)
BB	BB+ BB BB-	Ba1 Ba2 Ba3	원리금 지급능력에는 문제가 없으나 장래의 안정성은 보장할 수 없는 투기적인 면이 있음(투자시 요주의 대상 : loss vulnerable)
B	B+ B B-	B1 B2 B3	원리금 지급능력에는 문제가 있고 투기적인 면이 강함 (신용상태 불량 : more vulnerable)
CCC	CCC	Caa	채무불이행이 발생할 위험요소를 내포하고 있음
CC	CC	Ca	채무불이행이 발생할 위험이 큼
C	C	C	현재 이자지급이 연기되고 있고 채무불이행의 위험성이 매우 높음
D	-	-	원금 또는 이자가 지급불능상태에 있음

자료 : S&P's Bond Guide, Moody's Bond Record, 2025

신용등급은 장기 뿐 아니라 단기, 즉 1년 이내에 만기가 되는 무담보채권에 대하여도 적용된다. 단기에 대하여 별도의 평가를 하는 것은 단기적으로는 장기와 속성을 달리하고 있기 때문이다. 왜냐하면 단기적으로는 장기적 개념의 기업도산 가능성보다 주어진 기간 내에 단기채권의 해결능력을 중요하게 생각하기 때문이다. [표 8-13]에 의하면 각 신용평가전문기관마다 신용평가의 등급표시를 달리하고 있다.

[표 8-13] 신용평가기관별 단기신용등급의 기호

등급 \ 신용평가기관	Moody's	S&P	Fitch IBCA	DCR
투자적격 등급	Prime-1	$A-1^{+}$ A-1	$F1^{+}$ F1	$D-1^{+}$ D-1 $D-1^{-}$
	Prime-2	A-2	F2	D-2
	Prime-3	A-3	F3	D-3
투기적 등급	Not Prime	B	B	D-4
		C	C	D-5
		D	D	

단기신용등급의 대표적 예는 **기업어음**(CP)이다. 기업어음은 일반적으로 3개월 내지 5개월 정도의 기간동안 기업이 필요로 하는 자금을 조달하기 위하여 발행하는 유가증권이다. 우리나라의 경우에 이러한 기업어음의 등급을 설정하고 있는 장기신용평가와 동일하게 국제적 기준을 따르고 있다. S&P 기준에 의한 기업어음의 등급기준은 다음과 같다.

[표 8-14] CP의 등급구분

등급 \ 기준	평 가 기 준
A1	만기에 변제할 능력이 최상이며, 합리적으로 예측할 수 있는 미래의 어떠한 환경변화에도 영향을 받지 않을 정도로 안정적임
A2	만기 상환능력은 우수하나 그 안정성은 A1에 비하여 다소 떨어짐
A3	만기 상환능력은 양호하나 장래 환경이 급격히 저하되면 영향을 받을 가능성이 있음
B	만기상환능력은 인정되나 장래의 환경변화에 따라 그 안정성이 영향을 받을 수 있음
C	만기 상환능력 및 그 안정성이 매우 유동적임
D	지급불능 상태이거나 지급불능에 빠질 가능성 높음

7.3 신용등급과 채권수익률의 관계

신용등급을 낮게 받은 기업은 신뢰성이 낮은 것으로 평가되기 때문에, 투자자의 입장에서는 동일한 이자율이라면 신용등급이 높은 기업의 채권에 투자한다. 신용등급이 낮은 기업이 투자자를 유인하는 방법은 보다 높은 이자율을 약정하는 것이다. 그렇게 하여야 투자자는 다소의 위험을 감수하더라도 신용등급이 낮은 채권에 투자를 한다.

미국에서는 실제로 부실한 기업이 신용등급을 낮게 받고, 신용긍급을 낮게 받은 기업의 약정수익률이 실제로 높은지에 대하여 많은 연구가 이루어졌다. 그 결과 다음과 같은 결론을 찾아냈다.

첫째, 신용등급이 높을수록 채무불이행률이 낮고, 신용등급이 낮을수록 채무불이행률이 높다. 예를들면 A급의 채권이 채무불이행률이 1% 이하인데 반하여, C급 채권은 채무불이행률이 48% 대를 나타냈다.

둘째, 일정 등급에 오래 머물수록 채무불이행률이 상승하였다. 즉 기업은 신용등급을 계속하여 상승시켜야 하며, 신용등급이 정체된 상태에서는 채무불이행 정도만 높아진다는 것이다.

셋째, 단기 신용등급에서도 투자적격 등급과 투기적 등급의 채무불이행률에는 상당한 차이가 있다는 것이다. 예를 들면 투자적격 등급은 1% 대의 채무불이행률을 나타낸 반면, 투기적 등급은 30% 대의 채무불이행률을 나타내고 있다.

신용평가의 경우 재무적 항목만을 평가하는 것은 아니다. Moody's와 S&P의 경우 주요 재무자료 뿐 아니라 산업체와 기업분석 등 비회계자료의 분석을 통하여 신용등급을 결정한다.

7.4 우리나라의 채권등급 평가

7.4.1 신용평가기관

국내의 **3대 신용평가기관**은 [표 8－15]와 같이 분류한다. 특히 IMF 이후 기업의 신용평가가 중요시됨에 따라, 신용평가의 질을 제고하고자 세계적인 신용평가 기관들과 자본제휴를 통하여 전략적 업무제휴를 추진하고 있다. 우리나라 신용평가기관의 신용평가는 미국의 Moody's나 S&P와 매우 유사하다.

[표 8-15] 국내 3대 신용평가기관

항목 \ 기관	한국신용평가㈜	나이스홀딩스㈜	한국기업평가㈜
설립연도	1985	1986	1987
주요 출자기관	제2금융권	시중은행 및 외환은행	민간
업무제휴사	Moody's	DCR	Fitch-IBCA
신용등급 발간지	신용평가	Nice Credit	월간 기업평가
주요업무	신용평가 · 컨설팅 · 신용정보 · 신용조사 등		

신용평가기관의 주요 업무는 사채나 기업어음의 신용등급 평가이다. 신용등급의 평가는 자료 접수일로 부터 5일에서 20일 정도의 시일이 필요하며, 신용평가기관은 일정액의 평가수수료를 받고 있다. 신용평가의 절차는 미국의 Moody's나 S&P와 매우 유사하며 [그림 8-2]의 절차에 의한다.

[표 8-16] 신용평가수수료(회사채 기준)

자산규모	수수료
1천억 이하	1,000만원
1천억 초과 5천억 이하	1,200만원
5천억 초과 1조원 이하	1,600만원
1조원 초과 2조원 이하	2,200만원
2조원 초과	3,300만원
※ 중소기업의 경우 기본수수료 30% 할인, 비례수수료로 회사채 발행금액의 1/10,000 추가	

자료 : 한국신용평가㈜(2025)

1997년 말 외환위기 사태 이후 일반기업이 무보증채권이나 자산유동화증권을 발행하는 경우에도, '유가증권인수업무에 관한 규칙', '신탁업 감독규정', '증권투자신탁업 감독규정' 등에 의하여 1개 이상의 지정평가기관으로부터 **신용등급**을 받아야 한다. 또한 기업어음, 무보증채권, 자산유동화증권은 '종합금융감독규정', '종합금융회사 감독업무 시행세칙' 등에 의하여 의무적으로 신용등급을 받아야 한다. 예를 들면 무담보에 의한 기업어음을 발행하여 종합금융, 증권회사, 은행 등을 통하여 단기자금을 조달하고자 하는 기업은 의무적으로 지정평가기관으로부터 신용평가를 받도록 되어있다. 보증채권의 경우에는 지급보증기관의 신용평가가 의무화되어 있다.

[그림 8-2]에 의하면 회사채와 신용등급의 결정은 일정한 절차에 의하여 이루어진다. 등급의 결정을 위하여 예비분석과 현지출장은 물론, 등급결정 후에 의뢰 업체의 동의여부를 점검한다. 또한 등급평정에 대한 재심사제도를 두어 등급에 대한 객관성의 유지가 가능하도록 하고 있다. 등급이 공시된 후에도 등급의 사후관리를 통하여 재평가를 하고 있다.

[그림 8-2] 회사채 및 CP의 신용등급 평가절차

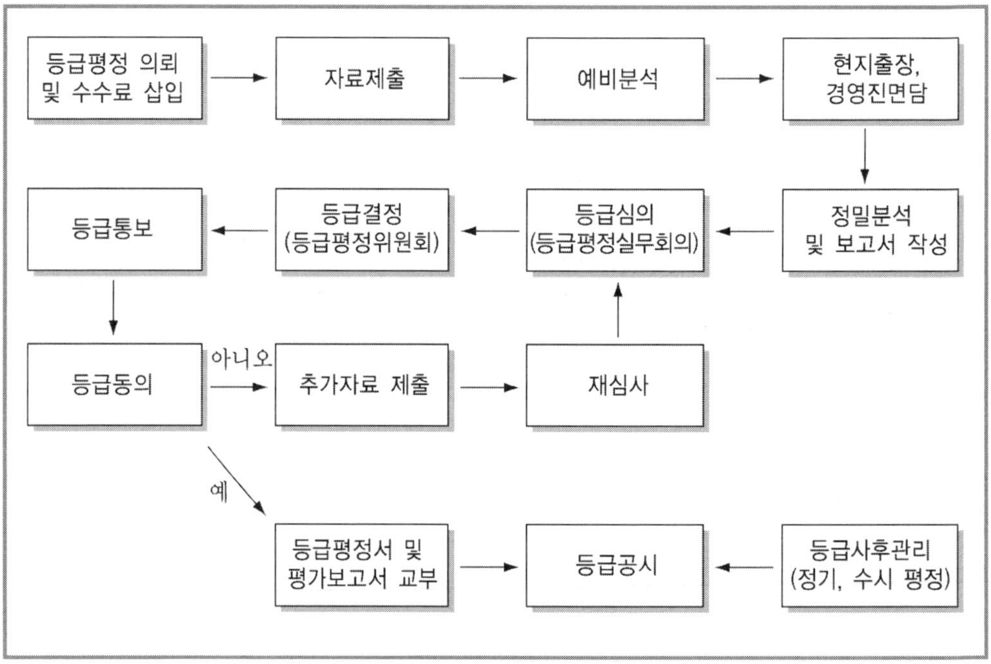

7.4.2 등급의 신용평가기준과 요소

신용등급의 평가기준도 S&P와 유사하다. 회사채의 신용등급은 [표 8-17]에서와 같이 AAA에서 D까지 분류하고 있다. BBB 이상의 원리금 상환 적격업체로 분류하고 있고 BB 이하를 상환능력이 환경에 영향을 크게 받는 투기적 등급으로 분류한다.

[표 8-17] 회사채 신용등급 평가기준

등급	내용
AAA	원리금 지급능력이 최상급임.
AA	원리금 지급능력이 매우 우수하지만 AAA의 채권보다는 다소 열위임.
A	원리금 지급능력은 우수하지만 상위등급보다 비해서 경제여건 및 환경악화에 따른 영향을 받기 쉬운 면이 있음.
BBB	원리금 지급능력은 양호하지만 상위등급에 비해서 경제여건 및 환경악화에 따라 장래 원리금의 지급능력이 저하될 가능성을 내포하고 있음.
BB	원리금 지급능력이 당장은 문제가 되지 않으나 장래 안전에 대해서는 단언할 수 없는 투기적인 요소를 내포하고 있음.
B	원리금 지급능력이 결핍되어 투기적이며 불황시에 이자지급이 확실하지 않음.
CCC	원리금 지급에 관하여 현재에도 불안요소가 있으며 채무불이행의 위험이 커 매우 투기적임.
CC	상위등급에 비하여 불안요소가 더욱 큼.
C	채무불이행의 위험성이 높고 원리금 상환능력이 없음.
D	상환 불능상태임.

주 : AA부터 B등급까지 +와 −를 추가하여 등급을 세분화함.
자료 : 한국신용평가㈜(2025).

[그림 8-3]에 의하면, 우리나라의 경우 1997년 말 외환위기 사태 이전에는 A급이었으나, 이후 B 수준까지 급락하였다. 이후 계속적인 회복에 의하여 2005년에 이르러 A(S&P)와 A1(Moody's) 급으로, 2015년에는 Aa3(Moody's), AA(S&P), AA−(Fitch) 급으로 상승되었다.

[그림 8-3] 한국의 신용등급

신용평가사	신용등급	평가연도
S&P	AA(stable)	2025
Moody's	Aa2(stable)	2025
Fitch−IBCA	AA−(stable)	2025

CP 등급도 [표 8－18]에서와 같이 A에서 D로 나누고 각 등급마다 세부적 분류를 하고 있다. 일반적으로 A급 이상을 **적기 상환능력**이 있다고 보고 있고, B급 이하를 **투기적 등급**으로 분류하고 있다. 평가의 주요요소는 주요 신용평가기관이 기업의 내부 및 외부 위험요소, 재무 및 비재무 요소 등을 종합적으로 고려하고 있다. 즉 산업별 분석, 사업분석, 계열기업 분석, 재무분석 등을 평가한다. 한국신용평가㈜, 나이스홀딩스㈜, 한국기업평가㈜ 모두 [표 8－19], [표 8－20], [표 8－21]과 같이 유사한 평가요소에 의하여 평가하고 있다.

[표 8－18] CP 신용등급 평가기준

등급	내용
A1	적기상환능력이 최상이며 상환능력의 안정성 또한 최상임.
A2	적기상환능력이 우수하나 그 안정성은 A1에 비해 다소 열위임.
A3	적기상환능력이 양호하며 그 안정성도 양호하나 A2에 비해 열위임.
B	적기상환능력은 적정시되나 단기적 여건변화에 따라 그 안정성에 투기적인 요소가 내포되어 있음.
C	적기상환능력 및 안정성에 투기적인 요소가 큼.
D	상환불능 상태임.

주 : A2부터 B등급까지 ＋와 －를 추가하여 등급을 세분화함.
자료 : 한국신용평가㈜(2025).

각 신용평가기관의 평가내용은 Moody's나 S&P와 유사한 형태이지만, 계열기업분석으로 소속계열의 사업위험과 재무위험, 계열기업 간의 상호의존성, 상호출자와 지급보증, 담보제공 등이 우리나라 기업구조의 특수성으로 인하여 평가대상이 되고 있다. Moody's나 S&P는 권리의 우선순위, 특약조항 등을 중시하고 있는 것이 우리나라와 대조를 이룬다.

[표 8－19] 한국신용평가㈜의 주요 평가요소

평가요소	평 가 내 용
산업위험	산업의 특성 및 수명주기상의 위치, 업종의 주기적 특성, 수요변화요인, 공급변화요인, 산업의 재무적 특성, 규제 및 입법, 경쟁상태 및 진입장벽, 기타 산업의 잠재력 특성 및 위험요소 등
계열위험	계열그룹 사업위험(업종별 포트폴리오 구성, 부품·원재료의 안정적 조달 및 공급), 계열그룹의 재무위험(결합재무제표 분석), 계열기업체 대한 의존성(내부거래, 자금대여 및 차입, 담보제공, 지급보증), 자금지원, 지급보증 또는 담보제공능력 등
경영관리위험	지분소유 및 지분구조, 경영진의 경영능력, 기업관 및 기업문화, 경영정책 및 경영전략, 기업주(또는 경영자)의 담보 및 보증제공능력, 계류중 소송사건, 과거 탈세·체납·세무조사 대상여부, 불량거래처 여부 등
사업 및 영업위험	사업구성(다각화정도), 업계지위 및 경쟁력(시장점유율, 영업능력, 판매·유통경로상 장단점, 제품수명주기상 위치, 거래처 다양성, 기술개발투자), 영업효율성(생산원가구조, 노동생산성, 판매가격결정능력), 영업정책 등
재무위험	회계정책, 매출 및 수익구조, 자본구조 및 안정성, 유동성 및 현금흐름, 재무적 탄력성 및 자산의 건전성

자료 : 한국신용평가㈜(2025)

한국신용평가㈜는 [표 8－19]에서와 같이 산업위험, 계열위험, 경영관리위험, 사업 및 영업위험, 재무위험을 주요 신용평가요인으로 적용하고 있다.

[표 8－20] 나이스평가정보㈜의 주요 평가요소

평가요소	평 가 내 용
기업체 개요분석	개요 및 연혁, 주요 주주 및 경영진현황
산업분석	산업특성, 산업성장추세 및 전망, 사업경기(business cycle), 경쟁상황, 자원공급현황, 규제 및 지원
계열분석	계열특성, 상호관계, 상호지원체계, 계열의 전반적 건전성
사업분석	시장지위(시장점유율, 매출증대능력 등), 영업효율성(원가구조상 특징, 가격선도력, 노동력 조달안정성 및 사용효율성 등), 기술수준(산업기술동향분석, R&D 투자실적, 연구기술진 능력 등), 영업능력(최고경영층, 경영성과분석, 위기대응능력 등)

평가요소	평 가 내 용
재무분석	회계정책(재무제표의 적정성, 회계방침 등), 수익력(사업부문별 매출구성 및 수익성, 환경요인에 의한 수익성변동 등), 재무구조 및 자산내용(차입구조, 부외부채, 우발채무, 자산의 질 등), cash flow의 적정성 및 유동성, 재무적 융통성(대체적인 자금조달, 자산처분 등)
전망	산업전망, 사업전망, 자금수지전망
평정요지	사업기반, 최근동향, 재무현황, 평정근거

자료 : 나이스평가정보㈜(2025)

나이스평가정보㈜는 [표 8－20]에서와 같이 산업분석, 계열분석, 사업분석, 재무분석, 전망, 평정요지 등으로 분류하여 평가하고 있으며, 한국신용평가㈜의 산업위험, 계열위험, 경영관리위험, 사업 및 영업위험, 재무위험을 주요 신용평가요인과 내용은 유사하다.

[표 8－21]은 한국기업평가㈜의 평가요인이다. 사업분석, 계열분석은 다른 신용평가기관과 동일하다. 재무분석이나 현금흐름 등도 다소의 차이는 있으나, 구체적으로 기업의 유동성, 안정성, 수익성, 활동성, 성장성 등으로 재무상태 평가를 접근하고 있는 것은 유사하다.

[표 8－21] 한국기업평가㈜의 주요 평가요소

평가요소		평 가 내 용
산업분석		국민경제적 지위, 산업의 개황 및 특성, 경기변동의 영향정도, 수요변동요인 분석 및 전망, 진입 및 퇴출의 난이도, 규제 및 지원, 거시경제변수의 영향 등
계열분석		계열 전체의 재무적 요인, 사업다각화, 계열지배구조 및 경영진, 주력업종의 시장지위, 계열기업간 출자 · 자금거래 · 지급보증의 연관관계, 대규모 신규투자위험, 해외현지법인 현황, 구조조정의 성과
사업분석	시장지위	사업부문별 분석, 판매실적 및 구성, 시장 점유율, 경쟁우위요소 및 판매방식, 기술변화대응력, 매출확대노력 등
	영업효율성	매출원가율, 매출액영업이익률, 생산능력 및 가동률추이, 원재료 가격 변동추이, 노동생산성, 임금수준, R&D 투자실적, 설비효율성
	경영관리능력	최고경영진의 경영역량, 채무이행의지, 경영권의 안정성, 위기대응능력, 경영계획 타당성, 구조조정, 사회적 책임의식, 기업인수합병, 내부통제제도, 조직의 유연성, 노사분쟁 발생

평가요소		평 가 내 용
재무분석	회계정보의 질	최근 5년간 감사의견, 수정사항, 회계변경사항, 회계처리보수성, 재무제표간 계정별 이상항목 검토
	수익성	총자본경상이익률, 경영자본영업이익률, ROE, 매출액영업이익률, 매출액경상이익률, 이자보상비율, 고정채무비용보상비율 등
	재무안정성 및 자산의 질	부채비율, 비유동장기적합률, 차입금의존도, 차입금 구성 등
	유동성	지급보증채무, 자본화리스가액, 할인어음, 만기집중, 단기차입금 구성비율, 유동비율, 당좌비율 등
	활동성	총자산회전율, 매출채권회전율, 재고자산회전율 등
	성장성	매출액 증가율, 총자산증가율 등
	재무적 융통성	자금수급실태, 자금수급계획, 예비유동성, 시설투자 융통성, 대체자금조달수단 등
현금흐름분석		CF/총부채, 부채상환계수, 여유CF/비유동부채, EBIT/총부채 등

자료 : 한국기업평가㈜(2025)

7.4.3 신용평가회사의 주요 재무기준

IMF 이후 각 신용평가기관은 투자적격의 기준을 강화하였다. 한국신용평가㈜와 한국기업평가㈜의 자기자본비율 30% 이상, 나이스평가정보㈜의 금융비용부담률 6.5% 이하는 부채의 비중을 축소할 것을 요구하고 있다. 전체적으로 비유동장기적합률을 모든 평가기관이 평가항목에 산입한 것은 자금조달의 중요성을 크게 인식하고 있다. 즉 기업의 자금조달에 있어 장기성 자산은 장기성 자금으로 조달하여야 한다는 것을 의미하고 있다. 또한 현금흐름의 (+)요구는 기업의 유동성 확보에 중점을 두고 있다는 것이다.

[표 8-22] 신용평가기관별 주요 재무기준

(1) 한국신용평가㈜

자기자본비율	현금흐름	경제적부가가치(EVA)	비유동장기적합률
30% 이상	+	+	100% 이하

(2) 나이스평가정보㈜

매출액영업이익률	현금흐름	금융비용부담률	비유동장기적합률
8.0% 이상	+	6.5% 이하	100% 이하

(3) 한국기업평가㈜

매출액세전이익률	자기자본비율	현금흐름	단기차입금의존도	비유동장기적합률
7% 이상	30% 이상	최근 2년간 합계가 +	20% 이하	100% 이하

CHAPTER 08 연습문제

01 신용분석의 기능을 설명하시오.

02 신용분석과 여신의 결정과정 간 관계를 여신의 단계별로 설명하시오.

03 우리나라의 대출 후 감독과정을 정상여신, 요주의 여신, 고정여신, 회수의문여신, 추정손실여신으로 분류하고 각 내용에 대한 우리나라의 일반적 규정을 제시하시오.

04 5C에 대하여 설명하시오.

05 다음 자료에 의하여 Sinkey의 대출이자율 공식에 의하여 대출이자율을 구하시오.

무위험대출이자율 8%	채무불이행확률이 5%인 경우와 8%인 경우

06 종합평점제도를 설명하시오.

07 종합평점제도의 유용성과 한계를 설명하시오.

08 우리나라 3대 신용평가기관을 제시하고 그 특성을 비교하시오.

09 보증사채와 무보증사채의 차이를 설명하시오.

10 전환사채와 신주인수권부사채와의 차이를 설명하시오.

11 다음 자료에 의하여 사채의 현재가치를 구하시오.

사채액면가(F) ₩100,000	액면이자율 8%	만기 3년	할인률(r) 10%

12 수익률차를 발생시키는 위험 중 유동성위험과 채무불이행위험을 설명하시오.

13 다음 자료에 의하여 채무불이행위험과 유동성위험에 대한 수익률차를 구하시오.

약속수익률 12%	과거 원리금 상환이행률 80%	무위험채권 이자율 9%

14 일반적인 신용등급평가절차를 나열하시오.

15 우리나라의 신용평가기관이 신용평가에 사용하는 주요 변수 중 주요 재무변수를 예를 들어 설명하고 비교하시오.

C/H/A/P/T/E/R 09

비재무적 환경과 경영분석

회계자료를 이용한 재무적 분석만이 기업을 바르게 평가한다고 할 수 있을까? 기업을 합리적으로 평가하려면 비재무적 환경에 대한 요인도 분석되어야 한다. 왜냐하면 비재무적인 환경요인에 대한 상황인식도 기업의 성패에 매우 중요하기 때문이다. 비재무적 환경요인 중 경제환경은 경영자 뿐 아니라 기업의 모든 이해관계자가 주의를 기울여야 하는 거시적 요인이다. 특히 국가의 경제정책을 중심으로한 경제동향은 기업의 목적달성에 가장 중요한 거시적 요인이다.

경제적 환경보다 조금 더 범위를 좁힌다면 그 기업이 속한 산업환경을 고려하여야 한다. 각 업종마다 특성이 있기 때문에 각 기업이 속한 산업의 특성파악도 반드시 고려되어야 한다.

경제환경과 산업환경 뿐 아니라 기업자신의 시장지위 및 내부환경은 당해 기업의 능력이자 당면한 현실이다. 기업을 분석하려면 이와 같은 비재무적 제반 환경을 항상 함께 고려하여 경영분석을 하여야 한다. 또한 최근에는 ESG 경영개념이 대두되면서 기업의 사회적 책임이 경영분석의 중요한 요인으로 부각되고 있다. 따라서 ESG 경영에 대한 체계적 이해와 대응이 필요하다.

주요용어 : 실물경제, 화폐경제, 경제성장률, GDP, 경기순환, 경기종합지수, 기업실사지수, 통화량, 금리, 물가, 국제수지, 환율, 제품수명주기, 제품시장지위, 제품포트폴리오, ESG 경영

오늘날 기업에서의 의사결정은 회계자료와 같은 재무자료에만 의존할 수 없다. 기업의 환경은 넓은 범위의 국내외 경제환경 뿐 아니라 그 기업이 속한 산업환경, 그리고 기업 자신의 자체 환경분석도 이루어져야 한다. 즉 오늘날의 기업분석은 재무자료에만 의존할 수 없고, 기업 주변의 비재무적 요인을 분석하여 변화하는 기업의 환경에 능동적으로 대처할 수 있어야 한다. 기업의 환경요인은 크게 경제환경 요인, 산업환경 요인, 기업환경 요인 순으로 분류된다. 특히 경제환경은 기업의 환경요인 중 경영자가 항상 관심을 갖아야 할 중요한 요인이다. 본 장에서는 [그림 9-1]과 같이 기업의 비재무적 환경을 경제환경, 산업환경, 기업환경으로 3분류하여 분석한다.

[그림 9-1] 기업의 환경

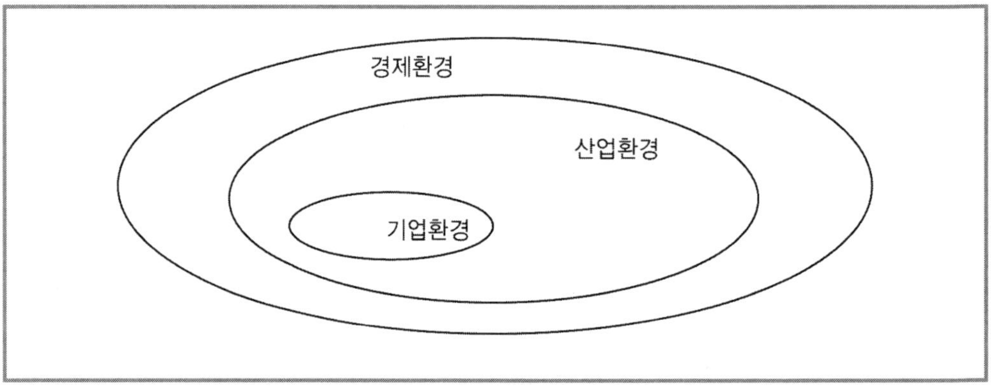

제01절 경제환경과 경영분석

경제환경은 재화와 용역의 흐름이 가시적으로 나타나는 **실물경제**와 그 이면에 흘러가는 통화의 흐름인 **화폐경제**로 나눌 수 있다. [그림 9-2]에서와 같이 실물경제와 화폐경제는 경제환경의 2분류적 흐름이라 할 수 있다.

[그림 9-2] 실물경제와 화폐경제의 흐름

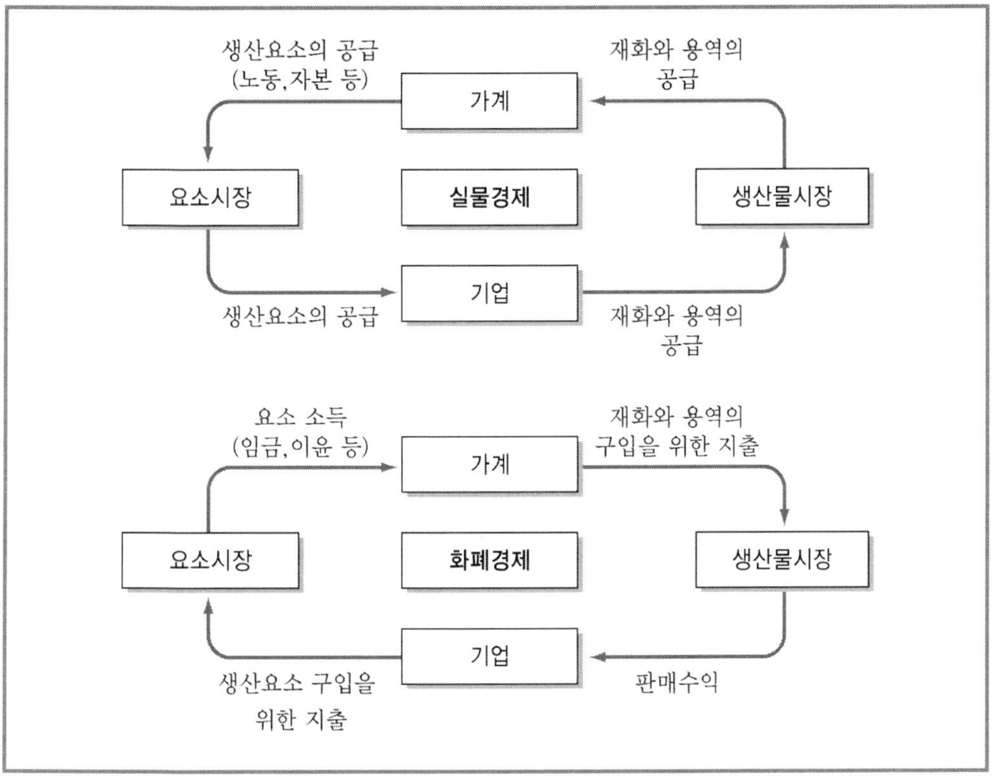

경제환경은 양 부문 중 중 어느 부문이 보다 중요하다고 할 수 없으며, 분석자는 각 부문의 경제환경에 대한 거시적 흐름에 항상 관심을 갖고 있어야 한다.

1.1 실물경제와 경제환경

실물경제를 알아보는 주요 지표는 다음과 같이, 경제성장률과 경기순환으로 양분하여 볼 수 있다.

- **경제성장률**
  - 국민총생산(GNP : Gross National Product)
  - 국내총생산(GDP : Gross Domestic Product)
- **경기순환**
  - 경기종합지수(CI : Composite Index)
  - 기업실사지수(BSI : Business Survey Index)

1.1.1 경제성장률

경제성장률은 일반적으로 **국민총생산**(GNP : Gross National Product)으로 표시된다. 국민총생산이란 "일정기간 자기나라 국민에 의하여 창출된 부가가치의 합계"이며, 부가가치란 "최종생산물 가치에서 중간생산물 가치를 차감한 것, 즉 생산활동을 통하여 추가로 창출된 가치"이다. 따라서 국민총생산이란 한나라 경제의 종합성적표라고 할 수 있다. 국민총생산은 그 창출원이 국내이건 해외이건 관계없이 내국인이 창출한 것이면 모두 포함된다. 우리나라에서는 분기별로 한국은행에서 발표를 하고 있다. 국민총생산은 물가상승이 그대로 성장률에 반영되는 **명목성장율**과 물가상승부문 만큼을 할인(deflate)하는 **실질성장율**이 있다.

$$\text{실질경제성장율} = \frac{\text{명목성장율}}{\text{GNP deflater}}$$

국민총생산 성장률이 높다는 것은 생산, 매출, 고용, 소득이 성장하고 있다는 것을 의미한다. 이러한 환경에서는 기업의 이익도 큰 폭으로 상승하게 된다. 반면에 경제성장률이 낮을 경우에는 기업의 생산과 매출이 감소하고 따라서 실업이 증가하게 된다. 그것은 기업의 수익성 저하를 의미하게 된다.

최근에 나라간의 노동과 자본이동이 수월한 상황에서 국민총생산보다 **국내총생산**(GDP : Gross Domestic Product)이 중시되고 있다. 국내총생산이란 "생산되는 재화와 용역의 소유국에 관계없이 국내에 존재하는 생산요소를 결합하여 만들어낸 부가가치"이다. 따라서 국내총생산이란 자국의 국경 내에서 생산된 부가가치이며, 부가가치를 창출한 나라의 국적에 관계없이 산정되기 때문에 그 나라 국내경제에서 이루어진 경제활동의 활성화지표를 나타낸다. 따라서 다음과 같이 정리된다.

국내총생산(GDP) = 국민총생산(GNP) − 자국민이 해외에서 창출한 부가가치
+ 외국인이 국내에서 창출한 부가가치

국민의 실질적 소득으로 GNI(Gross National Income)가 많이 사용되는데 국민총소득이라 하며, GNI를 국민수로 나눈 것을 1인당 GNI라 한다. 한국은 2017년부터 3만불을 넘어섰다.

한국은행(www.bok.or.kr)의 경제통계시스템(ECOS) 자료에서 세계 각 국의 성장률을 찾을 수 있다. 우리나라의 경우 실질경제성장률을 한국은행이 분기마다 발표하고 있다. [표 9-1]에 의하면 1인당 국민소득은 증가하고 있으나, 민간소비증가율의 변동성이 크다. 최근 고용문제가 중요시 되면서 고용률(취업자수/경제활동인구)이 중요 경제지표가 되고 있다.

[표 9-1] 한국경제의 주요지표

경제지표 \ 연도	2020	2021	2022	2023
국민총소득(10억$)	1,617.7	1,674.2	1,662.7	1,693.1
1인당국민소득($)(GRDP)	31,209	32,340	32,177	32,740
민간소비지출증감율(%)	-4.64	3.74	7.56	-1.21
설비투자지수(2020=100)	100.0	110.4	113.3	107.9
고용률(%) -15세~64세	65.9	66.5	68.5	69.2

(국가통계포털, 2024)

[표 9-2]에 의하면 일본과 유로지역의 성장률이 매우 낮고, 미국과 유로의 실업률이 높은 것으로 나타나고 있다. 또한 미국과 일본경제가 회복세에 있었으나, 일본의 경제성장이 둔화되고 있다.

[표 9-2] 주요국의 경제성장률(GDP)과 실업률

(단위 : %)

국가, 경제지표 \ 연도		2020	2021	2022	2023
한국	경제성장률	2.3	-0.7	4.6	2.7
	실업률	4.0	3.7	2.9	2.7
미국	경제성장률	-2.2	5.8	1.9	2.5
	실업률	8.1	5.3	3.7	3.6
일본	경제성장률	-4.1	2.6	1.0	1.9
	실업률	2.8	2.8	2.6	2.6
중국	경제성장률	2.2	8.4	3.0	5.2
	실업률	5.6	5.1	-	-

(국가통계포털, 2024)

1.1.2 경기순환과 경기전망

경기라는 것은 항상 일정하지 않고 자유기업체제로 운영되는 국가는 일정한 주기를 형성한다는 연구가 있었다. 즉 경기는 호황기가 있으면 불황기가 있다. 호황기에는 생산과 판매가 증가하고, 불황기에는 반대로 생산과 판매가 감소한다. 이와 같은 주기는 [그림 9−3]과 같이 경기의 확장국면과 수축구면을 보여준다.

이러한 경기의 순환은 분석자 마다 다양하게 나타나고 있다. 키친(Kitchin)과 같은 단기순환 주창자들은 경기변동은 재고의 누적정도에 따라 30개월에서 50 개월 정도의 주기로 변화한다고 주장하였다. 또한 쥬글라(Juglar)와 같은 중기순환 주창자들은 경기변동이 설비투자에 따라 약 10년 주기로 변화한다고 주장하였다. 특히 콘드라티에프(Kondratiev)는 약 50년을 주기로 경기가 변동한다고 주장하고 그것은 전쟁, 혁명 등의 대변혁이라고 주장하였다. 그러나 최근에는 경기변동의 주기가 일정하지 않고, 산업의 특성에 따랄 급격하게 변화하는 행태를 보이고 있다.

[그림 9−3] 경기순환

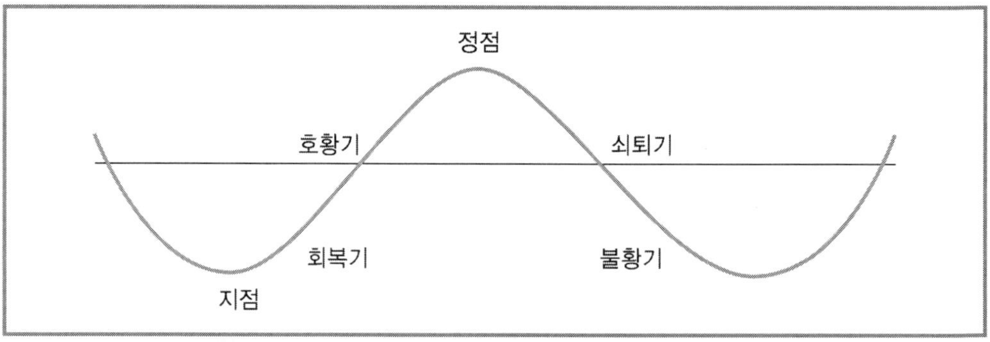

경기가 순환한다면 향후 경기가 어떠한 양상을 보일 것인지를 분석하여야 의사결정에 유용하다. 그동안 향후 경기를 예측할 수 있는 지표가 연구되었는 바 그것을 경기지표라 한다. 경기지표는 **경기종합지수**라고 하는 CI(Composite Index)지수와 **기업실사지수**로 불리는 BSI(Busuness Survey Index)가 주로 사용된다.

기업실사지수(BSI : Business Survey Index)는 경기종합지수보다 조사분석이 간편하고 예측력이 높을 뿐 아니라, 기업가의 판단을 존중하는 방법이다. 즉 경기전망에 대하여 현장종사자들의 의견을 설문을 통하여 조사하는 것으로 최근에 그 정확성이 상당히 인정되고 있다. 기업실사지수는 현장의 실무자 동향을 파악하기 때문에 신뢰성이 높고,

업종별로 발표되기 때문에 업종별 경기전망에도 유용하다. 기업실사지수는 한국은행(www.kdb.co.kr), 대한상공회의소(www.korcham.net), 전국경제인연합회(www.fki.or.kr) 등에서 조사하며, 계산하는 공식은 다음과 같다.

$$\frac{\text{증가표시업체} - \text{감소표시업체}}{\text{전체응답업체수}} \times 100 + 100$$

증가표시업체 : 현재보다 호조건이 될 것을 예측한 응답
감소표시업체 : 현재보다 악조건이 될 것을 예측한 응답

기업실사지수는 일반적으로 100이상이면 확장국면을, 100이하이면 축소국면이 될 것을 예측하는 것이다. 최근에는 각 지역별로 실사지수를 조사하여 발표하고 있다. [표 9－3]에서 보면, 전반적으로 경기의 불황국면이 예상된다.

[표 9－3] 기업경기실사지수(BSI)

항목 \ 연월	2025년					
	2	3	4	5	6	7
전산업	63	65	65	69	68	68
제조업	65	68	68	73	70	68
대기업	76	77	76	78	75	75
중소기업	54	59	59	67	65	60

(한국은행 경제통계시스템, 2025)

1.2 화폐경제와 경제환경

화폐경제를 나타내는 지표는 다음과 같이 매우 다양하다.

- **통화량**
  - 본원통화, M_2, Lf
  - 자금사정지표 : 요구불예금회전율, 어음부도율, 산업대출금
- **금리**
- **물가**
- **국제수지**
  - 경상수지, 상품수지, 서비스수지
  - 기초수지, 종합수지
- **환율**

1.2.1 통화량

통화량은 기업의 자금조달에 중요한 영향을 미칠 뿐 아니라 물가 등에도 중요한 영향을 미친다. 시중에 자금이 너무 많이 풀리면 물가가 상승하고 투기의 가능성이 있다. 그러나 지나치게 자금이 경색되면 생산과 투자 및 소비가 위축되어 경기가 불황으로 빠져들 가능성이 있다. 따라서 정부의 통화정책은 기업에게 매우 중요한 영향을 미치게 되고, 경영자는 정부의 통화정책에 세심한 주의를 하여야 한다. 우선 중앙은행이 공급하는 통화로 민간이 보유한 현금과 금융기관이 지급준비금으로 보유하고 있는 통화를 본원통화(Reserve Base)라 하고, 본원통화는 연쇄적으로 통화의 팽창을 촉진한다. 그 팽창된 통화를 알아보는 지표는 다음과 같이 분류한다.

본원통화 = 민간보유 현금 + 금융기관 지급준비금
$M_2 = M_1 +$ 저축성 예금
Lf = 금융기관유동성

일반적으로 **총통화**라고 하는 것은 M_2를 의미한다. 최근에는 금융기관의 유동성을 나타내는 Lf가 많이 사용된다. 통화량의 증감은 다음과 같은 경로를 예측할 수 있으며 기업의 자본시장을 통한 자금조달에 상당한 영향을 미치게 된다. 예를 들면 통화량의 증가는 자금사정의 여유에 의하여 설비투자와 실질이자율 하락에 의하여 기업의 매출증대와 자본의 주식시장 집중을 초래한다. 따라서 기업의 이익증가를 예측할 수 있고, 주가의 상승으로 인하여 기업의 가치를 증대시키게 된다. 그러나 지나친 통화량의 증가는 물가의 상승과 낭비요인이 되어 전체적으로 국민경제의 저해요인이 될 수 있다.

통화량의 증가 → 설비투자의 증가 → 기업의 매출증대 → 이익증가 → 주가상승
통화량의 증가 → 실질이자율 하락 → 자본의 주식시장 집중

[표 9-4]에 의하면 대체로 통화량은 증가하고 있다. 특히 금융기관의 유동성이 크게 증가하여 통화경제에 중요한 인자로 자리잡고 있다.

[표 9-4] 통화량 변화추이

(단위 : 십억원, 평균잔액)

통화량 / 연도	본원통화	M_2 (경제주체별)	Lf (금융기관 유동성)
2020	205,784.7	3,070,830.4	4,311,128.2
2021	239,402.1	3,430,442.1	4,733,309.4
2022	263,771.7	3,722,787.2	5,086,087.2
2023	260,902.0	3,830,620.4	5,243,703,7
2024	271,298.6	4,045,625.9	5,527,994.6

(한국은행 경제통계시스템, 2025)

1.2.2 자금사정을 알아보는 지표

통화량의 거시적인 자금사정의 지표하면 보다 구체적으로 기업의 자금사정을 알아보는 지표로 산업대출금, 어음부도율, 양도성예금증서(CD) 수익률이 주로 사용된다.

산업대출금이란 산업체가 자금을 필요로 하여 대출을 받은 금액이다. 따라서 산업대출금이 높다는 자금의 대출정도가 크기 때문에 자금사정이 어렵다는 것을 의미한다. [표 9-5]에 의하면 전체적으로 증가하는 추세를 보이고 있다.

자금사정을 나타내는 다른 지표로 가장 널리 사용되는 것은 **어음부도율**이다. 어름부도율은 어음교환액 중에서 어음부도액이 차지하는 비중으로, 전체적으로 약간 상승하는 추세를 보이고 있다. 어음을 기업이 주로 사용한다는 차원에서 기업자금사정의 대표적 지표라 할 수 있다.

기업의 자금사정을 나타내는 지표 중 중요한 또 하나의 요인은 **요구불예금회전율**이다. 요구불예금회전율이란 예금의 평균잔액대비 년간 총인출액을 의미하는 것으로, 그 지수가 높으면 인출의 비중이 높아 자금사정이 불안정함을 의미한다. 전체적으로 약간 상승하는 추세에 있다.

[표 9-5] 주요 자금사정 지표

연도 \ 지표	산업 대출금 (십억원)	어음부도율 (%)	예금은행 요구불예금회전율(회)
2020	1,393,643.9	0.06	3.7
2021	1,580,745.3	0.07	3.9
2022	1,797,695.6	0.10	3.9
2023	1,889,570.9	0.23	3.9
2024	1,962,209.2	0.18	4.0

(한국은행 경제통계시스템, 2025)

1.2.3 금리와 물가

금리란 자금을 사용하는 자가 자금을 이용하는 대가로서 지불하는 것이며 원금에 대하여 일정한 이자율을 지불한다. 이러한 이자율 즉 금리는 경제활동에 미치는 영향이 크다. 금리는 자금의 수요와 공급에 의하여 결정되며, 우리나라와 같이 부채를 많이 사용하는 기업체는 금리의 영향을 크게 받는다. 왜냐하면 자금차입에 따른 금융비용이 발생하기 때문이다. 또한 금리의 상승과 하락은 주가에도 영향을 미치게 되고, 주가의 등락은 기업의 자금조달에도 영향을 미치게 된다. 금리의 하락(상승)은 다음과 같은 현상을 초래하게 된다.

금리하락 → 자금차입부담 감소 → 투자촉진 → 경기부양

↘ 저축의욕 저하 → 주식매입 의욕 상승 → 주가상승

금리에 관한 통계자료는 여러 가지가 있을 수 있다. 한국은행의 시중은행에 대한 대출금리인 **공정(公定)할인률**은 금융시장의 통제수단으로 사용되는 대표적 금리이다. 공정할인률을 인하하면 시중은행은 그 만큼 자금의 여유가 발생하여 금융시장의 자금사정이 완화된다.

단기적 자금시장의 대표적 금리는 금융기관 간에 거래되는 자금의 금리인 **콜금리**(call rate)이다. 콜금리는 금융기관간의 단기간의 자금융통 금리이기 때문에 단기 자금시장의 상황을 가장 민감하게 반영하고 있다. 한국의 경우 콜금리가 계속 하락하고

있어, 금융기관의 자금안정성 추세를 보이고 있다.

금융기관의 금리 외에 회사채수익률도 기업의 자금시장 상황을 반영하는 대표적 금리이다. 기업은 자금사정이 어려우면 회사채의 금리를 높여서라도 자금을 조달하여야 할 것이기 때문이다.

한국의 금리는 대체로 외환위기 사태를 맞아 1997년과 1998년에 높게 형성되었으나 최근에는 저금리 현상이 나타나고 있다. 그러나 최근에는 미국, 유럽 등과의 격차를 좁히고 있다. 중국의 경우에 비교적 높은 금리를 형성하고 있어, 기업체의 자금조달에 대한 이자비용 부담 측면에서는 부담이 높다.

[표 9-6] 각 국의 주요 금리

금리 \ 연도		2020	2021	2022	2023
한국	예금금리	1.16	1.20	3.12	3.84
	대출금리	2.80	2.88	4.29	5.19
	정부채	1.37	1.85	3.47	3.82
미국	예금금리	–	–	–	–
	대출금리	3.54	3.25	–	–
	정부채	0.89	1.40	–	–
중국	예금금리	1.50	1.50	1.50	1.50
	대출금리	4.35	4.35	4.35	4.35
	정부채	–	0.37	2.96	–

(한국은행 경제통계시스템, 2025)

금리와 관련된 중요한 요인 중의 하나가 물가이다. 물가란 한 나라 또는 나라간에 거래되는 재화와 용역의 거래가격이다. 물가의 상승은 기업체의 입장에서 원자재 가격의 상승을 초래하고, 그에 상응하는 판매가격의 상승정도에 따라 이해관계가 달라지게 된다. 물가는 수요가 공급을 초과하여 나타나는 **수요견인 인플레이션**(demand pull inflation)과 제조원가상승으로 인한 **비용상승 인플레이션**(cost push inflation)으로 나누어진다. 수요견인 인플레이션은 주로 통화량 증가 및 물가상승에 대한 기대심리에 의하여 발생하는 것으로, 지나친 경기의 침체 시에 정부의 특별소비세 인하와 같은 정책은 수요를 창출하려는 정책이라 할 수 있다. 비용상승인플레이션은 원자재가격 및 임금 등의 상승에 의하여 이루어지는 것으로 공공요금의 인상도 비용상승인플레이션을 유발한다.

물가가 상승하면 제조원가의 상승 뿐 아니라 판매가격의 상승을 유발하기 때문에 소비자의 입장에서는 구매력의 감소가 나타날 뿐 아니라, 기업의 입장에서도 미래에 대한 불확실성으로 인하여 부동산 등과 같은 실물자산을 보유하려 한다. 물가의 수준은 전년도의 물가수준을 100으로 하여 상승률 또는 하락률을 산정한다. 한 나라의 물가를 나타내는 물가지수의 가장 대표적 산정은 생산자의 생산제품 가격동향인 **생산자물가지수**(PPI : Producer Price Index)와 소비자의 소비품목에 대한 가격동향인 **소비자물가지수**(CPI : Consumer Price Index)이다.

[표 9-7] 주요국의 소비자 물가지수 증감률(2010=100)

(단위 : %)

국가 연도	한 국	미 국	일 본	중 국
2020	115.8	118.7	105.5	128.1
2021	118.7	124.3	105.2	129.4
2022	124.7	134.2	107.8	131.9
2023	129.2	139.7	111.4	132.2

(국가통계포털, 2025)

한국은 외환위기 직후인 1998년에 물가가 크게 상승하였으나, 그 후 안정상태를 찾아가고 있다. 생산자물가지수의 상승은 소비자물가지수의 상승으로 나타나기 때문에 생산자물가지수 관리의 난제를 안고 있다. 중국은 경제활성화가 크게 나타나는 최근의 현실에 비추어 정부의 강력한 물가안정정책이 주효하여 물가상승률이 하락하고 있다.

한국의 경우 원자재를 주로 외국에서 수입하는 현실이기 때문에 국제적으로 형성되는 가격동향은 국내경제에 큰 영향을 미친다. 국제원자재가격의 동향을 나타내는 주요지수로는 로이터지수와 다우존스지수가 있다. 로이터지수(Reuter Index)는 영국의 로이터통신사에 의하여 영국이 수입하는 17개 1차 상품을 대상으로 조사되는데 자원

시장의 동향을 비교적 정확하게 반영하고 있다. 다우존스지수(Dow Jones Index)는 미국의 출판사인 다우존스사에 의하여 12개 농산물이 조사되고 있는 바 농산물의 가격 예측에 유용하다. 특히 원유의 가격이 국내시장에 미치는 영향이 매우 크기 때문에 북해산 경질유, 미국 텍사스산 중질유, 중동의 OPEC산 현물가격이 주요 참고자료이다. 우리나라는 한국은행에서 **주요경제지표**를 통하여 자료를 제공하고 있다.

1.2.4 국제수지와 환율

오늘날의 기업은 중소기업이라 하더라도 수·출입에 의한 무역거래가 성행되고 있다. 따라서 외화에 대한 수급에 관심을 갖고 있기 때문에 국제수지에 대한 정리가 필요하다. 국제수지는 경상수지, 기초수지, 종합수지로 나누어진다.

- **경상수지**
  ① 무역수지 : 상품의 수·출입액의 차이
  ② 무역외 수지 : 상품이 수·출입 외에 운임, 보험료, 관광 등의 수입과 지출 차이
  ③ 이전수지 : 선물, 무상원조
- **기초수지**
  경상수지 + 장기자본수지
- **종합수지**
  기초수지 + 단기자본수지

경상수지의 적자는 외국으로부터 새로운 자본의 유입이 있게되어 국내 원화의 평가절하가 이루어진다. **기초수지**는 경상수지에 장기자본수지를 부가하여 계산한 것으로 장기자본수지는 1년 이상 자본이 국외로 유출되거나 유입되는 수지이다. **종합수지**는 기초수지에 단기자본수지를 계산한 것으로 단기자본수지는 1년 이내에 자본이 국외로 유출되거나 유입되는 수지이다.

국제 간의 거래는 반드시 **환율**에 의하여 통화가 결제된다. 우리나라의 경우 1979년까지 미화 1달러당 484원의 고정환율제도를 채택하였으나, 1980년 외환시장의 수급에 의하여 결정되는 변동환율제도를 채택하고 있다. 변동환율제도는 국제수지, 국내외의 금리차이, 물가상승, 통화정책 등에 의하여 환율이 변동한다. 이러한 환율변동은 수·출입을 하는 기업에 큰 영향을 미친다. 특히 우리나라는 미화에 대한 환율도 중

요하지만 엔화가 국내에 미치는 영향이 크기 때문에 두 나라의 통화에 대한 상황에 예의 주시하여야 한다. 우리나라 상장기업의 대부분이 외환환산 및 평가에서 흑자보다는 적자를 주로 나타내고 있어, 외환관리에 보다 전문적 관리 및 위험회피(hedge)가 필요하다.

[표 9-8] 한국의 국제수지 및 환율

연도 / 금리	2021	2022	2023	2024
경상수지(백만$)	85,228.2	25,828.6	32,817.7	99,042.9
상품수지(백만$)	75,730.9	15,620.0	37,657.7	100,126.9
서비스수지(백만$)	−5,286.7	−7,253.1	−26.824.1	−12,701.6
자본수지(백만$)	−155.3	0.7	47.1	303.3
대 미국환율(1$: 원)	1,087.50	1,190.55	1,261.00	1,477.00
대 일본환율(100원 : ￥)	1,056.11	1,033.22	962.19	920.85
대 유로환율(1EURO : 원)	1,348.24	1,349.90	1,433.71	1,531.11

* 환율은 평균환율 (국가통계포털, 2025)

[표 9-8]에 의하면 경상수지는 적극적 개선정책에 의하여 흑자로 전환되고 있다. 그러나 서비스수지와 자본수지는 매년 (−)를 나타내고 있어 누적적 문제점을 야기시키고 있다. 환율은 점진적으로 원화의 가치가 상승하는 추세를 보이고 있다.

제02절 산업환경과 경영분석

2.1 산업환경의 분석 내용

기업은 기업 자체의 능력과 특성에 외에도 당해 기업이 속한 산업의 동향에 영향을 받게 된다. 각 산업의 특성에 대하여 파악하는 자료는 다양하게 발표되고 있으며, 산업연구원(www.kiet.re.kr), 민간연구소 및 각 신용평가회사에서 산업분석보고서를 발표하고 있다. 산업체를 위한 분석은 일반적으로 다음과 같은 분야를 검토하게 된다.

- 산업의 연혁
- 수요 및 마케팅 시스템
- 생산시스템
- 경영성과와 재무구조
- 정부의 정책 및 동향
- 해외의 동종산업동향
- 산업 내 경쟁업체간의 동향

2.2 산업체의 제품수명주기

각 산업의 주력제품은 주변의 상황에 비추어 성장제품인지, 아니면 사양제품인지에 대한 분석이 필요하다. 이러한 분석은 **제품수명주기**(PLC : Product Life Cycle)에 의하여 [그림 9-4]와 같이 5단계로 분류된다.

[그림 9-4] 제품수명주기

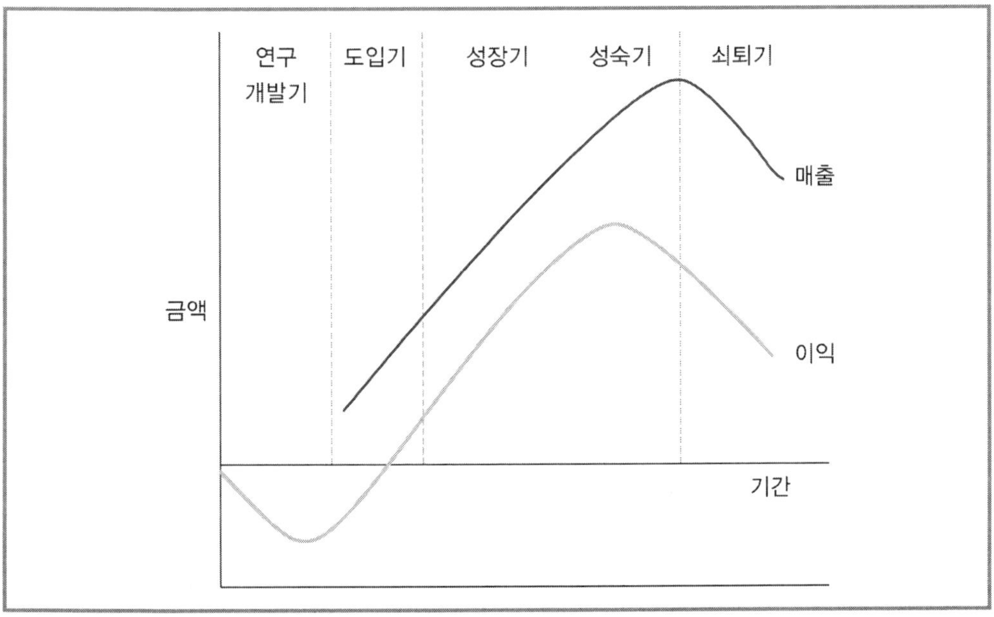

2.2.1 연구개발기

신제품을 개발하는 단계이다. 소비자의 수요조사를 통하여 성공의 가능성이 높은 시장성 있는 제품의 개발을 추구한다. 제품개발에 따른 비용의 증가가 계속되기 때문에 연구개발비로서 적자만 나타난다.

2.2.2 도입기

제품을 시장에 출시하여 소비자의 반응을 살피는 단계이다. 고정비의 부담이 그대로 존재하고 고객의 반응에는 시간이 필요하기 때문에 도입기의 후반에 이르러야 적자를 모면할 수 있는 상황이다.

2.2.3 성장기

소비자의 호응이 급격히 증가하여 매출액이 급성장하는 단계이다. 발생하는 이익의 계속적 재투자로 이익이 계속적으로 재창출된다. 성장단계에서 유망한 제품으로 인정이 되면 외부자금을 차입해서라도 투자를 하게되는데 자금의 수급에 주의를 하여야 한다. 성장기를 가능한 오래 지속시킬 수 있는 방안을 강구하여야 한다.

2.2.4 성숙기

경쟁자가 등장하고 제품의 시장이 어느 정도 안정을 찾아가는 상황이다. 규모의 증가가 한정되어 현금의 수급 및 채산성의 극대화를 위하여 노력하여야 하는 단계이다. 일반적으로 성숙기에 이르면 새로운 신제품의 개발에 주력하여야 한다.

2.2.5 쇠퇴기

사양단계에 접어드는 상황이다. 보다 개선된 신제품에 의하여 밀려나는 상황이므로 전체적 채산성 확보와 신제품의 출시에 보다 주력하여야 하는 단계이다. 시장에서의 철수 이후에 나타나는 상황을 검토하여야 한다.

기업의 경영자는 자신의 기업에서 생산하는 제품이 제품수명주기 중 어느 주기에 속하는가를 항상 점검하고 대비하여야 한다. 특히 제품이 성장기를 지나 성숙기에 접어들면 다음에 준비하여야 할 제품을 고려하여야 한다. 기업의 평가자도 당해 기업이 어떠한 산업에 속하며, 당해 산업이 어느 주기에 있는가를 평가하여야 한다.

제03절 기업환경과 경영분석

기업의 성과는 다양한 요인에 의한 종합적 분석을 하여야 한다. 일반적으로 다음과 같은 요인이 기업환경의 분석에 적용된다.

- 기업의 경쟁적 지위
- 경영전략의 타당성
- 경영조직과 경영진

3.1 기업의 경쟁적 지위

보스턴 컨설팅그룹(BCG : Boston Consulting Group)이 개발한 **BCG Matrix**에 의하면 당해 산업 내에서 기업의 경쟁적 지위는 기업의 시장점유율과 시장성장율을 함께 고려하여야 한다. [그림 9-5]에서와 같은 매트릭스식 고려가 이루어져야 한다. **시장점유율**은 현재의 시장에서 당해 기업이 지배하는 정도를 의미한다. 시장점유율이 높다는 것은 현재의 상태를 나타내는 정적 상태를 나타낸다. 그러나 **시장성장률**은 기업에서의 시장지배가 얼마나 증가세에 있는가를 나타낸다. 즉 미래지향적인 동적인 상태를 의미한다. 시장점유율이 높다 해도 시장성장률은 낮아질 수 있고, 시장성장률이 높다해도 현재의 시장점유율은 낮을 수 있다.

[그림 9-5] 기업의 경쟁적 지위

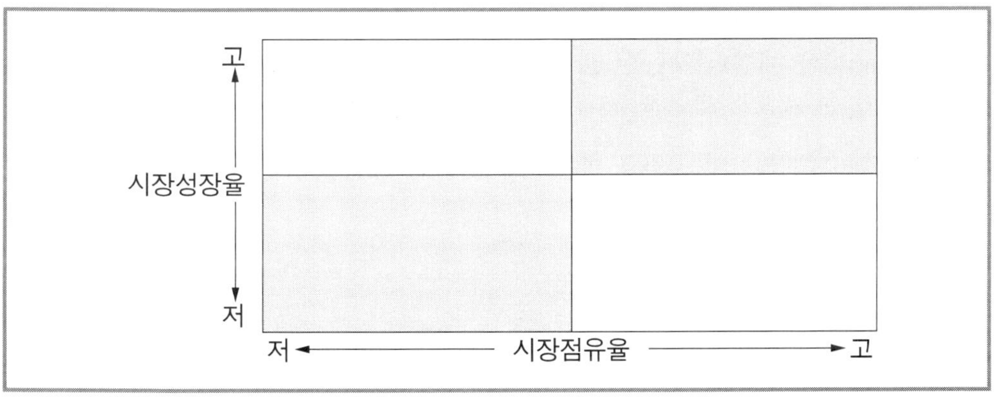

3.2 경영전략의 타당성

3.2.1 경영전략과 가치사슬

기업의 시장지위가 파악되었다면 어떠한 경영전략이 타당한가를 평가하고 수립하여야 한다. 경영전략이란 단기적이고 국부적인 개념이 아니라 장기적이고 광범위한 개념이 되어야 한다. 경쟁우위를 확보하기 위한 전략은 대체로 다음과 같이 구분된다.

(1) **전반적 원가우위 전략**(overall cost leadership)

제조, 마케팅 등에서 효율적 운용에 의한 원가절감으로 비용의 경쟁우위를 확보하는 전략

(2) **차별화 전략**(differentiation)

재화와 용역의 품질, 가격, 광고 등에서 경쟁기업과 차별화를 통해 경쟁우위를 확보하는 전략

(3) **특화전략**(specification)

재화와 용역이 특정제품, 특정지역, 특정구매자 집단 등으로 세분화하여 그 특정영역에 기업의 역량을 집중하는 것이다.

기업의 전략이 수립되면 목표의 달성을 위하여 기업의 모든 경영활동은 목표달성을 위하여 조화를 이루면서 집중되어야 한다. 포터(M. Porter)는 기업의 궁극적인 목적이 이익의 창출이라 하고, 부가가치 창출을 위한 기업의 모든 업무활동은 [그림 9-6]과 같은 **가치사슬**(value chain)의 형태로 집중되어야 한다고 하였다.

[그림 9-6]은 기업의 각 하부단위는 기업의 목적달성을 위한 하나의 **가치단위**(value unit)이며, 기업인프라, 인적자원관리, 기술개발, 물자조달 등이 기업의 궁극적 목적인 이익의 창출을 위하여 가치단위의 사슬로 연계된다. 그것은 기업의 모든 사업단위가 전사적 차원에서 조화를 이루어야 함을 강조하고 있다.

[그림 9-6] 가치사슬 모형

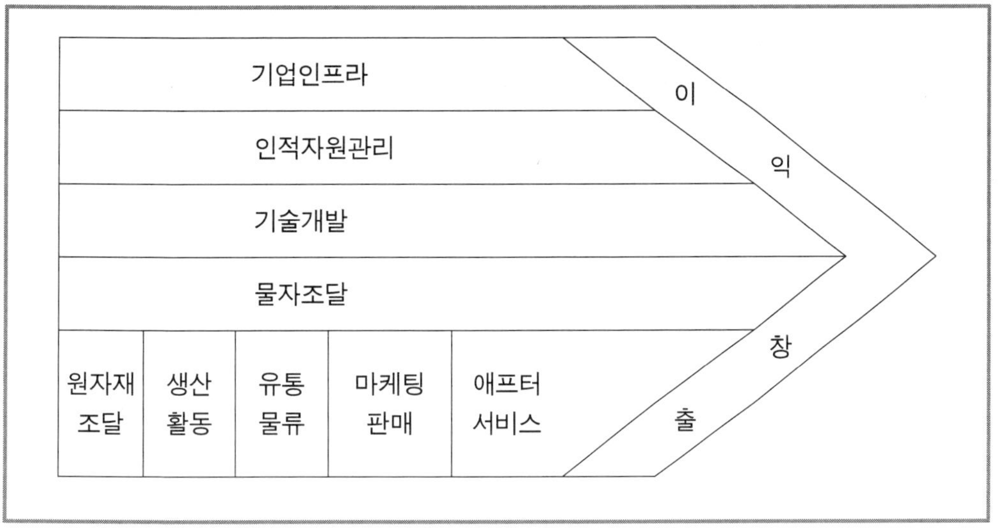

3.2.2 제품의 시장지위와 포트폴리오

오늘날의 기업은 단일 종류의 제품보다 다양한 종류의 제품을 구성하는 다각화전략을 추구하는 경향이 있다. 이러한 상황에서 기업은 자사의 제품이 시장에서 어떠한 지위를 차지하고 있는지 제품별로 파악하여야 한다. 이렇게 제품이 시장에서 어떠한 지위를 나타내고 있는가 나타내는 것을 **제품시장지위**라고 한다. [그림 9-7]은 제품시장지위를 나타내는 것으로 [그림 9-5]의 기업의 경쟁적 지위에 각 단계를 설정하고 그 특성을 파악하는 것이다.

[그림 9-7]에 의하면 제품을 출시하면 시장점유율과 성장률이 모두 낮다. 제품이 시장에 조금씩 알려지면 시장성장률은 높아지더라도 점유율은 여전히 떨어진다. 이러한 상황은 제품이 보다 시장침투를 할 수 있을지, 아니면 철수할지 의문을 갖게 되는 (A)가 된다. 만약 제품이 소비자에게 보다 침투하지 못하면 실패의 상태 (C)가 된다. 다행히 제품에 대한 인식이 높아지고 시장의 점유율도 높아지면 (B)의 상태가 되어 수익성을 기대하게 된다. 그러나 시장에서 제품이 성공하게 되면 경쟁제품이 출현하고, 따라서 시장은 포화상태에 이르게 된다. 결국 제품의 시장성장률은 떨어지고 점유율만 높은 (D)의 상태가 된다. 이러한 상황도 계속 경쟁제품과의 시장쟁탈에서 밀리면 시장점유율도 낮아지게 된다. 따라서 시장에서 철수를 하게 되는 상황이 되는 것이다.

[그림 9-7] 시장지위의 분류

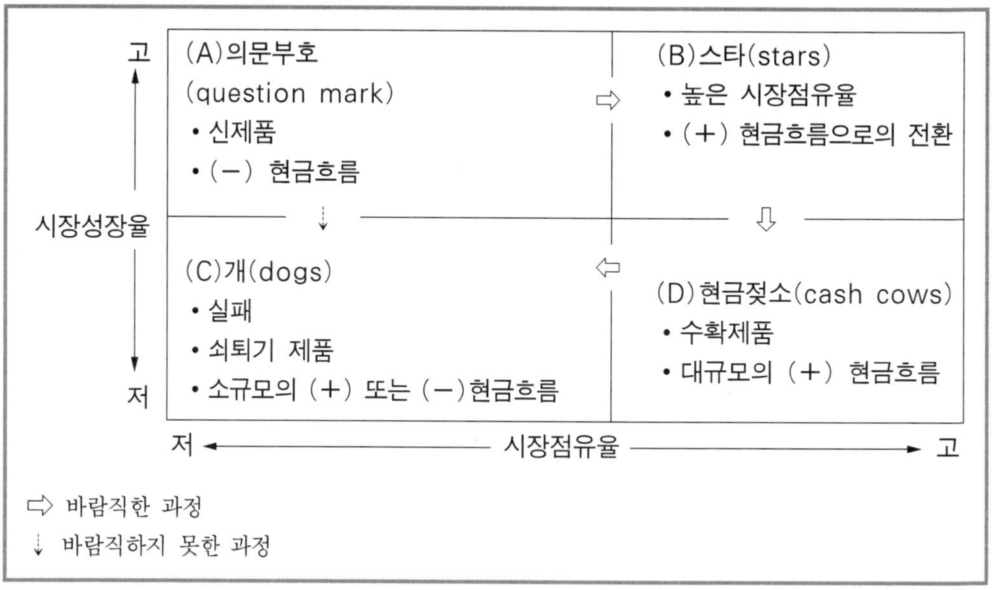

제품의 시장지위는 제품수명주기와도 유사하며, 산업환경에서의 제품수명주기 분류가 거시적이라면, 제품의 시장지위는 보다 미시적으로 접근하는 경우이다. 이렇게 제품의 시장지위가 설정되면 당사의 각 제품은 어느 상황에 위치하고 있는가를 파악하여야 한다. 보스턴 컨설팅그룹(Boston Consulting Group)은 다각화된 제품은 제품의 각 시장지위에 다양하게 포진시켜야 한다는 연구를 하였는데 그것을 **제품 포트폴리오 관리**(product portfolio management)라 한다. 제품 포트폴리오 관리는 [그림 9-8]과 같이 나타나는데 원의 크기가 클수록 매출액 규모가 크다는 것을 의미한다.

[그림 9-8]에서 각 제품은 기업을 구성하는 **전략적 사업단위**(SBU : Strategic Business Unit)로 규정하고 A와 B제품은 시장상황을 살피면서 제품의 가능성을 타진한다. 시장성장률과 점유율이 높은 C제품은 집중적 강화를 위한 전략이 필요하다. D제품의 경우에는 수확기에 접어들어 현상유지전략을 고수하며, E제품은 철수를 위한 정리절차에 들어가야 한다.

[그림 9-8] 제품 포트폴리오

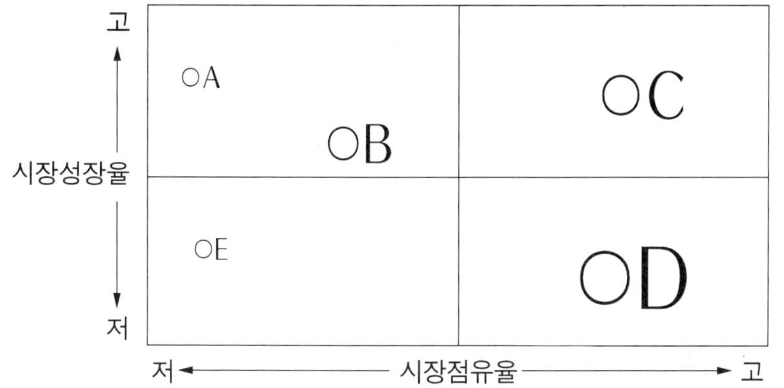

3.3 경영조직과 경영진

조직의 인적자원이 풍부하고 물적 투자액이 많더라도, 조직이 효율적으로 화합되어 목표를 향한 전사적 관리가 되지 않으면, 조직의 성과는 실패로 나타난다. 오늘날의 현대화된 기업조직은 업무의 분장과 함께 권한의 대폭적 위양을 통한 **분권화**(decentralization)를 일반화하고 있다. 특히 기업의 규모가 클수록 분권화가 필요하며 최고경영자는 각 분권화 조직을 효율적으로 통제할 수 있어야 한다.

분권화된 사업부제 시스템의 조직은 각 사업부마다 권한과 책임이 부여되었기 때문에, 그에 따른 합리적 평가방안이 도출되어야 한다. 특히 각 사업부의 재무적 성과를 측정하는 방법은 다양하고, 각 방법마다 장·단점이 있으며, 어떠한 평가방법을 채택하는가에 따라 각 사업부의 서열이 바뀔 수 있다. 따라서 최고경영자는 합리적인 평가방법의 모색과 보상시스템을 구비하여야 한다. 이러한 사안이 원만히 해결되기 위하여 전문적인 경영진의 개발이 이루어져야 한다.

3.4 GE 심사법에 의한 분석

기업은 다양한 사업단위를 운영할 수 있고, 다양한 사업단위별로 산업에서의 매력도와 경쟁력 정도를 파악하여야 한다. GE에서 개발한 GE Business Screen에서는 산업매력도와 사업경쟁력 정도로 양분하여 분석을 하였다. 산업매력도에 영향을 미치는 용인은 시장크기, 시장성장률, 소요자본규모, 경쟁강도 등이다. 사업경쟁력에 영향을 미치는 요인은 시장점유율, 기술우위의 정도, 제품이나 서비스 품질, 원가, 가격경쟁력 등이다.

GE를 이끌었던 Jack Welch는 전략계획수립시 [그림 9−9]에서와 같은 매트릭스 방식의 사업을 분석하고, 점진적으로 조정(incrementalism)하는 전략이 필요하다고 하였다. 또한 각 사업단위가 해당 산업 내에서 1, 2위를 하지 못하거나 잠재력이 없으면 사업에서 제외시키는 전략을 구사하였다.

[그림 9−9] GE business screen

산업매력도 \ 사업경쟁력	강함	평균	약함
높음	우월한 사업 [성장추구]	우월한 사업 [성장추구]	물음표 [성장추구]
중간	우월한 사업 [성장추구]	평균적 사업 [계속유지]	실패한 사업 [철수 또는 매각]
낮음	수익창출 사업 [계속유지]	실패한 사업 [철수 또는 매각]	실패한 사업 [철수 또는 매각]

제04절 ESG 경영

4.1 ESG 경영의 개념

ESG(Environmental · Social · Governance)라는 용어는 갑자기 등장하게 된 용어는 아니고 유사한 개념들은 오래전부터 존재해 왔다. 우선 용어 그 자체를 그대로 해석하면 환경 · 사회 · 지배구조라는 의미이고, 기업의 사회에 대한 영향력이 증가하는 현실에서 기업에 대한 중요한 책무요건으로 3개의 개념을 강조하는 의미로 발현된 용어이다. 따라서 이러한 ESG 개념과 유사한 과거의 개념부터 살펴본다.

4.1.1 기업의 사회적 책임(CSR : Corporate Social Responsibility)

경제학에서 언급되는 자본주의 경제를 이끄는 3주체는 정부, 기업, 가계이다. 그런데 이 3가지 주체 중에서 기업의 영역과 규모가 커지면서 기업이 사회에 미치는 영향도 커지게 되었다. 그래서 기업은 이윤과 일자리를 창출하는 기본적인 경제적 책임에서 윤리적·자선적 상위 책임으로 확장되었다. 그러한 기업책무의 확장개념으로 나타난 것이 기업의 사회적 책임(CSR : Corporate Social Responsibility)이다. 이것은 현재 우리가 추구하고자 하는 ESG경영과 유사한 개념이다.

[그림 9-10] 기업의 사회적책임 개념

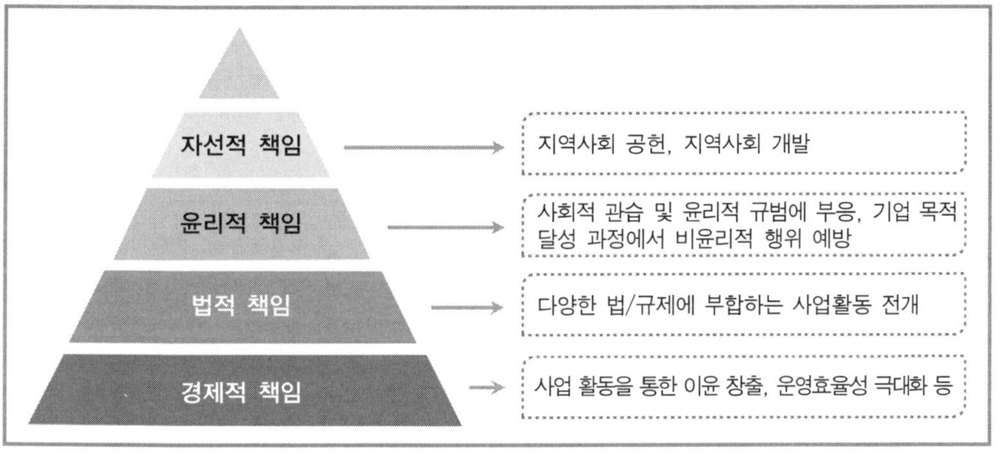

• 자료 : ESG와 장기적 전망, ESG Focus, 한국ESG기준원

4.1.2 기업가 정신(Entrepreneurship)

ESG 개념의 바탕이 되는 또 하나의 유사한 개념은 기업가 정신(Entrepreneurship)이라는 것이 있다. 기업가 정신은 1930년대 미국 경영학에서 강조되었던 개념으로 기업가는 이윤을 창출함과 동시에 근로자의 복지, 인재양성 등과 같은 사회적 책임과도 균형을 이루어야 한다는 것이다. 이 또한 우리가 추구하고자 하는 ESG경영과 유사한 개념입니다.

[그림 9-11] 기업가 정신의 개념

4.1.3 사회적 경제(Social Economy)

ESG 개념의 바탕이 되는 또 다른 유사한 개념은 사회적 경제(Social Economy)입니다. 전통적인 사기업이 영리창출에 목적을 둔 것과 달리 공기업은 사회적 가치 창출을 주요 목적으로 한다. 그러나 사기업이든 공기업이든 사회에 미치는 영향이 커지는 현실에서 공히 경제적 목적 뿐 아니라 사회적 목적도 달성해야 한다는 개념이 강조되는 것이 사회적 경제이다. 프랑스에서 1901년에 처음으로 사회적경제가 법제화된 이후 대부분의 자본주의 국가에서는 사회적경제에 대한 법적 근거를 마련하고 있다.

[그림 9-12] 사회적경제의 개념

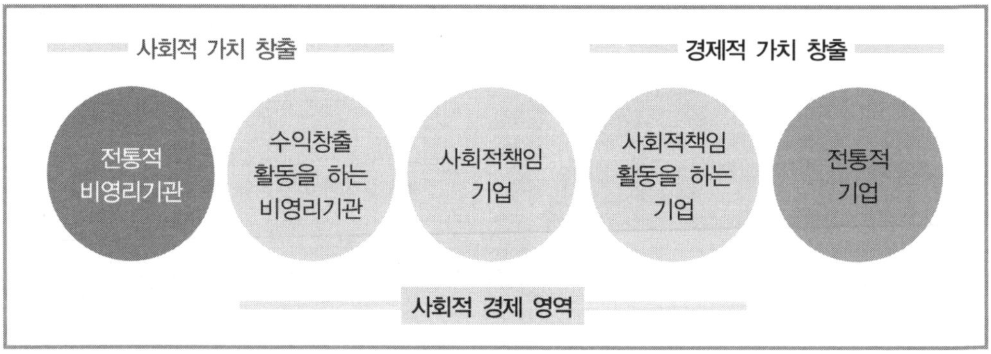

• 자료 : 한국사회적기업진흥원(www.socialenterprise.or.kr) 홈페이지

자본주의가 확장됨에 따라 3개 주체 중 기업의 영향력이 커지자 기업의 사회적 책임에 요구는 지속적으로 증가하고 있다. 이처럼 기업에 대한 사회적 책임이 요구되자 기업은 사회적 책임의 충실한 이행이라는 과제에 직면하게 되었고, 그 충실성 정도가 기업의 지속가능성에 중요한 영향을 미치게 되었다. 예를 들면, 사회적 책임을 충실히 이행하면 기업에 대한 이미지가 좋아지게 되고, 그러면 기업의 매출이 증가하여 기업의 지속가능

성은 증가하게 된다는 것이다. 반대로 기업이 사회적 책임을 불이행하게 되면 기업의 부정적 이미지로 인해 매출은 감소하고 기업의 지속가능성은 감소하게 된다는 것이다.

[그림 9-13] 기업의 사회적 책임과 지속가능성

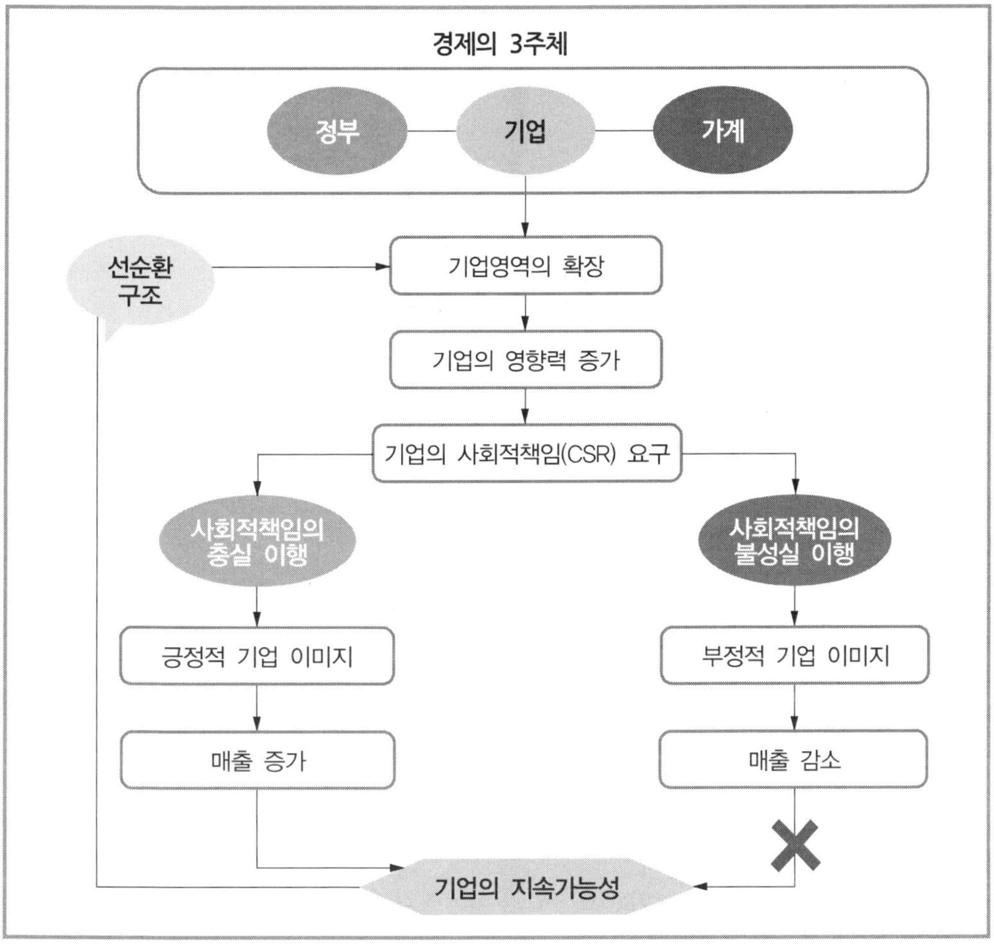

4.1.4 ESG 경영의 필요성

이러한 배경에서 ESG가 의미하는 Environmental(환경), Social(사회) G는 Governance(지배구조)가 기업의 지속가능성을 위해 절대적으로 필요한 3가지 핵심 요인이 되었다. 즉 ESG는 기업이 지속가능성을 확보하기 위한 사회적 책임 중 가장 중요한 요인으로 환경, 사회, 지배구조의 3가지 핵심 요소를 설정하게 된 것이다. 따라서 다양한 전문기관으로부터 환경(Environmental)은 기후변화, 자원고갈, 온실가스, 폐기 및 오염 등의 항목이 평가되고, 사회(Social)는 고용평등, 인권, 노동의 질, 안전등과 같은 사회 영역이 평가된다. 또한 지배구조(Governance)도 주로 경영진에 대한 평가 항목으로 경영진에 대한 보상, 부패, 정치적 로비 등과 같은 요소가 주요 평가영역이다. 초기 ESG경영 평가는 거시적 개념에서 큰 틀에서 이루어졌으나, 최근에는 그 평가와 방법이 정교화해지고 있는 추세이다.

[그림 9-14] ESG의 핵심 요인

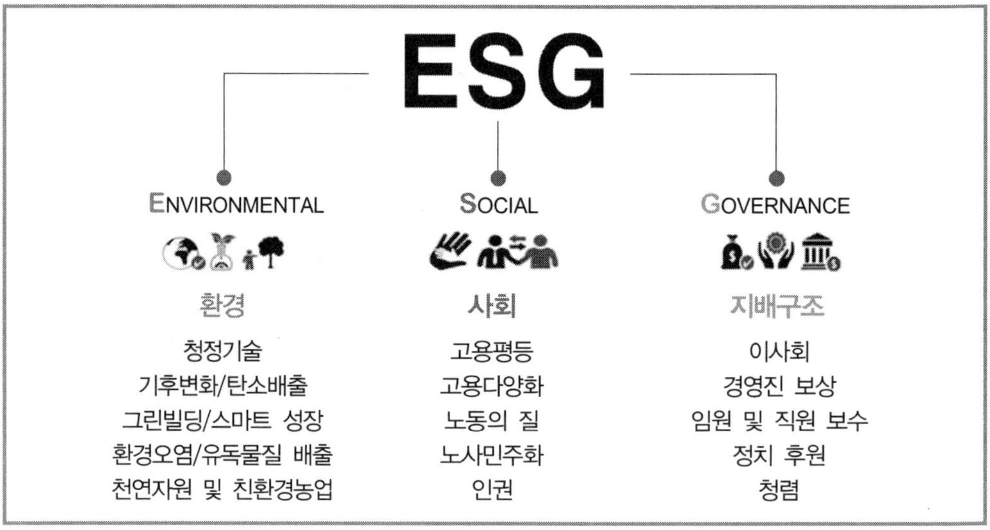

4.1.5 ESG Risk

이처럼 기업경영에 있어서 ESG경영이 중요해지고 평가방법과 기준이 정교해짐에 따라 ESG의 불이행은 기업의 위험요인(risk factor)로 작용하게 되었다. 즉 기업이 ESG경영을 소홀히 하면 그것은 곧 기업손실이라는 리스크로 작용한다는 것이다.

예를 들어 기업이 자연재해라는 환경에 대응하지 못해 기업의 시설물이 손상이 되었다면 이것은 기업이 환경영역의 불이행으로 인한 환경 리스크가 발생한 것이다. 기업이 협력업체와의 안전관리 미흡으로 안전사고가 발생되었다고 하면 이것은 사회영역의 불이행으로 인한 사회적 리스크가 발생된 것이다. 기업 오너의 갑질로 인해 기업의 이미지가 크게 손실되었다면 지배구조 영역의 불이행으로 인한 지배구조 리스크가 발생된 것이다.

[그림 9-15] ESG risk의 유형 및 사례

유형	정의	사례
물리적 리스크	기후변화로 인해 실물부분에서 발생하는 직·간접적인 물적 피해 리스크	폭우 등으로 인한 시설물, 공장 손상
공급망 리스크	제품 및 서비스가 생산되고 소비자에게 전달되는 과정 전체에서 발생 가능한 리스크	협력업체 직원의 안전 사고
평판 리스크	기업이 평판이 악화됨에 따라 발생하는 리스크	오너 일가의 갑질로 인한 평판 하락
규제 리스크	규제변화에 적절히 대응하지 못해 발생하는 리스크	재·개정된 리스크를 준수하지 못해 부담하게 되는 제재·벌금 등
소송 리스크	소송이 발생하여 부담하게 되는 직·간접적 비용에 관한 리스크	공사소음으로 인한 지역사회의 주민과의 분쟁
이행 리스크	기후변환에 대응하기 위해 저탄소 경제로 이행하는 과정에서 발생하는 리스크	정부의 탄소배출 억제 정책의 시행으로 화석 연료 관련 자산의 가치 하락
인적자본 리스크	인적자본과 관련된 리스크	높은 이직률

• 자료 : ESG와 장기적 전망, ESG Focus, 한국ESG기준원

4.1.6 ESG 경영에 의한 장기적 전략개념

기업은 효익과 비용의 비교에 의하여 효익이 비용보다 클 때 선택의 의사결정을 하는 집단이다. 따라서 ESG 경영을 전략적으로 접근하게 된다. 즉 ESG경영을 충실히 이행하기 위해서는 비용이 소요되는 반면, ESG경영을 충실히 이행했을 때 효익도 발생된다. 이때 경영자 입장에서 비용보다 효익이 크다면 기업은 당연히 ESG경영을 받아들이게 된다. 그렇다면 ESG 경영을 추구했을 때 기업이 받아들일 수 있는 효익은 무엇이 있는지 고려해 보아야 한다.

예를 들어 기업이 ESG경영을 충실히 이행하다면 기업의 이미지는 좋아지고 이로 인해 기업의 마케팅에 효익을 볼 수 있다. 또한 좋아진 기업의 이미지로 인해 우수한 인재를 채용함에 있어서도 유리하다. 미국과 유럽의 사례들을 보면 ESG경영을 충실히 이행한 기업에 대해 투자자들의 투자 의지가 훨씬 높을 뿐 아니라 자금이나 인적

자원의 조달 등에 높은 효익이 있음이 다수 검증되고 있다.

[그림 9-16] ESG 경영의 비용과 효익

ESG 경영 비용 《 ESG 경영 효익

- **[마 케 팅]** 기업 고객요구의 충족에 의한 기업 이미지의 제고로 매출 증대
- **[인적자원]** ESG 경영 기업에 대한 구인유인이 작용하여 우수인재의 유입
- **[정부지원]** 정부의 환경, 복지 및 민주적 노사정책에 부응하여 정부로 부터의 지원 확대
- **[자금조달]** 지속가능성 제고에 의한 투자 유입으로 자본조달 비용 효율화
- **[규제대응]** 제반 환경규제에 대한 효율적 대응으로 규제에 대한 사전 대응
- **[노동환경]** 클린 사업장 구현에 의한 노동환경의 양질화
- **[노사관계]** 경영자 및 구성원 간의 친밀적 유대관계 형성
- **[국 제 화]** 국제사회의 ESG 기준 충족에 의한 사업체제의 글로벌화 촉진

모건스탠리 캐피탈 인터내셔널(MSCI)의 조사자료에 따르면, 미국의 경우 2020년 현재 ESG경영을 충실히 이행하고 있는 기업이 전체 상장기업의 절반이 넘는다고 한다. 그리고 2025년 까지는 90%가 넘을 것으로 예상하고 있다. 이것은 향후에 기업이 ESG경영을 충실히 이행하지 않으면 투자받기가 어렵다는 것을 의미한다. 실제로 ESG경영이 실제 투자자들에게 얼마만큼의 성과가 있었는지 시계열 분석을 실시한 결과, ESG경영을 잘 수행한 상위 20% 기업은 약 16만불의 투자이익이 발생되었다고 한다. 반면 ESG 경영을 잘 하지 않은 하위 20% 기업은 약 8만불 정도의 투자이익이 발생되었다고 한다.

그동안 많은 연구와 사례들을 통해서 ESG경영을 충실히 이행하기 위해서는 비용이 발생하지만, ESG 경영으로 인한 비용보다 효익이 보다 크다는 것이 입증되었다. 따라서 전략적 개념에서도 ESG경영은 필수불가결한 요인이 되었다.

[그림 9-17] ESG 경영의 투자효과

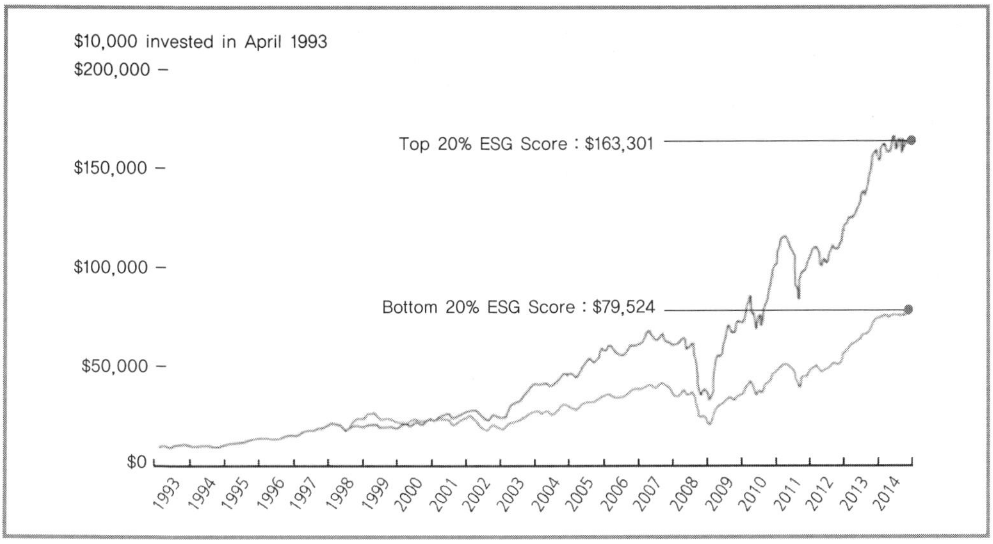

• 자료 : Commissioner Hester M. Peirce, "Scarlet Letters : Remarks before the American Enterprice", SEC

4.2 ESG 경영의 평가 동향

4.2.1 글로벌 ESG 평가 동향

ESG경영이 중요해짐에 따라 ESG경영에 대한 글로벌 평가기관이 등장했습니다. ESG경영에 대한 대표적 글로벌 3대 평가기관이라 할 수 있는 모건스탠리 캐피탈 인터네셔널(MSCI : Morgan Stanley Capital International), S&P 글로벌(S&P Global), 톰슨 로이터(Thomson Reuters)를 예로 들 수 있다.

하지만 위에서 언급한 3곳의 평가기관이 ESG를 전문적으로 평가하는 기관은 아니다. 모건스탠리 캐피탈 인터네셔널(MSCI)는 투자금융회사이고, S&P 글로벌(S&P Global)은 미국에서 가장 큰 신용평가 기관이다. 그리고 톰슨 로이터(Thomson Reuters)는 정보 회사이다. 이것은 투자와 신용평가 및 정보 전문 글로벌 전문기관 모두 ESG경영을 매우 중요하게 인식하고 있다는 반증이기도 하다. 즉 기업에 대한 투자와 신용평가 및 정보창출에 ESG 요인을 포함한다는 것이다.

[그림 9-18] ESG경영의 주요 글로벌 평가기관

평가기관	평가대상	평가방법	평가등급
MSCI	글로벌 8,500여개 상장기업	환경, 사회, 지배구조를 중심으로 한 10개의 테마 및 36개의 핵심 이슈	AAA, AA(leader) A, BBB, BB(Average) B, CCC(Laggard)
S&P Global	글로벌 2,500여개 시가총액 상위기업	다우존스지속가능지수(DJSI)를 개발하여 평가	DJSJ world Index(글로벌Top 10%) DJSJ regional Index(경제권역별Top 20%) DJSJ local Index(국내Top 30%)
THOMSON REUTERS	글로벌 7,000여개 주요기업	환경, 사회, 지배구조를 중심으로 한 10개의 테마 및 178개의 핵심 이슈	환경 34% 사회 35.5%, 지배구조 30.5% A+ : 91.0% 이상 A : 83.3% 이상 A− : 75.0% 이상 B+ : 66.6% 이상

각 평가기관들의 평가 유형을 보면, 모건스탠리 캐피탈 인터네셔널(MSCI)은 환경, 사회, 지배구조를 중심으로 10개의 테마 및 36개의 핵심 이슈를 가지고 글로벌 기업 8,500개를 평가 한다. AAA, AA와 같은 방법으로 등급을 부여하고, 투자자들은 신용평가 등급과 같이 ESG경영 평가 등급을 바탕으로 투자를 결정한다.

미국인 신용평가 기관인 S&P 글로벌(S&P Global)이 ESG경영 평가에 주목하고 있는 이유는 ESG경영 평가를 신용평가에 중요한 항목으로 포함하고 있기 때문이다. 그래서 이미 S&P 글로벌(S&P Global)은 신용평가의 한 항목으로 ESG경영 평가를 추가하겠다고 표명하였다. S&P 글로벌(S&P Global)은 ESG 경영의 평가를 위해서 다운존스지속가능지수(DJSI)를 개발하여 글로벌 기업 2500개 중 상위 10%, 경제권역별 상위 20%, 미국내 상위 30%의 기업을 매년 공시하고 있다.

톰슨 로이터(Thomson Reuters)는 글로벌 기업 7000개를 환경, 사회, 지배구조를 중심으로 한 10개의 테마 및 178개의 핵심 이슈를 적용하여 평가한다. 그리고 A+, Ao, A 등과 같은 단계로 등급을 부여한다.

이처럼 세계적인 금융기관, 신용평가기관, 정보기관이 ESG경영 평가에 동참하고 있다는 것은 ESG경영이 지속가능한 기업경영을 위해 중요한 영역임을 입증하는 것이다. 그리고 기업들은 이러한 주요기관들의 평가등급은 글로벌 기업이 성장하는데 간과할 수 없는 평가지표가 된다.

4.2.2 국내 ESG 평가동향

국내의 ESG경영에 대한 평가는 한국기업지배구조원(KCGS : Korea Corporate Governance Service)과 한국거래소(KRX : Korea Exchange)의 SRI(SRI : Socially Responsible Investment) 지표를 대표적 예로 들 수 있다.

한국ESG기준원은 글로벌 3대 평가기관의 ESG경영 평가기준을 원용하여 평가기준을 마련하고 평가결과를 공시하고 있다. 구체적으로 통합등급과 함께 환경부문 등급, 사회부문 등급, 지배구조부문 등급 등 3개 부문별 등급과 3개 부문을 통합적으로 평가한 통합등급을 발표하고 있다.

[그림 9−19] ESG 평가구조(한국기업지배구조원)

• 자료 : 한국ESG기준원(www.cgs.or.kr) 홈페이지

우리나라에서 ESG경영 평가결과를 인용할 때에는 주로 한국ESG기준원의 조사 결과를 이용한다. 왜냐하면 한국기업지배구조원의 평가항목이 글로벌 평가기관과 가장 유사하고 하위 평가항목이 체계적으로 정리되어 있기 때문이다. 따라서 향후 ESG 경영에 대한 평가는 한국기업지배구조원의 평가시스템이 가장 널리 사용될 것으로 예측된다.

[그림 9－20] ESG 평가지표(한국기업지배구조원)

평가영역	평가핵심지표
E 환경	① 환경경영인증(ISO14001 보유), ② 환경정보공개(환경정보공개시스템 공개), ③ 국제 이니셔티브 참여(CDP 및 UNGC 참여), ④ 환경경영조직(실무조직 보유), ⑤ 환경교육(주기별 전 직원 대상), ⑥ 환경성과평가(평가체계 구축), ⑦ 온실가스 배출량, ⑧ 에너지 사용량, ⑨ 유해화학물질 배출량, ⑩ 용수 사용량/재이용량, ⑪ 폐기물 배출량/재활용량, ⑫ 환경투자(환경투자금액)
S 사회	① 기간제 근로자 비중, ② 인권보호 프로그램 운영, ③ 여성 근로자 비중, ④ 협력사 지원, ⑤ 공정거래 프로그램 운영, ⑥ 부패방지 프로그램 운영, ⑦ 제품 및 서비스 안정성 인증, ⑧ 사회공헌 지출액
G 지배구조	① 주주총회, ② 주식 배당, ③ 기업지배구조 공시(CoE), ④ 이사회 독립성, ⑤ 이사회 운영 실적, ⑥ 이사회 전문위원회 설치, ⑦ 감사위원회 설치, ⑧ 감사위원회 운영 현황 공개, ⑨ 외부감사인 독립성 부여, ⑩ 이사회운영규정 공개, ⑪ ESG등급공개

• 자료 : 한국ESG기준원(www.cgs.or.kr) 홈페이지

한국ESG기준원 외에 한국거래소(KRX)는 사회책임투자 활성화와 기업지배구조 개선을 위하여 사회책임지수(SRI)를 발표한다. ESG경영 평가항목 중 하나인 지배구조 부문이 높거나 개선된 100개 기업, 환경점수가 높거나 개선된 100개 기업, ESG경영 통합 등급이 높은 150개 기업을 발표한다.

우리나라 국가금융위원회는 2025년부터 자산 22조원 이상의 회사는 의무적으로 ESG경영 평가등급을 공시화하도록 하고 있다. 뿐만 아니라 2030년에는 코스피 상장 기업은 모두 ESG의 등급 표시가 의무화된다. 이렇게 되면 코스피 상장 기업들은 전

면 ESG경영 평가를 받아야 하며 향후에는 중소기업까지 확산될 것이라는 것을 예측할 수 있다.

4.3 ESG 경영과 환경요인

환경은 글로벌 탄소중립의 선언으로 인해 세계적으로 그 중요성이 부각되고 있다. 전국경제인연합회 자료에 따르면 국내에서도 ESG경영 중 환경분야(기후변화 및 탄소배출)가 가장 중요한 부문으로 인식되고 있다. 실질적으로 현재 기후변화와 탄소중립, Net-Zero 등과 같은 개념이 강조되면서 ESG경영의 평가에 환경 요인이 반드시 평가될 것으로 예상된다. 특히 환경부문에 취약한 것으로 평가된 충북의 기업은 위험요인이 될 수 있다.

[그림 9-21] 글로벌 ESG 경영의 주요 요인

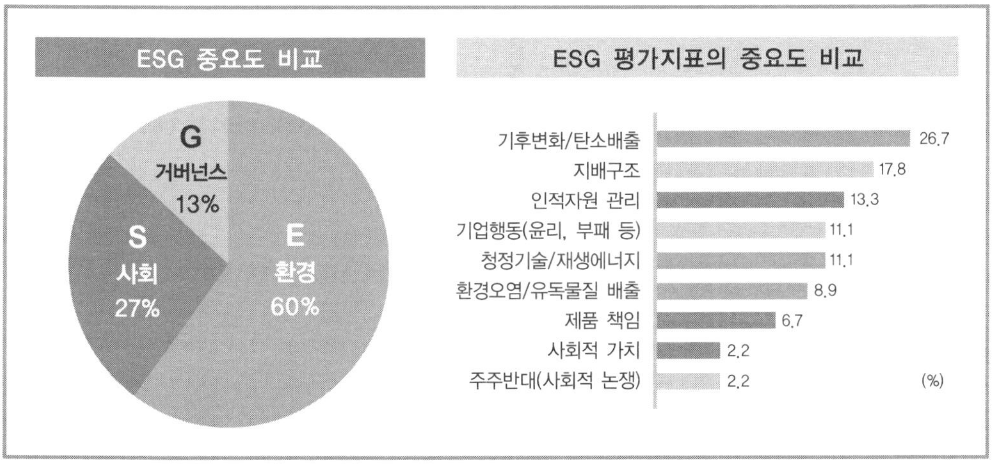

• 자료 : 글로벌 ESG경영 · 투자확산 대비 한국 기업의 대응현황 및 주력산업 전망, 전국경제인연합회

한국기업지배구조원(KCGS)에서 조사한 탄소중립에 따른 주요 국가별 Net-Zero의 나라별 대응에 대한 평가결과를 살펴보면, EU, 칠레, 코스타리카 등의 지역들은 비교적 우수한 평가를 받았으나 한국의 평가등급은 '나쁨'이다.

[표 9-9] 탄소중립에 따른 주요 국가별 Net-Zero 평가

국가	등급	매출 커버리지	국제 항공 및 해운	국경 밖 도움을 통한 감축	법적 상태	배출 감축 목표·제거 목표의 분리	검토 프로세스	이산화 탄소 제거	종합 계획	목표의 합리성
EU	좋음	훌륭	보통	훌륭	훌륭	미흡	훌륭	훌륭	훌륭	미흡
칠레	좋음	훌륭	미흡	훌륭	보통	훌륭	보통	훌륭	훌륭	미흡
코스타리카	좋음	훌륭	미흡	훌륭	보통	훌륭	보통	훌륭	훌륭	미흡
독일	평균	훌륭	미흡	미흡	훌륭	훌륭	훌륭	미흡	보통	보통
영국	평균	훌륭	훌륭	미흡	훌륭	미흡	훌륭	미흡	보통	보통
캐나다	평균	훌륭	미흡	훌륭	훌륭	미흡	훌륭	미흡	보통	미흡
일본	나쁨	훌륭	미흡	미흡	훌륭	미흡	훌륭	미흡	보통	미흡
뉴질랜드	나쁨	미흡	미흡	미흡	훌륭	미흡	훌륭	미흡	보통	미흡
한국	나쁨	미흡	미흡	미흡	훌륭	미흡	미흡	미흡	보통	미흡

• 자료 : KCGS Report, Global News 제1권 제10호, 한국기업지배구조원

우리나라의 2050 탄소중립 추진정책을 살펴보면, ESG 경영을 강화하겠다는 내용을 포함하고 있다. 특히 ESG경영은 과거 환경에 나쁜 영향을 미치는 기업들을 제재하는 부정적 전략에서 ESG 경영을 충실히 이행한 기업에게 인센티브를 제공하는 긍정적 전략으로 변화되고 있다.

CHAPTER 09 연습문제

01 실물경제와 화폐경제의 차이를 설명하시오.

02 GNP와 GDP의 차이를 설명하고, GDP의 경제적 효과의 중요성을 제시하시오.

03 다음 자료에 의하여 GDP를 산출하시오.

> 국민총생산 100조원
> 자국민이 해외에서 창출한 부가가치 10조원
> 외국인이 국내에서 창출한 부가가치 20조원

04 통화의 개념 본원통화, M_2, Lf로 나누어 설명하시오.

05 기업의 자금사정을 알아보는 지표를 제시하고 설명하시오.

06 회사채수익률이 높다면 왜 기업의 자금사정이 불량한 것인지 설명하시오.

07 경기종합지수에서 선행지수, 동행지수, 후행지수를 비교하시오.

08 다음 자료에 의하여 기업실사지수를 구하시오.

증가표시업체	120	감소표시업체	80

09 경상수지, 기초수지, 종합수지의 개념을 설명하시오.

10 시장성장률과 시장점유율의 차이를 설명하고, 상호 의미를 제품수명주기와 비교하여 설명하시오.

11 다음 자료에 의하여 요구불예금회전율, 어음부도율, 회사채수익률을 구하시오.

어음거래액	100억	어음교환건	1,000건
어음교환액	80억	어음부도건	100건
회사채의 액면가 총액	100	회사채의 시세총액	95억
회사채의 약정이자율	10%	요구불예금 평균잔액	15억
요구불예금 기간중 인출액	450억		

12 제품수명주기에 따른 상황을 설명하고, 각 상황별 특성을 나열하시오.

13 보스턴컨설팅그룹이 제시한 제품시장지위와 제품포트폴리오를 관련지어 도표를 그려 설명하시오.

14 GE business screen의 개요를 설명하고 전략구사 방법을 제시하시오.

15 ESG 경영이란 무엇이고, ESG 경영의 효익과 기업입장의 위험요인(risk)을 설명하시오.

16 기업에서 ESG 경영을 수행한 사례를 조사하고, 그 내용을 분석하시오.

찾아보기

가

나

다

라

마

바

사

아

자

차

카

타

파

하

윤 창 훈

약 력

충북대학교 경영학사
고려대학교 경영학석사(회계학)
동국대학교 경영학박사(회계학)
대한회계학회 부회장
한국세무회계학회 상임이사
국가공인 전산세무회계(한국세무사회) 출제위원
국세청 납세자 보호위원, 국세심의위원
충청북도 공기업 평가위원
동국대, 충북대, 한국교통대, 호서대, 방송통신대, 우송대 학부 및 석·박사과정 강의
현, 충청대학교 경영회계학부 교수

저서 및 연구

회계원리, 세학사
재무회계, 세학사
원가회계실무, 세학사
관리회계실무, 세학사
경영분석, 세학사
경영과 세금, 세학사
생활과 세무실무, 탑21북스
Readings in Management, 학현사

고 동 원

약 력

경영학박사(회계학 전공)
국가직무능력표준(NCS) 개발연구진 (회계, 감사직무)
한국전문경영인학회 이사
한국전통상학회 이사
(사)경기지역 사회경제연구소 선임연구원 역임
현, 백석문화대학교 경영·회계학부 교수

저서 및 연구

회계원리, 관리회계, 원가회계, 경영분석 외
소외기업 및 1월 효과에 관한 실증적 연구
산업생태학적 패러다임을 적용한 통합환경 감사시스템
회계정보시스템의 보안정책에 관한 연구
제도화과정에서의 관리회계의 변화형태에 관한 고찰 외

한 만 용

약 력

충북대학교 경영학박사(회계학)
경영지도사(재무관리)
중등교사1급상업정교사(교육부)
한국상업교육학회 이사
한국세무회계학회 부회장
한국경영컨설팅학회 상임이사
고용노동부 직업훈련교사 (회계·재무·경영기획·인사조직)
법무부 교정위원
창업지도사
강원도청 지방세제심의위원
NCS국가직무능력학습모듈집필·점검·평가위원
현, 서일대학교 세무회계학과 교수/학과장

저 서

기업경리회계실무(공저), 세학사
원가회계실무(공저), 세학사
관리회계실무(공저), 세학사
K-IFRS 중급재무회계(공저), 세학사
경영분석(공저), 세학사
생활과 세무실무(공저), 탑21북스
경리회계원리와 세무비법노트, 지식만들기
창업경리회계와 세금(공저), 지식만들기
정말 쉬운 세금회계(공저), 혜지원
음식점창업에서 세금까지(공저), 지식만들기
원가회계원리(공저), 지식만들기
계정과목·분개 회계원리(공저), 지식만들기
경영자의 이익조정과 감사품질이 조세회피에 미치는 영향 외 다수

독자의 고견을 기다립니다.
chyoon0616@naver.com

기업재무제표중심
경영분석 <개정10판>

발행일 / 2005년 8월 26일 초 판 발행
2025년 8월 21일 개정10판 인쇄
2025년 8월 26일 개정10판 발행

저자와의 협의하에 인지생략

저 자 / 윤창훈 · 고동원 · 한만용
발행인 / 김 원 술
발행처 / 세 학 사
주 소 / 04607 서울특별시 중구 다산로15길 28 (신당동)
전 화 / (02) 2231－4640(代)
팩 스 / (02) 2253－2209
등 록 / 제2－1311호
E-mail / book@saehaksa.co.kr
http://www.saehaksa.co.kr

정가 **26,000**원 ISBN 978-89-6622-715-0 93320